国家出版基金项目
NATIONAL PUBLICATION FOUNDATION

"十三五"国家重点图书出版规划项目

智能制造
系 | 列 | 丛 | 书

智能制造的信息安全

李晖 朱辉 张跃宇 赵兴文 编著

U0360732

INFORMATION SECURITY
OF INTELLIGENT MANUFACTURING

清华大学出版社
北京

图书在版编目（CIP）数据

智能制造的信息安全/李晖等编著. —北京：清华大学出版社，2022.7
（智能制造系列丛书）
ISBN 978-7-302-59842-8

Ⅰ. ①智⋯　Ⅱ. ①李⋯　Ⅲ. ①智能制造系统－制造工业－信息安全－研究－中国
Ⅳ. ①F426.4

中国版本图书馆 CIP 数据核字（2022）第 006092 号

责任编辑：袁　琦
封面设计：李召霞
责任校对：赵丽敏
责任印制：曹婉颖

出版发行：清华大学出版社
　　　网　　　址：http://www.tup.com.cn，http://www.wqbook.com
　　　地　　　址：北京清华大学学研大厦 A 座　　　邮　　编：100084
　　　社　总　机：010-83470000　　　　　　　　　邮　　购：010-62786544
　　　投稿与读者服务：010-62776969，c-service@tup.tsinghua.edu.cn
　　　质量反馈：010-62772015，zhiliang@tup.tsinghua.edu.cn
印　装　者：涿州市京南印刷厂
经　　　销：全国新华书店
开　　　本：170mm×240mm　　印　　张：13.5　　　　字　　数：273 千字
版　　　次：2022 年 7 月第 1 版　　　　　　　　　印　　次：2022 年 7 月第 1 次印刷
定　　　价：58.00 元

产品编号：078775-01

智能制造系列丛书编委会名单

主　任：

　　周　济

副主任：

　　谭建荣　李培根

委　员(按姓氏笔画排序)：

王　雪	王飞跃	王立平	王建民
尤　政	尹周平	田　锋	史玉升
冯毅雄	朱海平	庄红权	刘　宏
刘志峰	刘洪伟	齐二石	江平宇
江志斌	李　晖	李伯虎	李德群
宋天虎	张　洁	张代理	张秋玲
张彦敏	陆大明	陈立平	陈吉红
陈超志	邵新宇	周华民	周彦东
郑　力	宗俊峰	赵　波	赵　罡
钟诗胜	袁　勇	高　亮	郭　楠
陶　飞	霍艳芳	戴　红	

丛书编委会办公室

主　任：

　　陈超志　张秋玲

成　员：

郭英玲	冯　昕	罗丹青	赵范心
权淑静	袁　琦	许　龙	钟永刚
刘　杨			

制造业是国民经济的主体，是立国之本、兴国之器、强国之基。习近平总书记在党的十九大报告中号召："加快建设制造强国，加快发展先进制造业。"他指出："要以智能制造为主攻方向推动产业技术变革和优化升级，推动制造业产业模式和企业形态根本性转变，以'鼎新'带动'革故'，以增量带动存量，促进我国产业迈向全球价值链中高端。"

智能制造——制造业数字化、网络化、智能化，是我国制造业创新发展的主要抓手，是我国制造业转型升级的主要路径，是加快建设制造强国的主攻方向。

当前，新一轮工业革命方兴未艾，其根本动力在于新一轮科技革命。21 世纪以来，互联网、云计算、大数据等新一代信息技术飞速发展。这些历史性的技术进步，集中汇聚在新一代人工智能技术的战略性突破，新一代人工智能已经成为新一轮科技革命的核心技术。

新一代人工智能技术与先进制造技术的深度融合，形成了新一代智能制造技术，成为新一轮工业革命的核心驱动力。新一代智能制造的突破和广泛应用将重塑制造业的技术体系、生产模式、产业形态，实现第四次工业革命。

新一轮科技革命和产业变革与我国加快转变经济发展方式形成历史性交汇，智能制造是一个关键的交汇点。中国制造业要抓住这个历史机遇，创新引领高质量发展，实现向世界产业链中高端的跨越发展。

智能制造是一个"大系统"，贯穿于产品、制造、服务全生命周期的各个环节，由智能产品、智能生产及智能服务三大功能系统以及工业智联网和智能制造云两大支撑系统集合而成。其中，智能产品是主体，智能生产是主线，以智能服务为中心的产业模式变革是主题，工业智联网和智能制造云是支撑，系统集成将智能制造各功能系统和支撑系统集成为新一代智能制造系统。

智能制造是一个"大概念"，是信息技术与制造技术的深度融合。从 20 世纪中叶到 90 年代中期，以计算、感知、通信和控制为主要特征的信息化催生了数字化制造；从 90 年代中期开始，以互联网为主要特征的信息化催生了"互联网＋制造"；当前，以新一代人工智能为主要特征的信息化开创了新一代智能制造的新阶段。

这就形成了智能制造的三种基本范式,即:数字化制造(digital manufacturing)——第一代智能制造;数字化网络化制造(smart manufacturing)——"互联网＋制造"或第二代智能制造,本质上是"互联网＋数字化制造";数字化网络化智能化制造(intelligent manufacturing)——新一代智能制造,本质上是"智能＋互联网＋数字化制造"。这三个基本范式次第展开又相互交织,体现了智能制造的"大概念"特征。

对中国而言,不必走西方发达国家顺序发展的老路,应发挥后发优势,采取三个基本范式"并行推进、融合发展"的技术路线。一方面,我们必须实事求是,因企制宜、循序渐进地推进企业的技术改造、智能升级,我国制造企业特别是广大中小企业还远远没有实现"数字化制造",必须扎扎实实完成数字化"补课",打好数字化基础;另一方面,我们必须坚持"创新引领",可直接利用互联网、大数据、人工智能等先进技术,"以高打低",走出一条并行推进智能制造的新路。企业是推进智能制造的主体,每个企业要根据自身实际,总体规划、分步实施、重点突破、全面推进,产学研协调创新,实现企业的技术改造、智能升级。

未来20年,我国智能制造的发展总体将分成两个阶段。第一阶段:到2025年,"互联网＋制造"——数字化网络化制造在全国得到大规模推广应用;同时,新一代智能制造试点示范取得显著成果。第二阶段:到2035年,新一代智能制造在全国制造业实现大规模推广应用,实现中国制造业的智能升级。

推进智能制造,最根本的要靠"人",动员千军万马、组织精兵强将,必须以人为本。智能制造技术的教育和培训,已经成为推进智能制造的当务之急,也是实现智能制造的最重要的保证。

为推动我国智能制造人才培养,中国机械工程学会和清华大学出版社组织国内知名专家,经过三年的扎实工作,编著了"智能制造系列丛书"。这套丛书是编著者多年研究成果与工作经验的总结,具有很高的学术前瞻性与工程实践性。丛书主要面向从事智能制造的工程技术人员,亦可作为研究生或本科生的教材。

在智能制造急需人才的关键时刻,及时出版这样一套丛书具有重要意义,为推动我国智能制造发展作出了突出贡献。我们衷心感谢各位作者付出的心血和劳动,感谢编委会全体同志的不懈努力,感谢中国机械工程学会与清华大学出版社的精心策划和鼎力投入。

衷心希望这套丛书在工程实践中不断进步、更精更好,衷心希望广大读者喜欢这套丛书、支持这套丛书。

让我们大家共同努力,为实现建设制造强国的中国梦而奋斗。

周济

2019年3月

技术进展之快，市场竞争之烈，大国较劲之剧，在今天这个时代体现得淋漓尽致。

世界各国都在积极采取行动，美国的"先进制造伙伴计划"、德国的"工业 4.0 战略计划"、英国的"工业 2050 战略"、法国的"新工业法国计划"、日本的"超智能社会 5.0 战略"、韩国的"制造业创新 3.0 计划"，都将发展智能制造作为本国构建制造业竞争优势的关键举措。

中国自然不能成为这个时代的旁观者，我们无意较劲，只想通过合作竞争实现国家崛起。大国崛起离不开制造业的强大，所以中国希望建成制造强国、以制造而强国，实乃情理之中。制造强国战略之主攻方向和关键举措是智能制造，这一点已经成为中国政府、工业界和学术界的共识。

制造企业普遍面临着提高质量、增加效率、降低成本和敏捷适应广大用户不断增长的个性化消费需求，同时还需要应对进一步加大的资源、能源和环境等约束之挑战。然而，现有制造体系和制造水平已经难以满足高端化、个性化、智能化产品与服务的需求，制造业进一步发展所面临的瓶颈和困难迫切需要制造业的技术创新和智能升级。

作为先进信息技术与先进制造技术的深度融合，智能制造的理念和技术贯穿于产品设计、制造、服务等全生命周期的各个环节及相应系统，旨在不断提升企业的产品质量、效益、服务水平，减少资源消耗，推动制造业创新、绿色、协调、开放、共享发展。总之，面临新一轮工业革命，中国要以信息技术与制造业深度融合为主线，以智能制造为主攻方向，推进制造业的高质量发展。

尽管智能制造的大潮在中国滚滚而来，尽管政府、工业界和学术界都认识到智能制造的重要性，但是不得不承认，关注智能制造的大多数人（本人自然也在其中）对智能制造的认识还是片面的、肤浅的。政府勾画的蓝图虽气势磅礴、宏伟壮观，但仍有很多实施者感到无从下手；学者们高谈阔论的宏观理念或基本概念虽至关重要，但如何见诸实践，许多人依然不得要领；企业的实践者们侃侃而谈的多是当年制造业信息化时代的陈年酒酿，尽管依旧散发清香，却还是少了一点智能制造的气息。有些人看到"百万工业企业上云,实施百万工业 APP 培育工程"时劲头十足,可真准备大干一场的时候,又仿佛云里雾里。常常听学者们言,CPS(cyber-physical systems,信息物理系统)是工业 4.0 和智能制造的核心要素,CPS 万不能离开数字孪生体(digital twin)。可数字孪生体到底如何构建?学者也好,工程师也好,少有人能够清晰道来。又如,大数据之重要性日渐为人们所知,可有了数据后,又如何分析?如何从中提炼知识?企业人士鲜有知其个中究竟的。至于关键词"智能",什么样的制造真正是"智能"制造?未来制造将"智能"到何种程度?解读纷纷,莫衷一是。我的一位老师,也是真正的智者,他说:"智能制造有几分能说清楚?还有几分是糊里又糊涂。"

所以,今天中国散见的学者高论和专家见解还远不能满足智能制造相关的研究者和实践者们之所需。人们既需要微观的深刻认识,也需要宏观的系统把握;既需要实实在在的智能传感器、控制器,也需要看起来虚无缥缈的"云";既需要对理念和本质的体悟,也需要对可操作性的明晰;既需要互联的快捷,也需要互联的标准;既需要数据的通达,也需要数据的安全;既需要对未来的前瞻和追求,也需要对当下的实事求是……如此等等。满足多方位的需求,从多视角看智能制造,正是这套丛书的初衷。

为助力中国制造业高质量发展,推动我国走向新一代智能制造,中国机械工程学会和清华大学出版社组织国内知名的院士和专家编写了"智能制造系列丛书"。本丛书以智能制造为主线,考虑智能制造"新四基"[即"一硬"(自动控制和感知硬件)、"一软"(工业核心软件)、"一网"(工业互联网)、"一台"(工业云和智能服务平台)]的要求,由 30 个分册组成。除《智能制造:技术前沿与探索应用》《智能制造标准化》《智能制造实践》3 个分册外,其余包含了以下五大板块:智能制造模式、智能设计、智能传感与装备、智能制造使能技术以及智能制造管理技术。

本丛书编写者包括高校、工业界拔尖的带头人和奋战在一线的科研人员,有着丰富的智能制造相关技术的科研和实践经验。虽然每一位作者未必对智能制造有全面认识,但这个作者群体的知识对于试图全面认识智能制造或深刻理解某方面技术的人而言,无疑能有莫大的帮助。丛书面向从事智能制造工作的工程师、科研人员、教师和研究生,兼顾学术前瞻性和对企业的指导意义,既有对理论和方法的描述,也有实际应用案例。编写者经过反复研讨、修订和论证,终于完成了本丛书的编写工作。必须指出,这套丛书肯定不是完美的,或许完美本身就不存在,更何况智能制造大潮中学界和业界的急迫需求也不能等待对完美的寻求。当然,这也不能成为掩盖丛书存在缺陷的理由。我们深知,疏漏和错误在所难免,在这里也希望同行专家和读者对本丛书批评指正,不吝赐教。

在"智能制造系列丛书"编写的基础上,我们还开发了智能制造资源库及知识服务平台,该平台以用户需求为中心,以专业知识内容和互联网信息搜索查询为基础,为用户提供有用的信息和知识,打造智能制造领域"共创、共享、共赢"的学术生态圈和教育教学系统。

我非常荣幸为本丛书写序,更乐意向全国广大读者推荐这套丛书。相信这套丛书的出版能够促进中国制造业高质量发展,对中国的制造强国战略能有特别的意义。丛书编写过程中,我有幸认识了很多朋友,向他们学到很多东西,在此向他们表示衷心感谢。

需要特别指出,智能制造技术是不断发展的。因此,"智能制造系列丛书"今后还需要不断更新。衷心希望,此丛书的作者们及其他的智能制造研究者和实践者们贡献他们的才智,不断丰富这套丛书的内容,使其始终贴近智能制造实践的需求,始终跟随智能制造的发展趋势。

2019 年 3 月

随着互联网、移动互联网、物联网、云计算、大数据、人工智能、虚拟现实等信息技术的快速发展，制造技术与信息技术深度融合，全球制造业正在发生根本性的转变。工业互联网的兴起，将用户需求、生产规划、供应链、物流、销售工厂、生产设备紧密地连接在一起，不断促进先进制造技术向信息化、自动化、智能化的方向发展，而智能制造正日益成为未来制造业发展的核心内容。

智能制造基于新一代信息通信技术与先进制造技术深度融合，贯穿于设计、生产、管理、服务等制造活动的各个环节，其不可避免地带来了信息安全问题。在智能制造的全过程中涉及客户个体信息、生产组织的信息、物流信息、销售信息、生产设备的状态及控制信息等多种类型信息。这些信息的机密性、完整性、来源真实性对于客户的个人安全、生产企业的运营安全、生产系统的运行安全乃至国民经济的整体安全都至关重要，信息安全已成为智能制造领域必不可少的基础支撑技术。

本书针对智能制造的信息安全问题，从加密算法、认证技术、云数据安全、隐私保护和区块链应用等方面介绍了相关的理论与技术，共分为7章。

第1章介绍了智能制造的内涵和技术需求，分析了智能制造的数据生态系统的数据分类与数据特征，介绍了数字化供应链的体系结构，并分析了智能制造面临的安全威胁。

第2章介绍了支撑智能制造的主要工业互联网技术，包括工业互联网网络框架、工业互联网标识与解析体系、时间敏感网络、工业物联网接入技术（ZigBee、MTC、远距离低功耗接入），分析了物联网的安全架构。

第3章介绍了密码技术基础，包括数据加密、Hash算法、数字签名算法等，重点介绍了国家商用密码标准的系列算法，并结合智能制造场景介绍了相关密码应用案例。

第4章介绍了身份认证与信任管理技术，包括数字证书与公钥基础设施、主流的认证协议、典型的安全协议、访问控制模型、信任模型与评估方法，并结合车载环境无线接入、零信任模型和智能制造应用等介绍了身份认证和信任管理的应用。

第5章介绍了云计算数据安全技术，包括基于属性加密的云存储访问控制、安全外包计算和同态密码、密文搜索技术等新型云计算安全技术,并介绍了移动群智感应中的数据安全共享案例应用。

第6章介绍了数据隐私保护技术,在分析智能制造中隐私泄露风险的基础上,介绍了数据发布共享的隐私保护机制、差分隐私原理与技术,并针对智能制造介绍了智能模型隐私保护的应用案例。

第7章介绍了区块链与数字化供应链。在介绍区块链基本原理的基础上,结合供应商管理和产品追踪溯源,给出了区块链在数字化供应链中的应用。

本书是在作者长期从事密码与信息安全技术研究的基础上编写的,主要由李晖教授、朱辉教授、张跃宇副教授、赵兴文副教授完成。具体撰写分工为:第1章由李晖、朱辉完成;第2章由张跃宇、朱辉等完成;第3章由赵兴文、李晖等完成;第4章由赵兴文、李晖等完成;第5章由朱辉、李晖等完成;第6章由李晖、朱辉等完成;第7章由李晖完成。在本书撰写过程中,得到了作者团队研究生的大力支持,他们分别是罗屿榕、王枫为、张铭、李效光、闫浩楠、丁晟、郑戈威、杨晓鹏、路世翠、关键、张紫玲。本书的编写也参考了大量国内外专家的研究成果,在此表示衷心感谢!感谢清华大学出版社的大力支持,感谢为本书出版付出辛勤工作的所有相关人员!

智能制造技术仍处于快速发展当中,本书编写人员虽然在信息安全领域具有长期的研究积累,但对智能制造的需求理解并不够深入,水平有限,书中难免存在不妥之处,恳请各位专家予以批评和指正。

作　者

2021 年 3 月

Contents | **目录**

智能制造与数据生态系统

1.1 智能制造的内涵、发展现状和发展趋势

1.1.1 智能制造的内涵

制造业是一个国家的立国之本,是支撑国民经济发展的基石。随着全球化的发展,市场竞争日益激烈,资源和生产要素跨国优化配置促进生产成本降低,用户个性需求快速变化,在互联网、移动互联网、云计算、人工智能和大数据等先进技术发展和先进制造理念的推动下,全球制造业正在发生根本性的转变。2009 年,美国制定重振制造业的"再工业化"战略,以高新技术为依托,发展高附加值的制造业,并于 2011 年正式启动包括发展机器人在内的先进制造伙伴计划;2013 年作为欧洲工业模式代表的德国提出"工业 4.0"概念[1],旨在提升制造业的智能化水平,将物联网和智能服务引入制造业,推进第四次工业革命。欧盟在欧洲"2020 智慧可持续包容增长"战略中,提出重点发展以智能为核心的先进制造。

改革开放以来,中国已发展成为制造大国,有世界工厂之称。但制造业大而不强,许多环节处于产业链低端,距离制造强国仍有较大距离。打造中国制造新优势,实现由制造大国向制造强国的转变,对我国新时期的经济发展至关重要。2015年 5 月,国务院印发《中国制造 2025》,部署全面推进实施制造强国战略的第一个十年行动纲领,将智能制造作为主攻方向,加速培育我国新的经济增长动力,抢占新一轮产业竞争制高点,以应对制造业转型升级与快速发展所带来的机遇以及发达国家制造业回归本国所带来的挑战。

当前,世界范围内先进制造技术正向信息化、自动化、智能化的方向发展,智能制造日益成为未来制造业发展的核心内容[2]。《智能制造发展规划(2016—2020年)》(工信部联规〔2016〕349 号)指出,智能制造(intelligent manufacturing)是指基于新一代信息通信技术与先进制造技术深度融合,贯穿于设计、生产、管理、服务等制造活动的各个环节,具有自感知、自学习、自决策、自执行、自适应等功能的新型生产方式。与传统制造相比,智能制造涉及 4 个层面的智能化:①产品的智能化,智能制造的产品均趋于成为智能终端,可通过物联网相互连接。②装备的智能化,

从智能制造的单元、单机、机器人向智能的生产线、智能的生产系统演变。③流程的智能化,管理的组织架构、企业之间的交互,需要重新构建与调整以适应产品和装备的智能化。④服务的智能化,制造服务化就是制造企业为了获取竞争优势,将价值链由以制造为中心向以服务为中心转变,因此将数字技术、智能技术、泛在网络技术以及其他新兴信息技术的集成应用到服务中是智能制造需要重点考虑的问题。

1.1.2　智能制造的发展现状

美国为了保持其在全球制造业中的优势地位,从 1992 年起就大力支持关键重大技术创新,期望借助智能制造新技术改造传统制造业。2008 年金融危机后,美国政府又先后推出了一系列制造业振兴计划,如 2009 年 12 月提出的"A Framework for Revitalizing American Manufacturing"(《美国制造业振兴框架》)[3]、2011 年 6 月提出的"Advanced Manufacturing Partner Program"(《先进制造合作伙伴计划》)以及 2012 年 2 月提出的"A National Strategic Plan for Advanced Manufacturing"(《国家先进制造战略计划》)等。这些计划旨在依靠新一代信息技术、新材料与新能源技术等,快速发展以先进传感器、工业机器人、先进制造测试设备为代表的智能制造。2013 年 6 月,通用电气提出了工业互联网革命(industrial internet revolution)[4],通过开放和全球化的网络,将人、数据和机器连接起来,实现升级关键工业领域的目标。工业互联网的本质和核心是通过工业互联网平台把设备、生产线、工厂、供应商、产品和客户紧密地连接融合起来,形成跨设备、跨系统、跨厂区、跨地区、跨生态链的互联互通,从而提高效率,推动整个制造服务体系智能化,实现制造业和服务业之间的融合发展,促进工业经济各种要素资源能够高效共享[5]。

德国希望依仗其在制造业的传统优势,保证德国制造业未来的发展。德国通过对新制造技术在创新方面的研究、开发以及在复杂工业制造业进程的专业化管理,成为制造设备行业的全球领导者。2013 年德国提出"工业 4.0"概念,将智能工厂作为发展方向。在"工业 4.0"阶段,新型的智能工厂基于信息物理系统(cyber-physical systems,CPS),借助社交网络实现自然的人机互动,这将重塑传统制造工厂模式下人与生产设备之间操控与被动反应的机械关系。大数据经过实时汇聚和分析处理,形成"智能数据",经过可视化和互动式加工,向智能工厂反馈产品和工艺流程的实时优化方案,驱动生产系统走向智能化。在智能工厂的基础上,通过物联网和服务互联网,实现智能交通、智能物流、智慧城市、智能产品和智能电网等相互连接,以新型工业化实现经济社会系统的全面智能化。

我国对智能制造的研究开始于 20 世纪 80 年代末,并在近年来得到了越来越广泛的重视。2015 年出台的《中国制造 2025》是我国实施制造强国战略第一个十年的行动纲领。《中国制造 2025》以创新驱动发展为主题,以信息化与工业化深度融合为主线,以推进智能制造为主攻方向。制造业数字化、网络化、智能化是新一轮工业革命的核心技术。2019 年 1 月 18 日,工业和信息化部印发《工业互联网网络建设及推广指南》,明确提出以构筑支撑工业全要素、全产业链、全价值链互联互通的网络基础设施为目标,着力打造工业互联网标杆网络,创新网络应用,规范发展秩序,加快培育新技术、新产品、新模式、新业态。到 2020 年,形成相对完善的工业互联网网络顶层设计。

2015 年 7 月,国务院发布《国务院关于积极推进"互联网 +"行动的指导意见》,提出推动互联网与制造业融合,提升制造业数字化、网络化、智能化水平,加强产业链协作,发展基于互联网的协同制造新模式。

2016 年 5 月,国务院发布《国务院关于深化制造业与互联网融合发展的指导意见》,提出充分释放"互联网+"的力量,改造提升传统动能,培育新的经济增长点,加快推动"中国制造"提质增效升级,实现从工业大国向工业强国迈进。

2017 年 11 月,国务院发布《国务院关于深化"互联网+先进制造业"发展工业互联网的指导意见》,提出增强工业互联网产业供给能力,持续提升我国工业互联网发展水平,深入推进"互联网+",形成实体经济与网络相互促进、同步提升的良好格局。

2018 年 7 月,工业和信息化部印发了《工业互联网平台建设及推广指南》,指南提出:到 2020 年,培育 10 家左右的跨行业、跨领域工业互联网平台和一批面向特定行业、特定区域的企业级工业互联网平台。

2018 年 12 月,工业和信息化部印发了《工业互联网网络建设及推广指南》,指南提出:初步建成工业互联网基础设施和技术产业体系,包括建设满足试验和商用需求的工业互联网企业外网标杆网络,建设一批工业互联网企业内网标杆网络,建成一批关键技术和重点行业的工业互联网网络实验环境,建设 20 个以上网络技术创新和行业应用测试床,形成先进、系统的工业互联网网络技术体系和标准体系等。

2019 年 3 月,工业互联网写入《2019 年国务院政府工作报告》。报告提出:围绕推动制造业高质量发展,强化工业基础和技术创新能力,促进先进制造业和现代服务业融合发展,加快建设制造强国。打造工业互联网平台,拓展"智能+",为制造业转型升级赋能。

2020 年 3 月,工业和信息化部印发《关于推动工业互联网加快发展的通知》,通知中要求各有关单位要加快新型基础设施建设、加快拓展融合创新应用、加快健全安全保障体系、加快壮大创新发展动能、加快完善产业生态布局、加大政策支持力度。深入贯彻习近平总书记在统筹推进新冠肺炎疫情防控和经济社会发展工作部署会议上的重要讲话精神,落实中央关于推动工业互联网加快发展的决策部署,统筹发展与安全,推动工业互联网在更广范围、更深程度、更高水平上融合创新,培植壮大经济发展新动能,支撑实现高质量发展。

1.1.3　智能制造的发展趋势

智能制造的发展趋势既需体现智能、绿色、高效等宏观方向特点，同时又依托诸多细分技术的交叉结合与不断更新。在工厂管理及运营方面，首先需要构建先进的信息化平台架构，并依托广泛的信息采集与工业通信机制，建立灵活、稳健的工厂信息流，使工厂内横向和纵向基于各个层面、职能与环节的分支系统实现更加紧密的连接和集成。在生产规划上，需要实现从预估计划性生产到由精准需求拉动柔性化生产的转变；在产品管理上，需要实现产品的全生命周期管理，并在这一过程中受益于数字孪生、数据挖掘等新技术的应用实践。在设备层面，推广、研发支持信息交互、柔性化生产、自诊断等功能的新型智能化设备，以及具有高精度、高速度等性能的特种设备；需要大力推进机器视觉系统、智能电机系统、高级运动控制等产品与技术在生产设备上的应用，提高生产设备的智能性、精准性、安全性及效率水平。

与此同时，需要进一步提升大数据分析和云计算等在智能制造核心领域所占有的重要地位，其与工业制造业的融合以及在经济管理上的应用是智能制造发展的关键。网络通信技术作为设备互联的基础，对智能制造而言也具有相当重要的地位。而控制领域也需要和数据、人工智能技术等紧密结合，实现自适应控制。

1.2　智能制造的数据生态系统

以智能制造为主体的新一轮工业革命正在世界范围内广泛展开，不管是德国提出的"工业 4.0"战略，美国提出的"工业互联网"，日本提出的"智能制造系统"国际合作计划，还是我国提出的"中国制造 2025"战略，它们的主要特征都是基于 CPS 实现对人、机、物的实时状态的全面感知，对海量异构的工业现场数据和信息进行智能分析并处理，推动制造业向基于工业大数据分析与应用智能化的产品需求、设计、制造、销售及服务的转型。多源各异的消费者需求数据、海量异构的工业现场数据和对这些大数据的理解、分析、利用及转化共同构成了智能制造的数据生态系统。智能制造的数据生态系统可以从两个层面来理解：一是依托对上游消费者通过网络提出的具体需求的数据分析，提供精确及时的产品服务，同时记录整个实现过程的基础数据；二是通过对大量消费需求实现过程数据的分析、挖掘，了解具体消费需求实现过程中存在的问题、造成的影响和解决方法，将这些数据信息抽象化建模后转化成知识数据，再利用这些知识数据去认识、解决和避免新的问题，这个过程能够自发自动地循环进行。

1.2.1　智能制造的主要数据

1. 智能制造的数据来源

智能制造的数据源于制造全生命周期的各个阶段,主要包含三大部分:①传统数据,包括解决某些业务问题的单元工具软件如 CAD/CAE/CAM/CAPP,以及企业资源规划、客户关系管理、供应链管理等企业业务管理软件产生的数据;②传感数据,通过物联网及泛在计算技术在制造企业中的广泛应用,实现自动、实时、准确、详细地获取企业物理环境的数据信息,如使用 RFID(radio frequency identification)、Auto-ID、Bluetooth、Wi-Fi、全球移动通信系统(global system for mobile communications,GSM)、ZigBee 等来采集和同步生产的现场数据;③社交媒体数据,随着社交网络、移动计算等社会化媒体的兴起,网络上产生了大量图片数据、文本及多媒体数据,这些数据反映了用户需求、消费习惯和兴趣爱好等。利用这些来自多渠道的数据建立分析模型,可以全方位、多角度地观察用户行为、预测用户需求,主动配置和优化制造资源。

2. 智能制造数据的分类

从宏观上看,智能制造的数据主要包括以下几类:

(1) 市场客户信息,如需求市场信息、供应市场信息、客户信息等。

(2) 产品数据,如产品图纸、物料清单数据、零件几何特征编码等。

(3) 生产控制数据,如生产计划、调度命令、控制指令等。

(4) 工艺信息,如工艺文件、数控程序、加工过程状态等。

(5) 生产状况数据,如设备数据、物料数据、人员信息数据等。

(6) 经营管理数据,如预测信息数据等。

除此之外,制造信息数据还有决策信息数据、财务信息数据和企业状况信息数据等。智能制造过程可以看作是对制造过程中各种信息数据资源的采集、传输和加工处理的过程,其最终形成的产品是信息数据的物质表现,即信息数据的物化。

1.2.2　智能制造数据生态系统的概念和主要特征

智能制造数据生态系统是以海量异构的大数据技术为生态依托,基于数据生命周期全过程所形成的有机复杂系统,以数据价值挖掘及实现为发展核心,由制造数据及相关数据生产者、传递者、消费者、分解者等生态因子共同构成,主要有开放性、协同性、动态性及多样性 4 个特征。

(1) 开放性。智能制造的数据生态系统是参与到需求、生产、消费、服务等产业制造全过程循环的特殊有机体,通过能量流、物质流及数据流等的流入、流出与周围环境和平台相联系,如智能制造数据的"分解"需要从外部环境输入能量和物质,对大数据分析结果的应用需要外部的消费市场,开放性是智能制造数据生态系统的自然属性。

（2）协同性。智能制造数据生态系统是一个有机整体，系统功能需要系统内各生态因子按照特定规则自动形成，同时各生态因子在结构和功能上能够相互补充、相互协调配合，进而实现系统整体功能大于部分功能之和。

（3）动态性。动态性是智能制造数据生态系统最明显的特征，这种动态性基于空间视角，是指系统内各构成要素可以与外界有选择性地进行双向交流；基于时间视角，表现为智能制造数据生态系统会随着内外部环境的变动向更高层级演化。

（4）多样性。多样性表明生态系统是由多种物种相互依赖而构成的有机体，多样性是生态系统生存的关键。同样，多样性也是智能制造数据生态系统的重要特征，既体现在海量数据自身的来源与种类上，也体现在大数据的消费群体及大数据生态系统功能上。

1.2.3　智能制造数据生态系统模型

智能制造的数据生态系统以数据生命周期全过程为基础架构，通过数据生产者、数据传递者、数据分解者与数据消费者等生态因子的协同配合保证系统稳健运行。

（1）数据获取阶段。数据获取是指获得海量数据的过程，在该阶段借助数据采集技术使数据源（生产者）中的数据为智能制造的数据生态系统所用，并将数据以标准化形式整合，便于后续数据存储、数据分析与挖掘活动的顺利进行。

（2）数据清洗与存储阶段。将数据获取阶段所得到的数据进行清洗，剔除无效数据后将其余数据分类存储于数据存储系统中。随着数据量的爆发式增长，智能制造数据生态系统对存储技术提出了新的要求，存储系统不仅必须具备安全性与永久性，同时还应便于数据的检索与提取。

（3）数据分析与挖掘阶段。该阶段根据消费者需求，利用数据分析及数据挖掘技术对海量数据进行处理，既要满足消费者需求，也要在海量数据间建立关联性，实现系统价值增值。数据分析与挖掘阶段是海量数据价值实现的重要过程，也是智能制造数据生态系统实现演进发展的关键环节。

（4）结果发布阶段。通过可视化、搜索引擎等数据技术将数据分析结果以消费者可理解的方式进行发布，是数据价值的应用阶段。数据分析结果可为个体与组织机构提供决策依据、为企业发现潜在市场机遇、帮助科研人员识别研究问题、辅助政府部门制定政策等。

1.2.4　智能制造数据生态系统的应用及意义

智能制造数据分析应用带来的效益将渗透于整个制造业价值链，如产品创新、市场需求预测、优化产品生产流程、生产过程精准控制、企业业务流程精细化管理等。主要应用有：

（1）实现大规模个性化定制。在产品生产之前通过大数据分析感知用户的情景信息，快速洞察用户需求及兴趣点，针对客户的个性化需求进行参数配置、优化和建模，从而精准地向用户提供制造服务的主动推荐、检查和建议。

（2）产品故障诊断与预测。通过分布在生产线不同环节的传感器实时采集制造装备运行数据，并进行建模分析，及时跟踪设备信息（如实际健康状态、设备表现或衰退轨迹），进行故障预测与诊断，从而减少这些不确定因素造成的影响，降低停产率，提高实际运营生产力。

（3）精准制造服务推送。通过多渠道收集用户大数据，如身份信息、行为数据和交易数据，从各个维度了解客户需求，在整合数据之后，企业可以了解哪些客户群体需要怎样的制造服务，从而挖掘商业机会，主动发现制造任务，辅助制造企业做出合理决策，减少因盲目制造与需求不匹配而造成的资源浪费。

（4）制造流程优化控制。传统的制造流程建模方法和自动控制方法是以事先建立对象模型为前提，然后根据对象理论模型加以闭环控制，从而使输出结果符合要求。然而，面对复杂的工业生产系统时，其特性和行为难以被理解和掌握，建立优化控制模型十分困难，通过智能制造数据生态系统处理分析，以数据为基础来发现模型，可以解决现有机理建模方法难以解决的问题。

总之，基于数据生态系统的智能制造的基本目的就是对制造设备本身以及产品制造过程中产生的数据进行系统分析，转换成实际有用的信息或知识，并通过这些信息或知识对外部环境及情形做出判断和采取适当的行动，进而产生优化的业务决策和个性化的服务，创造价值并获得更多的收益。

1.3　数字化供应链

数字化供应链是以客户为中心的平台模型，通过多渠道实时获取并最大化利用数据，实现需求刺激、匹配、感知与管理，以提升企业业绩，并最大程度降低风险[6]。

传统的供应链体系结构分为供应网络和分销渠道两大部分，如图 1-1 所示。有别于传统的供应链从配套零件开始到制成中间产品及最终产品、最后由销售网络把产品送到消费者手中的"链式"模式，数字化供应链利用云计算、物联网、大数据、认知技术及人工智能等多种新技术将传统供应链的"链式"模式提升为"网状"模式（图 1-2）。数字化供应链主要包括：数字化计划、数字化供应、数字化制造和数字化物流 4 个部分。

数字化供应链的应用不仅可以帮助企业通过智能化的方式来节省成本，提高效率，控制风险，还可以给供应链运营带来根本性的改变，构建不断优化的端到端的供应链运营模式。此外，新兴科技还有助于将正确的信息"提前"放在决策制定

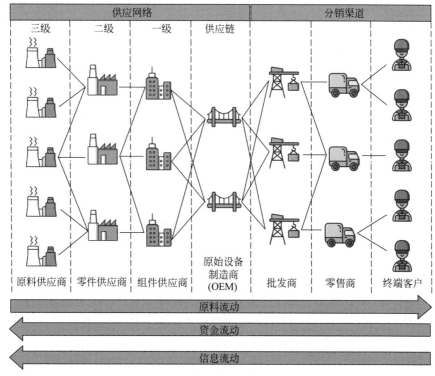

图 1-1　传统供应链体系结构

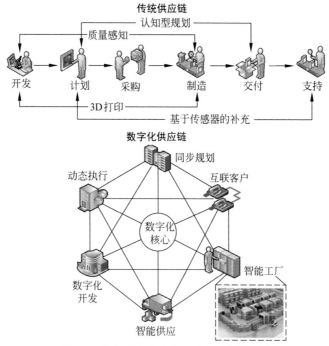

图 1-2　传统供应链向数字化供应链的转化

者的手中,使得专家团队可以做出更迅速、基于事实的决策,从而产生更大的收益。
2017 年国务院办公厅印发《关于积极推进供应链创新与应用的指导意见》,其中指
出要全面部署供应链创新与应用的有关工作,推动我国供应链发展水平全面提升。
由此可见,供应链创新已经成为国家的重要战略。数字化供应链作为供应链创新
的重要改革方向之一,也引起了社会各界的普遍关注。

1.3.1　数字化供应链的技术体系结构

数字化供应链的技术体系结构如图 1-3 所示,利用云计算、物联网、大数据、认
知技术及人工智能等多种新技术对传统供应链进行改进,使得供应链网络具备主
动感知、实时可视、完全透明、卓越可靠、即时可用的特点。在数字化计划过程中,
对从原料市场和销售市场中采集到的历史大数据利用人工智能算法进行深入分
析,刻画出产品供需关系的变化规律,并结合目前的市场状况,对之后的生产计划
做出合理规划。在数字化供应过程中,可以分析市场对原材料的需求状况,合理生
产、采集原材料,防止出现原材料供应过剩等状况。在数字化制造过程中,充分利
用人工智能技术最大可能地实现生产的智能化、自动化,降低生产成本。在数字化
物流、销售过程中,及时考虑地域、季节等因素对产品销售的影响,积极调整销售
策略。

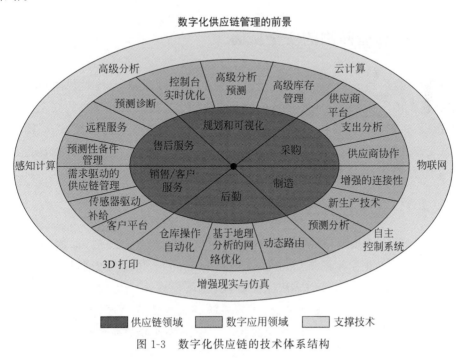

图 1-3　数字化供应链的技术体系结构

1.3.2　数字化供应链的安全体系结构

为应对以上所提到的数字化供应链所面临的安全威胁,应该从以下 3 个方面构建数字化供应链的安全体系结构,如图 1-4 所示。

(1)建立完善的政策与管理制度。通过规章制度来规范相关人员的操作,以减少人为原因所带来的安全问题。

(2)设计高效安全的数据安全和隐私保护方案。利用密码学、隐私保护等方面的技术来对企业所收集到的敏感信息进行保护,防止由于企业数据泄露带来的隐私安全威胁。隐私保护则是对数据中包含的个人敏感信息进行保护。数据安全包括身份认证、访问控制、数据传输和存储加密、数据交易的完整性和不可否认性。

(3)构建完备的网络防御系统。通过完善的网络防御系统来抵御攻击者对数字化供应链中各个环节所进行的攻击。

政策管理　规章制度　　　数据安全　隐私保护　　　网络防御系统

图 1-4　数字化供应链的安全体系结构

1.4　智能制造面临的安全威胁

智能制造给制造业带来了前所未有的变革与活力,但与此同时智能制造系统中也会存在传统制造业从未考虑过的信息安全问题。智能制造系统的安全涉及系统可用性、机密性和完整性[7],涉及认证、访问控制、数据安全与数据共享、网络安全、系统弹性、可维护性、安全监控等方面[8]。本节重点分析工业控制系统安全、云服务的数据安全、数字化供应链安全等方面的威胁。

1.4.1　工业控制安全威胁

在智能制造的推动下,工业控制系统逐步从封闭走向开放,彻底告别信息"孤岛"时代。工业控制系统(industrial control system,ICS,以下简称工控系统)的发展开始不断融合以 TCP/IP 标准协议、通用操作系统为代表的互联网。随着业务网络、信息系统的逐步融合,工控系统逐渐暴露在互联网的安全威胁下,开始遭受黑客针对工控系统的安全攻击。工控系统各分层存在脆弱性,如图 1-5 所示[9]。

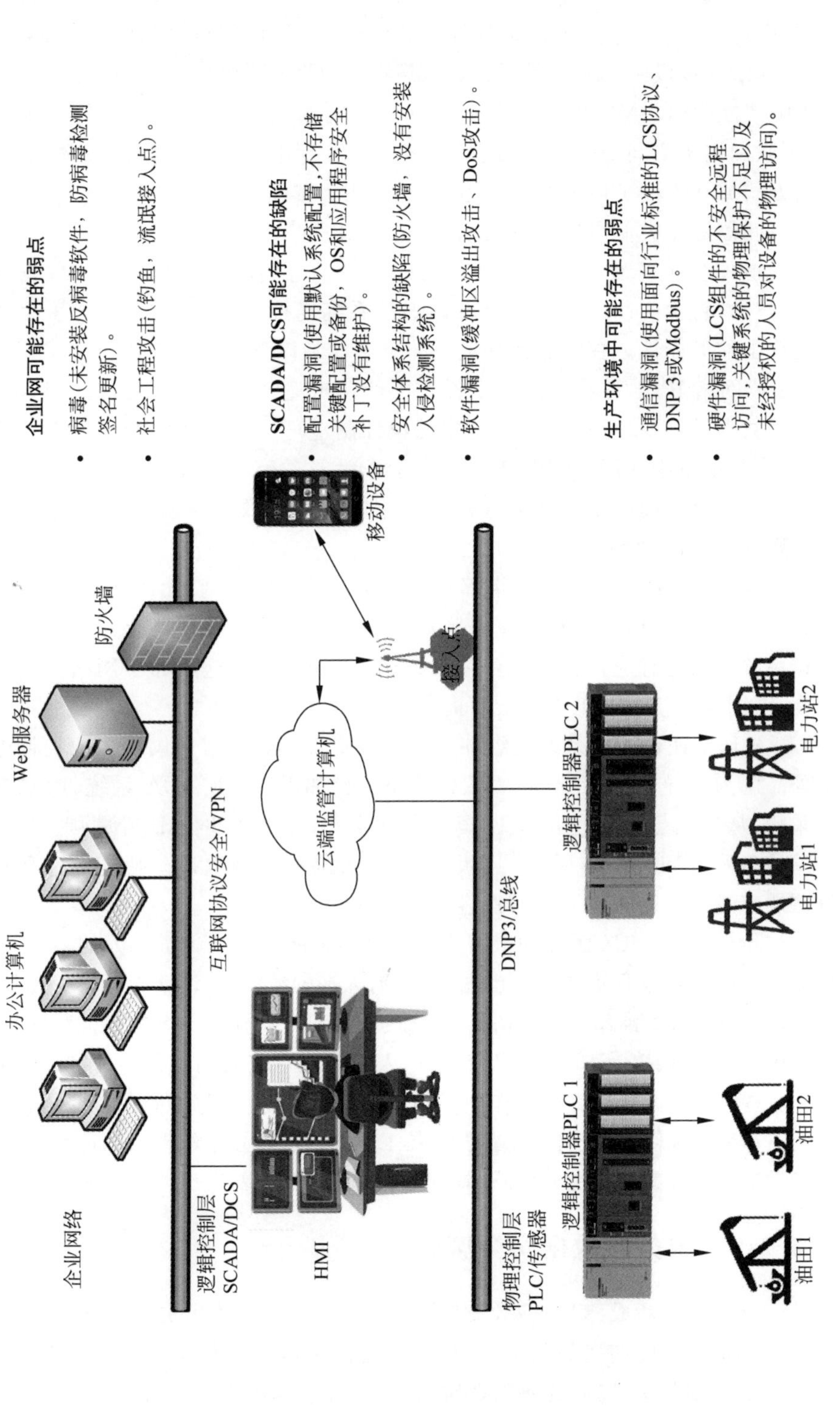

企业网可能存在的弱点

- 病毒（未安装反病毒软件、防病毒检测签名更新）。
- 社会工程攻击（钓鱼、流氓接入点）。

SCADA/DCS可能存在的缺陷

- 配置漏洞（使用默认系统配置，不存储关键配置或备份、OS和应用程序安全补丁没有维护）。
- 安全体系结构的缺陷（防火墙、没有安装入侵检测系统）。
- 软件漏洞（缓冲区溢出攻击、DoS攻击）。

生产环境中可能存在的弱点

- 通信漏洞（使用面向行业标准的LCS协议、DNP 3或Modbus）。
- 硬件漏洞（LCS组件的不安全远程访问，关键系统的物理保护不足以及未经授权的人员对设备的物理访问）。

企业网络

办公计算机

Web服务器

防火墙

互联网协议安全/VPN

逻辑控制层 SCADA/DCS

HMI

云端监管计算机

接入点

移动设备

DNP3总线

物理控制层 PLC/传感器

逻辑控制器PLC 1

逻辑控制器 PLC 2

油田1　油田2

电力站1　电力站2

图 1-5　工控系统脆弱性示意图

针对工控系统的安全攻击已经发生过多次,其中较为著名的包括震网病毒(Stuxnet 病毒)、乌克兰电厂攻击事件等。2010 年 9 月,伊朗核设施曝出 Stuxnet 病毒攻击,导致其核设施无法正常运行。该病毒针对微软操作系统中的 MS10-046 漏洞(LNK 文件漏洞)、MS10-061 漏洞(打印服务漏洞)、MS08-067 漏洞等多种漏洞,实现了联网主机之间的传播,并最终突破了工业专用局域网的物理限制,通过"摆渡"的方式成功入侵了伊朗的核设施,毁坏了用于浓缩铀的离心机,致使布什尔核电站长时间停运。类似事件还有火焰病毒、BlackEnergy 病毒事件。

智能制造的变革打破了传统 ICS 的封闭环境,它融合云计算技术、大数据技术、物联网技术,将生产制造环节与互联网信息系统连接起来,极大地增加了生产制造遭受攻击的可能性。智能制造环境下的 ICS 面临以下新的安全挑战。

(1)工业网络 IP 化为黑客提供了更方便的攻击途径。物联网技术的引入和使用工业大数据的需要,智能工厂环境中的设计制造环节和互联网产生更多的连接,并在更多的场景中使用 TCP/IP 协议进行通信,这给互联网黑客提供了更多可以攻击的机会。整个控制系统都可以和远程终端互联,导致工控系统感染病毒、木马、蠕虫等风险的机会增加。

(2)终端接入多样化增加了网络管理的困难。随着以太网、无线网引入生产、管理的各个方面,通过以太网和无线网接入的终端变得多样化,终端上可能运行着各种操作系统以及各种应用,存在着多种多样的安全漏洞。这增加了网络安全管理的难度,限制终端接入的工作复杂度提高。

(3)开放环境使得工控系统的组件的脆弱性更加彰显。目前国内工业控制系统以国外品牌为主导,对国外产品的依赖严重。比如 DCS、SCADA 系统、PLC 多从国外采购,从目前已经发生的工控安全事件来看,存在不少"0day"漏洞。包括 HMI 终端,多采用 Windows 系统,且版本陈旧,容易被黑客攻破。智能制造环境使得这些弱点进一步暴露在互联网黑客的攻击威胁下。

(4)人为失误也是 ICS 面临的威胁之一。虽然智能制造减少了人为的参与,但人在智能制造中同样是不可或缺的组成部分。有人在的地方,失误就无可避免,同时付出的代价也可能极为高昂。有些情况下,人为失误可以看作是 ICS 的最大威胁,包括设置错误、配置错误以及 PLC 编程错误等,人为失误造成的漏洞很容易被外部对手利用。有些失误是因为员工在工作中采用了"创造性的方法",比如在需要远程接入 ICS 网络却又不提供安全连接的情况下,员工只能自己建立未经授权的远程连接。这些未经批准的连接就有可能成为外部攻击的渗透点,进而暴露出整个 ICS。

1.4.2　云服务的数据安全威胁

随着云计算的不断成熟与发展,其与智能制造的组合创造出更多的新型应用。数据是智能制造系统的前提和基础,云计算是智能制造运行和发展的重要组成部分。云计算的数据共享、按需的便利性质,自然也带来了新的安全隐患[10]。

（1）数据泄露。云环境中面临着许多与传统网络相同的安全威胁，但由于大量的数据存储于云端，使得云服务器成为一个更具吸引力的攻击目标。潜在损害的严重程度往往取决于数据的敏感性，云环境作为智能制造的数据载体可能保存着智能工厂设备信息、工作数据、客户信息等重要内容，当发生数据泄露事故时，可能直接导致工厂损失或者用户隐私泄露等问题，而相应的违规调查追踪将耗费大量的时间和精力。云环境下通常都会部署安全控制来进行保护，可采用多因素身份验证和加密等方式，尽量防止数据泄露事故的发生。

（2）接口和 API 被攻击。云服务 API 提供了更加便捷的数据服务。接口和 API 可以用来管理并实现与云服务的交互，包括提供云服务的配置、管理、业务流程协调和监控的服务。云服务的安全性和可用性——从身份认证和访问控制再到加密和活动监测——均需要依赖于 API 的安全性。随着依赖于这些 API 和建立在这些接口的第三方服务的增加，相应的安全风险也在增加。未经防护的接口和 API 或将暴露出企业组织在保密性、完整性、可用性和问责制方面的数据安全问题。API 和接口通常通过开放的互联网访问，是整个系统中最容易暴露给攻击方的部分。

（3）系统漏洞。系统漏洞或程序中的 Bug 已经成为多租户云计算中的重要安全风险。云计算以多租户的方式共享内存、数据库和其他资源，造成了新的攻击面或将直接威胁到数据安全。可以通过"基本的 IT 流程"来减轻针对系统漏洞的攻击。最佳实践方案包括定期的漏洞扫描、及时的补丁管理，并将这一过程自动化、常态化，同时迅速跟踪报告系统的安全威胁。

（4）拒绝服务（denial of service，DoS）攻击。DoS 攻击已经存在多年，但由于云计算的兴起，其引发的问题再一次变得突出。DoS 攻击消耗了系统大量的处理能力，系统变得运行缓慢或是请求超时，遭到 DoS 攻击的云服务很难再为智能制造提供便捷的数据支持。DoS 攻击的目标往往是 Web 服务器和数据库漏洞。为了不影响生产线及智能制造各个环节，需要制订安全运维计划，即在攻击发生之前减轻其损害程度的方案，做到防患于未然。

1.4.3　数字化供应链安全威胁

企业数字化转型过程中，一方面要保证企业内部网络安全，防止恶意入侵的行为；另一方面数据作为企业的重要财产，除了要应用好数据，还要对其进行保护，客户数据对"黑产"和竞争对手的吸引力极高。监管部门对敏感数据/个人身份信息的保护越来越重视。数字化供应链的安全威胁主要集中在系统被入侵和企业重要数据被泄露两个方面。

1. 数字化供应链系统被入侵

（1）底层系统存在安全漏洞。在数字化供应链中，由于企业生产计划、销售策略的制定以及具体生产过程的控制，都将依赖于计算机系统的控制、计算，而一旦数字化供应链的底层系统存在安全漏洞，将有可能给企业带来毁灭性的打击。

（2）雇员缺乏网络安全意识。人是整个安全系统中可能出现变化最大的一个因素，历史上由于人为因素造成整个系统安全性丧失的事例数不胜数。即便是一个设计得十分安全的系统，在操作过程中也往往需要遵循严格的操作规范。即便是一名普通员工的失误，也可能给整个企业带来巨大的损失。

（3）公司或供应商系统中的软件安全漏洞。在数字化供应链系统中，各类应用软件开发商的水平参差不齐，漏洞修复能力差别较大。"千里之堤，毁于蚁穴"，一些业务应用软件所存在的漏洞，也可能使得整个数字化供应链系统的安全防护出现问题。

2. 企业重要数据被泄露

企业的重要数据可以分为两个部分：一部分是企业业务的机密数据；另一部分是企业为进行某项服务或生产某种产品而收集的数据。企业的核心业务数据一旦遭到泄露很可能对企业的生产经营带来严重的影响；而企业为了提供服务、开发产品而花费大量的人力、物力所收集的数据是企业的重要财产，一旦被泄露，将会给企业带来严重的损失。

参考文献

[1] HENNING K,WOLF-DIETER L,WOLFGANG W. Industrie 4.0：mit dem internet der dinge auf dem weg zur 4. industriellen revolution[J]. VDI Nachrichten,2011,13：3-4.

[2] 谭建荣,刘振宇,等. 智能制造关键技术与企业应用[M]. 北京：机械工业出版社,2018.

[3] Executive Office of the President. A framework for revitalizing American manufacturing[EB/OL]. (2009-12-16)[2020-03-11]. https://obamawhitehouse. archives. gov/sites/default/files/microsites/20091216-maunfacturing-framework. pdf.

[4] BOYES H,HALLAQ B,CUNNINGHAM J,et al. The industrial internet of things (IIoT)：an analysis framework[J]. Computers in Industry,2018,101：1-12.

[5] 魏毅寅,柴旭东. 工业互联网技术与实践[M]. 北京：电子工业出版社,2017.

[6] GÜLCIN B,FETHULLAH G. Digital supply chain：literature review and a proposed framework for future research[J]. Computers in Industry,2018,97：157-177.

[7] TUPTUK N,HAILES S. Security of smart manufacturing systems[J]. Journal of Manufacturing Systems,2018,47：93-106.

[8] TANGE K,DONNO M D,FAFOUTIS X,et al. A systematic survey of industrial internet of things security：requirements and fog computing opportunities[J]. IEEE Communications Surveys & Tutorials,2020,22(4)：2489-2520.

[9] ASGHAR M R,HU Q,ZEADALLY S. Cybersecurity in industrial control systems：issues, technologies,and challenges[J]. Computer Networks,2019,165：106946.

[10] XIAO Z,YANG X. Security and privacy in cloud computing[J]. IEEE Communications Surveys & Tutorials,2013,15(2)：843-859.

工业互联网技术

工业互联网技术是指在工业系统中利用物联网技术将智能设备连接组网并形成人机相连,进而结合机器学习、大数据、云计算等其他先进技术对从智能机器中获取的数据进行实时分析并指导机器进行动态调整。在工业互联网体系架构中,网络是基础,为人、机、物全面互联提供基础设施,促进各种工业数据的充分流动和无缝集成。工业互联网的核心是基于全面互联而形成数据驱动的智能,标识解析体系作为工业互联网的关键神经系统,是实现工业系统互联和工业数据传输交换的支撑基础。物联网技术是工业互联网的核心,是支撑智能制造的基石。基于此,本章重点对工业互联网中标识解析体系和发展最迅速、标准最完善的一系列物联网协议进行介绍。这些物联网协议包括了短距低耗的 ZigBee 协议、与 LTE 紧密结合的 MTC 协议、两种长距低耗协议 NB-IoT 和 LoRaWAN 以及时间敏感网络。本章的最后则讨论了物联网在工业互联网应用时尤为关键的安全问题。

第 2 章

第 2 章
缩略语

2.1 工业互联网网络框架

工业互联网网络连接的目标是促进工业系统间的互联互通,解决现有工业网络系统所存在的信息孤岛问题,使得数据在行业内及跨行业流动,在生产、制造和应用中充分发挥价值。工业互联网网络框架包括网络互联和数据互通两个层次,如图 2-1 所示[1]。

网络互联包括工厂内部和工厂外部两个网络环境。工厂内部网络用于连接工厂内的各种要素,包括生产、设计、检验等环节工作人员、生产和办公设备、物料、仪器仪表等,与企业云平台互联,支撑工厂内的制造业务。工厂外部网络用于连接智能工厂、上下游协作企业、工业云数据中心、智能产品与用户等主体。智能工厂内的数据中心/应用服务器,通过工厂外部网络与工厂外的工业云数据中心互联。分支机构/协作企业、用户、智能产品通过工厂外部网络连接到工业云数据中心或者企业数据中心,实际部署关系如图 2-2 所示[1],其中,工厂内部

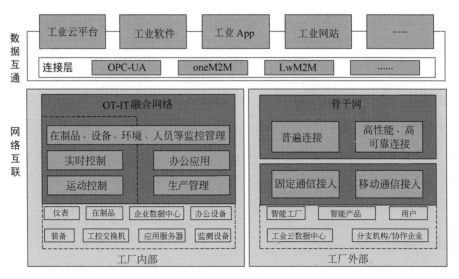

图 2-1　工业互联网网络框架

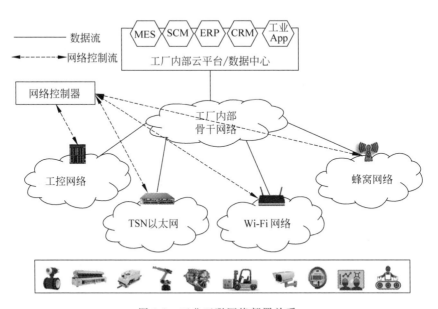

图 2-2　工业互联网络部署关系

网络可以分为骨干网络和各种边缘网络,通过工业 PON 互联,并由网络控制器进行统一管理。

在工厂内部网络中,边缘网络类型多样,从业务需求角度可分为工业控制网络、办公网络、监控网络、定位网络等;从实时性要求角度可分为实时网络、非实时网络;依据传输介质划分又包含有线网络、无线网络;根据通信体制划分有现场总线、工业以太网、通用以太网、WLAN、蜂窝网络等。骨干网络用于各边缘网络、工厂内云平台/数据中心等之间的互联,要求高带宽、高速率。工厂外部网络则主要包括从智能工厂分别到互联网、分支机构/上下游企业、公有云的工业云平台的互联专线,以及出厂产品到互联网的连接,进而与智能工厂或者工业云平台互联,这是工业企业实现智能制造服务化的基础。

国家首个工业互联网公共服务平台——航天云网是我国自主可控的国家工业互联网技术体系、标准体系和产业体系的一个典型案例。基于 INDICS＋CMSS 工业互联网公共服务平台,航天云网建设规划了以"平台总体架构、平台产品与服务、智能制造、工业大数据、网络与信息安全"5 大板块为核心的"1＋4"发展体系,以"互联网＋智能制造"为支撑,面向社会提供"一脑一舱两室两站一淘金"服务,同步打造自主可控的工业互联网安全生态环境,建设云制造产业集群生态,构建适应互联网经济的制造业新业态。牵头制定全球首个面向智能制造服务平台的国际标准《智能制造服务平台　制造资源/能力接入集成要求》,(IEC PAS 63178)[2]。

图 2-3 为航天云网企业级工业互联网平台解决方案,主要面向制造业、电力/热力/燃气/水生产和供应业、交通运输等行业的大中型企业及集团型企业,基于工业互联网平台进行设计、生产、供应链资源有效组织,实现网络化协同研发、协同生产、协同服务和协同管理,实现订单、设备、人、原材料、产品等全要素互联,通过云端工业软件、自动化生产线、边缘计算等实现订单和数据驱动智能化生产。通过用户的交互式参与,精准获得用户需求,通过工业互联网支撑的协同设计和柔性化生产,以大批量生产的成本和效率实现用户个性化需求的快速响应,构建起产品智能化服务平台,提供产品远程监测、预测性维修维护、智能诊断等增值服务,增加产品附加价值,实现以传统产品为中心向以服务为中心的经营模式转变。

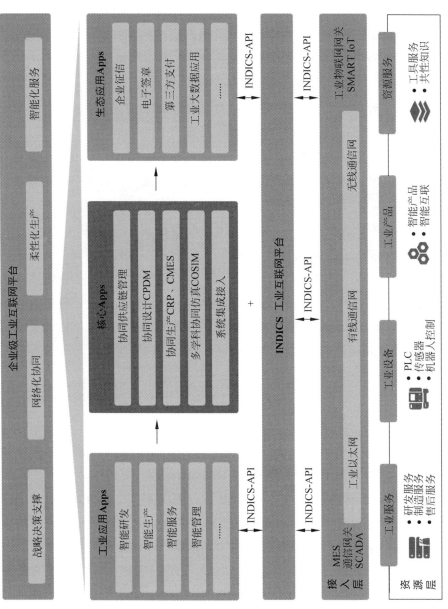

图 2-3　航天云网企业级工业互联网平台解决方案

2.2　工业互联网标识解析体系

工业互联网标识解析体系主要由工业互联网标识编码和解析两部分构成，前者指为人、机、物等实体对象和算法、工艺等虚拟对象赋予全球唯一的身份标识，提供工业互联网中的名字服务；后者指通过标识编码查询标识对象在网络中的服务站点，类似工业互联网中的域名解析服务。工业互联网标识解析体系是实现工业互联网资源互联互通的关键基础设施，在发展方向上有两种技术路线：一类基于互联网 DNS 技术系统叠加标识服务，建立标识 ID 与标识间的映射，如对象名称解析服务（object naming service，ONS）和对象标识符（object identifier，OID）；另一类采用不同于 DNS 的标识解析技术，如 Handle、UID 等，目前多用于流通环节的供应链管理、产品溯源等场景中。随着工业互联网的深入推进，采用公有标识对各类资源进行标准化编码成为实现信息共享，推进工业智能化的基础。

2.2.1　对象标识符

在各类物体上或是客观对象上所具有的区别于其他事物的名称标记，就是标识的主要内容，标记的内容可以是数字、字母以及符号文字等。

OID 是由 ISO、IEC（International Electrical Commission）、ITU-T 共同提出的标识机制，用于对任何类型的对象、概念或事物进行全球统一命名，要求必须在全球范围内定义无歧义、可标识的标准化信息客体[3]。为满足这种需求，国际标准化组织（ISO）建立了一种信息客体注册的分层结构，这种结构在 GB/T 17969.1（参考 ISO/IEC 9834-1 制定）中进行了规定。OID 采用分层、树状编码结构，不同层次之间用"."来分隔，即××.××.××.××，每个层级的长度没有限制，层数也没有限制。在该分层结构下，信息客体由构造名称进行唯一的标识，该构造名称由从树根到叶子节点的部件组成。由于从根节点到每个节点在注册机构分配的值中是唯一的，因此可对对象进行全球无歧义的唯一标识。OID 已经在全球 200 多个国家中得到应用，并由各个国家自主管理各自的标识分支。我国在 2006 年成立了国家 OID 注册中心，负责 OID 中国国家分支节点（1.2.156 与 2.16.156）的相关标准制定、标识注册管理、标识解析等相关的工作。例如，我国农业部的节点由 OID（1.2.156.326）表示，每个数字分别代表的含义为：1（ISO）.2（国家）.156（中国）.326（农业部）。OID 目前主要应用于医疗卫生、信息安全等领域。

OID 基于 DNS 技术体系构建，将自身的标识空间映射到 DNS 空间，利用 DNS 的解析服务能力构建相应的标识管理与应用体系。因此 OID 会继承 DNS 体系所固有的一些安全问题,如针对 DNS 服务器的 DDoS 攻击、针对用户的 DNS 劫持等。此外,OID 自身的管理与应用体系也存在一些固有安全问题,如标识缺乏认证,无法从顶层设计规定统一的认证方式;缺乏解析权限控制能力,仅提供标识的匿名查询能力,无法对解析进行更细粒度的权限控制;标识对应身份缺乏可信背书,与国际顶级解析节点存在对接风险;太长的授权链条容易导致信任弱化、监管弱化等问题。

2.2.2　Handle 系统

Handle 是当前国际主流标识解析体系之一。美国国家研究创新机构(Corporation for National Research Initiatives,CNRI)于 20 世纪 90 年代发明了 Handle 系统,可为各类物理实体与数字对象提供全球唯一标识、解析、信息管理与安全控制等服务能力,目前已在国际工业互联网领域被广泛运用。CNRI 是 Handle 系统核心技术的研发机构,与国际电信联盟(ITU)共同发起设立国际组织 DONA 基金会(DONA Foundation),致力于推动数字对象体系架构(DOA)的应用,并将 Handle 系统相关的知识产权无偿移交给 DONA 基金会。DONA 基金会负责授权、认证和协调全球多级最高授权管理者(MPA),对于 Handle 系统的标识、注册、解析服务进行总体管理、维护和协调。DONA 基金会目前已经在全世界部署了 9＋1 个全球根节点(MPA),分别部署在美国、中国、德国、英国、沙特、南非、卢旺达、突尼斯、俄罗斯,以及国际电信联盟(ITU),其组织架构如图 2-4 所示。各个 MPA 之间本着平等、协商、共管的原则建立了良好合作机制。部署在不同区域的 MPA 拥有对本区域 Handle 系统运营服务的自主权,可制定和执行本区域相关管理政策并分配管理 Handle 前缀资源,既能保证国际接轨,又实现了自主可控。

2012 年 6 月,工业和信息化部国家信息安全发展研究中心牵头,联合北京中数创新技术有限公司(CDI)、北京西恩多纳信息技术有限公司(CHC)在中国设立全球 Handle 根节点管理机构(MPA),并共同组成 MPA 中国联合体,负责亚太地区 Handle 系统的管理运营和推广应用。部署在中国的全球 Handle 系统得到了我国政府的大力支持,国家发展和改革委员会将 Handle 系统确立为"国家物联网标识管理公共服务平台"的三大技术支撑;工业和信息化部建立起基于 Handle 系统的"食品质量安全信息追溯体系",并率先在婴幼儿配方乳粉领域应用推广,取得了良好的成果。

在 Handle 系统中每个数字对象都会被分配 Handle 标识,Handle 系统负责为数字资源分配、管理和解析 Handle 标识,每个 Handle 的定义遵循如下原则:

〈Handle〉∷＝〈Handle Naming Authority〉/〈Handle Local Name〉。

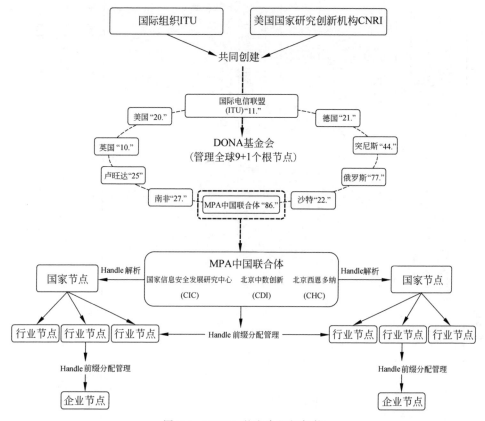

图 2-4　DONA 基金会组织架构

Handle 编码说明和使用规范见表 2-1 所示。

Handle 系统的分布式服务是通过分层方式来实现的,系统分成两层:全球 Handle 注册服务(global handle registry,GHR)和本地 Handle 服务(local handle service,LHS)。Handle 的前缀由 CNRI 进行分配,在 GHR 中登记后才可生效,因此 GHR 拥有整个系统的最高权限,即管理所有 Handle 命名空间、命名权限和提供相关服务。LHS 负责管理本地范围内的 Handle,将其存储在本地 handle service 中。GHR 与所有的 LHS 互相关联,每个服务可以包含多个站点,每个站点可包含多个服务器,这样保障负载均衡和容错能力。GHR 中已注册的冠有命名机构的 Handle 都有其解析服务接口。服务信息被记录在值 HS_SERV 和值 HS_SITE 中,每次 Handle 解析都是从客户端发起解析请求开始,先向 GHR 查询相应命名授权 Handle,然后 GHR 根据其 Handle 的 HS_SITE 值返回相应的服务信息,接着客户端再从服务信息中选择一个服务站点,通过 LHS 服务发送请求给此站点的服务器,最后 LHS 返回给客户端本服务器中对应的资料地址。

表 2-1 Handle 编码说明及使用规范

Handle 编码说明

Handle 码＝Handle 前缀/Handle 后缀（前缀后缀以分隔号"/"作为区分）	例：86.1009.200/0001.1234567（86.1009.200 为前缀，0001.1234567 为用户自定义后缀）86.100.11/abcdefg；86.100.11.11/中文后缀＋abc；10.12345/abcdefg12345

Handle 码前缀、后缀说明

前缀	Handle 前缀＝数字串 0.数字串 1.数字串 2.…数字串 n（每个等级前缀以分隔符"."做区分）	中国顶级前缀	86.
		一级前缀可选区间	86.126－86.299
		二级前缀可选区间	86.1000－86.1500
		二级前缀可选区间	86.10000－86.15000
后缀	Handle 后缀＝用户自定义任意个 UTF-8 字符组成字符串（建议不超过 256 个字节）	例：12345678 原有的编码，不需要改变 Abcdef.1234.456 编码行业代码＋企业代码＋日期 86.××××.11－86.××××.999999	

前缀举例说明

顶级前缀（数字串 0）	一级前缀（数字串 0.数字串 1）	二级前缀（数字串 0.数字串 1.数字串 2）	三级前缀（数字串 0.数字串 1.数字串 2.数字串 3）
"数字串 0"为顶级前缀，由 DONA 基金会授权给全球各个根节点总管理机构（MPA）"86."MPA 中国联合体（CIC-CDICHC）；"21." 德国（DWDG）；"20." 美国（CNRI）；"11." 瑞士（ITU）；"10." 英国（CITC）；"22." 沙特（MISADI）；"44." 突尼斯（ATI）；"25." 卢旺达（RWA）；"27." 南非（SMART）；"77." 俄罗斯（ROSTELECOM）	"数字串 1"是从"11"到"999999"的任一自然数，和上级前缀组成一级前缀，由 MPA 授权给次级管理机构。	"数字串 2"是从"11"到"999999"的任一自然数，和上级前缀组成二级前缀，由前级组二级前缀授权给次级管理机构。	"数字串 3"是从"11"到"999999"的任一自然数，和上级前缀组成三级前缀，由其上一级管理机构授权给次级管理机构。
	86.11	86.11.123	86.11.123.11
	86.110	86.110.123	86.110.123.11
	86.1000	86.1000.123	86.1000.123.11
	86.999999	86.999999.123	86.999999.123.11

注：（1）MPA 中国联合体授权一级前缀给代理机构。代理商用户可分配所购买一级前缀下属二级前缀给下级前缀，但无权继续分配下级前缀。例如：授权 86.100 给代理机构，代理商可分配前缀区间 85.100.11～86.100.999999。

（2）代理机构授权二级前缀给终端用户。二级前缀用户可使用所购买前缀，如需继续分配下级前缀需与 MPA 中国联合体协商进行。例如：授权 86.100.11 给终端用户，用户无法继续分配其他下级前缀。

（3）特殊情况下，代理机构可以授权二级前缀给下一级代理，并由下一级代理授权三级前缀及以下等级前缀给终端用户。一级前缀代理商如需分配三级及以下等级前缀需要与 MPA 中国联合体协商备案。例如：授权 86.100.100 给下一级代理，由下一级代理授权 86.100.100.11 给终端用户。

Handle 协议分为两类,数字对象接口协议(digital object interface protocol,DOIP)和标识/解析协议(identifier/resolution protocol,IRP)。在 DOIP 协议中标识符/解析系统是组成数字对象体系结构的 3 个组件之一。该系统支持多种数字对象服务,包括:

(1) 给以数字形式结构化为数字对象的信息分配唯一标识符,不考虑此类信息的位置或服务此类信息的技术。

(2) 将标识符快速解析为有关相应数字对象的当前状态信息,例如其位置、访问和使用策略、时间戳和/或公共密钥。

(3) 管理包含状态信息的标识符记录。

数字对象接口协议(DOIP)的当前版本为 2.0,为客户端指定了一种与数字对象(DO)进行交互的标准方式。DOIP 服务本身被视为数字对象。就其本质而言,协议旨在使运行该协议的一个或多个其他实体之间能够进行交互,因此,通常可以支持网络环境中特定形式的进程间交互。DOIP 利用 IRP 将标识符与协议的不同元素相关联。标识符的最大长度将随时间变化,但最初 DOIP 中指定的标识符的最大长度为 4096 位。DOIP 使用 PKI 来提供安全性,以验证数字对象,包括用于服务/客户端身份验证以及通过签名确保完整性。固有的 PKI 支持还将利用加密帮助客户和服务协议。DO 在访问控制上使用标识符和基于 PKI 的挑战应答(challenge-response)协议来指定许可的访问控制列表,定义了客户端可以在服务上调用的基本操作;该协议从本质上支持添加操作。

DOIP 可以通过安全通信协议建立隧道,而 DOIP 本身可以用于确定此类协议的选择。最低要求是网络通信应支持传输层安全(transport layer security,TLS)。除传输安全性外,该协议还利用了其他几个规范:一种是实现序列化的方法,可以使用 JSON;另一种是使用 PKI 进行 DO 的加密和解密,包括对其他系统资源的身份验证,此功能尽管依赖于协议外部的技术,可以通过使用数字对象标识符来实现。其他外部规范包括 Unicode(特别是 UTF-8 编码)、TCP、MIME、X509、JWS和 JWK。

默认情况下 Handle 客户端解析时不需要任何身份认证。当请求隐私数据以及进行远程管理操作时需要对客户端进行相应认证。服务器将会决定客户端是否有足够的权限来访问这些隐私数据或进行一些远程管理的操作。进行身份认证时,Handle 服务器会发起一个 challenge 请求给需要验证的客户端。为了完成认证的过程,客户端需要返回一个正确的 response 消息给服务器,以说明自己是正确的管理员。Handle 服务器只有在收到正确的 response 之后才会完成客户端之前提出的请求。Handle 客户端可以选择公/私钥的方式来进行认证。Handle 系统的认证过程也可以通过第三方认证服务来执行。为了保证数据的完整性,客户端需要服务器对返回的响应做签名。客户端也可以与服务器建立一个安全的会话(session),这样同一个会话内的通信过程将被加密。具体步骤如下:

步骤 1：客户端发起请求。

步骤 2：服务器端收到客户端请求，返回会话 ID 和 challenge 信息（随机字符串）。

步骤 3：客户端响应 challenge，返回会话 ID、challenge 的响应、管理员索引。

步骤 4：服务器端收到客户端以私钥的方式进行验证的请求，将 challenge 的响应发给可信的 key-server 来认证。

步骤 5：key-server 返回认证结果。

步骤 6：服务器端告诉客户端确认完成认证。

2.2.3　工业互联网标识解析的发展

在当前工业互联网云化发展的大趋势下，标识解析服务节点的部署逐渐由物理服务器模式向云化部署发展。在复杂的工业互联网应用中，仅提供标识数据查询并不能构成独立的应用。多元异构数据融合是复杂业务流程支撑下的前奏，融合性应用才能发挥标识解析更大的价值。2020 年 3 月，工业和信息化部发布《关于推动工业互联网加快发展的通知》，对工业互联网标识解析的下一步的工作已经做出了提前部署，将继续强化国家顶级节点和二级节点功能，启动南京、贵阳两个灾备节点建设，进一步拓展网络化标识应用的覆盖范围。《工业互联网标识管理办法》已于 2020 年底正式出台，通过定义五大类标识服务机构，明确准入的条件，推动形成多方参与、统一管理、规范运营的标识解析管理体系，为工业互联网标识解析产业生态的健康有序发展提供重要制度保障。

目前仍然是标识解析技术体系和产业生态发展的起步阶段，在全球范围内探索构建一个广泛覆盖、互联互通、安全可靠的标识解析服务系统，蕴含了丰富的机遇，但同时也面临诸多挑战。

2.3　时间敏感网络

工厂中使用最广泛的网络类型是有线网络，工业互联网的迅猛发展在不同的协议层上催生了多种有线网络新技术，例如物理层上单对双绞线以太网和工业 PON，链路层上的时间敏感网络（time sensitive network，TSN），网络层上的确定性网络（DetNet）等，以满足不同生产制造场景下的需求。

TSN 是面向工业智能化生产的一种网络技术，可为工业生产环境提供既支持高速率、大带宽的数据采集，又能够高实时控制信息传输的网络。TSN 基于标准以太网，凭借时间同步、数据调度、负载整形等多种优化机制，来保证对时间敏感数据的实时、高效、稳定、安全传输，具有有界传输时延、低传输抖动和极低数据丢失率的高质量实时传输特性。TSN 通过全局时钟和连接各网络组件的传输调度器实现网内的确定性实时通信。传输调度器依据相应调度策略来控制时间敏感数据流的实际传输时间和传输路径，避免链路竞争所导致的传输性能下降和不可预测性,以保证时间敏感应用的点对点实时通信。TSN 在音视频传输、工业、移动承载、车载网络等多个领域成为下一代工业网络承载技术的重要演进方向之一。

当前制定 TSN 标准的主要有 IEEE、IEC 和 IETF 3 个标准化组织。TSN 基础共性标准主要由 IEEE 802.1 TSN 工作组研究制定,其包括 802 架构体系中的网间互操作、安全性和整体网络管理等方面的标准制定和应用推荐。2015 年开始,IETF 成立了确定性网络工作组,关注 TSN 技术在大规模组网场景下的应用,将其从二层承载扩展到三层网络,即确定性网络,成为一种广义的 TSN 技术。2017 年 IEC SC65C/MT9 与 IEEE 802 成立 60802 工作组研究 TSN 在工业领域的应用,制定了《用于工业自动化的时间敏感网络(TSN IA)行规》。我国也在同步推进工业互联网 TSN 系列标准的研制。

2.3.1　时间同步

TSN 处于 OSI 七层模型的数据链路层,以处理数据调度、以太网数据帧封装与分组任务。发送者的数据传输至接收者需要经过若干跳,其中每个节点都有对应的数据队列和同步时钟,根据分布式时钟进行时间同步计算,通过队列处理数据优先级,包括快速通道方式和抢占机制等。传统的网络时间协议(network time protocol,NTP)作为时间同步手段应用广泛,但精度只能达到微秒级,而工业互联网中所需精度则要达到纳秒级。全球定位系统(global position system,GPS)通过接收多颗卫星发射的时间信息进行时间同步,信号稳定、精度高,但成本高,对使用环境要求苛刻。

TSN 使用 IEEE 802.1AS 广义精准时间同步协议,基于 IEEE 1588 V2 产生网络测量和控制系统的精密同步时钟,对以太网和分布式网络的各节点的时钟同步,又称为精确时钟协议(PTP)。IEEE 1588 V2 完全基于二层网络,采用双向信道,授时精度 100ns,其时延响应机制报文收发流程如图 2-5 所示。

IEEE 802.1AS 提供了可靠准确的网络时间同步,严格保证时延敏感的业务在时延固定或对称的传输媒质中的同步传送,包括在网络正常运行或添加、移除或重配置网络组件和网络故障时对时间同步机制的维护。

精确时钟协议(PTP)提供了自动协商网络主时钟的最优主时钟算法(best master clock algorithm,BMCA),定义了局域网内的主时钟(grandmaster)。所有局域网节点 PTP 设备将以此主时钟为参考值,整个网络通过 BMCA 在最短时间内根据主时钟变化确定新的主时钟,确保全网保持时间同步。PTP 消息在进出具备 IEEE 802.1AS 功能的端口时,触发对本地实时时钟的采样,根据 RTC 值与相应主时钟值进行比较,进行路径延迟测算和补偿,将其 RTC 时钟值匹配到 PTP 域的时间。各网络节点设备间通过周期性 PTP 同步报文交换精确地实现时钟调整和频率匹配。最终,所有的 PTP 节点都将同步到相同的主时钟时间。

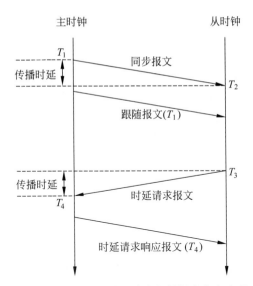

图 2-5　IEEE 1588 时延响应机制报文收发流程

2.3.2　调度和流量整形

TSN 流量调度分为两类：基于时隙化调度和基于 QoS 的调度。前者需要全网进行时间同步。IEEE 802.1Q 标准中定义了 8 个级别的优先级来标记网络流量的重要程度。TSN 工作组又在 IEEE 802.1Q 的基础上提出 IEEE 802.1Qbv 标准，定义了时间感知调度器，优化以太网帧的传输优先级，将时隙划分为更细的时间槽并分配给若干优先级，形成虚拟通信信道，使特定的实时数据能够在非实时数据负载中穿插传输，减小其他突发或异常的发送请求对实时数据传输的影响。

IEEE 802.1Qbu 和 IEEE 802.3br 定义了帧抢占功能。其中，IEEE 802.1Qbu 定义了面向传送设备抢占接口及模块级别，IEEE 802.3br 定义了帧抢占的切片操作、切片还原以及验证等功能具体流程。在帧抢占中，低速帧正在传输时遇高速帧传输请求需要判断当前状态下是否允许时间切片，若是则在适当的位置中断低速帧的传输，续接一个 MPEC(mPacket error checking code)作为校验和，并把该低速帧已经传输的部分作为一个完整的以太网帧。在间隔一个间隔帧间隙(interval frame gap,IFG)后开始传输高速帧，待高速帧传输完成后，被中断的低速帧后半部分会被外加适当的前导码继续传输。

时间敏感流 IEEE 802.1Qav 转发和排队增强功能使用优先级类别定义流量整形，该优先级类别采用基于信用的公平排队的简单形式。IEEE 802.1Qav 旨在减少接收网桥和端点中的缓冲。基于信用的整形器以比特为单位为两个单独的队列定义信用，专用于 A 类和 B 类流量。仅当信用为非负数时才允许帧传输，保障传统异步以太网流量对时间敏感流不会产生干扰,通过使用 SRP 提供的预留带宽和 PTP 提供的同步时钟服务,时间敏感流采用伪同步模式进行转发。为了避免传统以太网流量的干扰,交换机对时间敏感数据流帧和普通数据流帧进行了分类处理并将时间敏感数据流帧的优先级设置为最高。

2.3.3　流预留

IEEE 802.1Qat 流预留协议(SRP)是一种分布式对等协议,它根据流的资源要求和可用的网络资源指定准入控制。SRP 保留资源并从发送者/来源(说话者)向接收者/目的地(侦听者)广播流;它可以满足每个流的 QoS 要求,并保证整个流传输路径上有足够的网络资源可用。SRP 使用由 48 位 MAC 地址(EUI)和 16 位 UniqueID 组成的 64 位 StreamID 识别并注册流量,以识别来自同一个源的不同流。

SRP 使用多重注册协议(MRP)的变体来注册和注销交换机/网桥/设备上的属性值-多重 MAC 注册协议(MMRP)、多重 VLAN 注册协议(MVRP)和多重流注册协议。

SRP 协议本质上按以下顺序工作:

(1) 广告来自说话者的流。

(2) 注册沿数据流的路径。

(3) 计算最坏情况下的延迟。

(4) 创建一个 AVB 域。

(5) 预留带宽。

资源在数据流的端节点和沿数据流路径的传输节点中都进行了分配和配置,并具有端到端信令机制来检测成功/失败。最坏情况的延迟是通过查询每个网桥来计算的。流路径上的所有节点都通过 MRP 属性声明(MAD)规范,该规范描述了流特征,以便网桥可以分配必要的资源。如果网桥能够保留所需的资源,则它将广告传播到下一个网桥。否则,将引发"通话者失败"消息。当播发消息到达侦听器时,它将以"侦听器准备就绪"消息答复,该消息传播回说话者。

2.3.4　5G 与 TSN 的融合

为了能够为新的多样化场景(包括"工业 4.0"和工厂自动化)部署 5G,5G 系统必须与此类行业中使用的通信技术协同工作。为此,3GPP 在将 5G 系统与涵盖时间敏感网络(TSN)的 IEEE 802.1 工作组规范的集成方面开展了大量工作。

3GPP Release 16 中的" Vertical_LAN"工作项介绍了以下 3 个针对"工业 4.0"的全新 5G 需求要素:

(1) 通过无缝集成 5G 系统作为与 IEEE TSN 的桥梁,支持对时间敏感的通信。

（2）支持非公共网络。

（3）支持 5G-LAN 类型的服务。

IEEE TSN 规范集被认为是融合技术，它将在未来的工厂中实现确定性和低延迟通信。5G 时间敏感通信是一项以高可靠性和可用性支持确定性和/或同步通信的服务，它为数据包传输提供了服务质量（QoS）特性，例如有限的等待时间和可靠性，可以在其中严格同步终端系统和中继/传输节点。

3GPP 通过将整个端到端 5G 系统视为 IEEE 802.1AS"时间感知系统"来支持 TSN 时间同步，其融合架构如图 2-6 所示[4]。只有 5G 系统边缘的 TSN 转换器（TT）才需要支持 IEEE 802.1AS 操作。UE、gNB、UPF、NW-TT 和 DS-TT 与 5G GM（即 5G 内部系统时钟）同步，从而使这些网元保持同步。

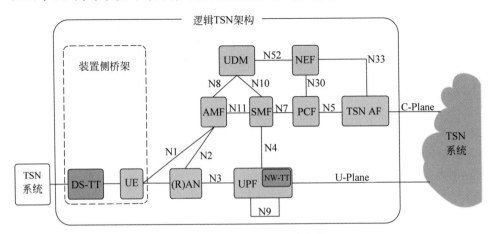

图 2-6　5G 与 TSN 的融合架构

TSN 转换器完成与 IEEE 802.1AS 相关的所有功能。此外，引入时间敏感通信（TSC）辅助信息向 5G RAN 提供确定性的流量模式，并促进时间敏感流量的优化调度。

3GPP Release 16 规范支持 5G 系统中工业 IoT 的关键实现因素。3GPP 还通过最近的联络声明（S2-2003508）向 IEEE 通报了 3GPP 规范中 IEEE TSN 集成的成熟度。

3GPP Release 17 的工作旨在定义与 IEEE TSN 集成的进一步增强，包括支持通过 5G 系统的上行链路同步，支持连接到 UE 的多个工作时钟域，以及支持将 TSN GM 连接到 UE 的时间同步。通过 5G 系统的 UE 端。3GPP Release 17 也将通过公开网络功能来支持时间敏感通信服务以及针对 UE-UE 时间敏感通信的优化，从而增强对确定性应用程序的支持（超出 IEEE TSN）。此外，3GPP Release 17 还旨在支持 SNPN 的进一步增强，以及与 SNPN 分离的实体拥有的订阅/凭证，UE 启用和配置 SNPN 以及支持 SNPN 的语音/IMS 紧急服务。

2.4　ZigBee

作为物联网设备间通信应用最为广泛的标准，ZigBee 技术也成为了广泛关注的焦点。ZigBee 又称紫蜂，是由 ZigBee 联盟基于 802.15.4 提出的短距低耗无线通信协议，它旨在为短距离（通常 10～100m）通信提供双向可靠的协议。

ZigBee 技术具有近距离、低复杂度、低功耗、低成本等属性。这些属性保证了 ZigBee 技术可以为许多领域提供可靠的通信协议，其中包括了智慧家庭、医疗保健、农业控制等。同时，在工业互联网中，ZigBee 技术在智能能源、远程控制、安全系统等方面有着极大的发展空间。

2.4.1　ZigBee 协议的体系结构

ZigBee 协议与 OSI 7 层协议并不完全相同，但是与 OSI 协议有着类似的组成元素。ZigBee 协议的主体由 4 层构成，自上而下分别是应用层（application layer，APL）、网络层（network layer，NWK）、介质访问控制层（medium access control layer，MAC）以及最底层的物理层。其中应用层还包括了应用支持子层（application support sub-layer，APS）、ZigBee 设备对象（ZigBee device object，ZDO）和应用框架（application frame）。此外专门设计了包含协议安全性的安全服务提供（security service provider，SSP），该层涵盖了网络层和应用支持子层。与 OSI 及其他协议类似，协议的下层不清楚上层的任何信息。也就是说，协议上层可以被认为是下层的管理者，下层服从上层协议传递的任务并完成，同时不关心上层进行了什么操作。尽管在操作上看是上层管理下层，但是下层是上层协议的基础。因此，整个协议栈共同操作，完成 ZigBee 网络的架构。

相邻两层协议之间通过服务访问节点（service accessing point，SAP）来完成交互。在 ZigBee 中每两层之间有两个服务访问节点，一个访问节点负责数据，另一个节点负责管理。ZigBee 协议的体系结构如图 2-7 所示。

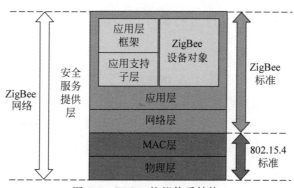

图 2-7　ZigBee 协议体系结构

2.4.2 ZigBee 节点的类型

ZigBee 节点是采用 ZigBee 协议栈进行通信的节点,通常可以分为 3 类,包括 ZigBee 终端节点、ZigBee 路由节点和 ZigBee 协调节点。在一个 ZigBee 网络中,这 3 种节点均是必须存在的。

每个 ZigBee 网络均存在一个协调节点来管理整个网络,而且在通常情况下也仅有一个这样的协调节点,协调节点负责建立网络。在这个过程中,它选择网络中用于不同终端节点设备通信的通道。同时,ZigBee 的协调节点往往还作为网络安全控制的信任中心。首先,协调节点有权限允许其他设备加入或离开网络并跟踪所有终端节点和路由节点;其次,协调节点还将配置并实现设备节点之间的端到端安全性;最后,协调节点负责存储并分发其他节点的密钥。在 ZigBee 网络中,协调节点不能休眠并需要保持持续供电。

ZigBee 网络中的路由节点扮演着协调节点和终端节点之间的“中间人”角色。路由节点需要首先通过协调节点的准许加入网络,然后开始进行协调节点和设备节点间的路由工作。该工作包括了路径的建立和数据的转发。路由节点同样具有允许其他路由和终端节点加入网络的权限。最后,和协调节点类似,在加入网络之后,路由节点也不能休眠直到该节点退出 ZigBee 网络。

ZigBee 终端节点是 ZigBee 网络中最简单且基本的设备,而且通常情况下 ZigBee 终端节点往往是低功率、低能耗的,如运动传感器、温度传感器、智能灯泡等。终端节点设备必须首先加入网络才能与其他设备通信。但是,与协调节点和路由节点不同,终端节点设备不会路由任何数据,也没有权限允许其他设备加入网络。由于无法中继来自其他设备的消息,因此终端节点只能通过其父节点(通常是路由节点)在网络内进行通信。同时,与其他两种类型的节点不同,终端节点可以进入低功耗模式并进入休眠状态以节省功耗。

2.4.3 ZigBee 与 802.15.4

ZigBee 的提出即基于 802.15.4 协议,802.15.4 协议为 ZigBee 提供了底层协议,即 ZigBee 协议的下两层 MAC 层和物理层采用的是 802.15.4 协议,而 ZigBee 主要针对网络层之上进行设计。

作为 ZigBee 协议的最底层,物理层定义了网络的物理及电气特征,该层最基本的工作是负责数据的传输和接收。此外,物理层还负责链路质量指示、信道能量检测及净信道评估等。

ZigBee 协议通过 MAC 层提供了网络的概念,它定义了相同区域内多个 ZigBee 中的节点如何共享物理层资源。需要说明的是,ZigBee 协议用一个 16 位的个域网地址(personal area network ID,PAN ID)来标识整个网络,同时采用了 CSMA-CA 来避免通信冲撞。MAC 层的其他功能还包括了为网络协调节点生成信标、完成保障时隙(GTS)机制,以及将数据传送至上层。

2.4.4　ZigBee 的网络层

从协议来讲网络层确保底层 MAC 层的正确操作并为应用层提供接口。而在 ZigBee 的网络中,网络层负责网络的架构和数据包的路由,并且按照规划的路径确保数据包可靠地从一个节点发送到另一个节点。在 ZigBee 中,路由工作是由协调节点和路由节点共同规划并维护路由路径来保证正常通信。

ZigBee 网络由协调节点负责建立,即选择网络组成和选择网络拓扑结构。在 ZigBee 中通常有 3 种网络拓扑结构,即星状结构、树状结构和网状结构。这 3 种拓扑结构如图 2-8 所示。

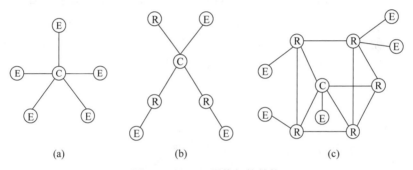

图 2-8　ZigBee 网络拓扑结构

(a) 星状结构；(b) 树状结构；(c) 网状结构

星状拓扑是最简单的一种拓扑结构,在 ZigBee 中,星状拓扑包含了一个协调节点和多个终端节点。这些终端节点直接且仅和位于网络中心的协调节点相连进行通信。而终端节点需要两两进行通信时,由协调节点进行转发。

树状拓扑包含了一个协调节点和多个路由节点及终端节点。协调节点和多个路由节点及终端节点相连,即协调节点作为这些路由节点和终端节点的父节点。同时,每个路由节点还可以连接其他的路由节点或者终端节点作为其子节点。需要说明的是,终端节点只能作为子节点而不能作为父节点。在树状结构中两个节点需要进行通信时,该终端的消息会沿路径树向上传至目标通信节点共同的祖父节点再转发至目标通信节点。

网状拓扑和树状拓扑类似,也包含了一个协调节点和多个路由节点及终端节点。与树状节点不同的是,路由节点间可以相互直接通信,这样就组成了网络状的拓扑结构。在传送消息时,协调节点和路由节点共同为待通信的两个节点规划最优的路径。网络拓扑的优点是路由更加灵活且优化。同时整体网络的鲁棒性(robust)增强,这是由于即使个别节点出现问题不能工作,还可以选择其他路径来保证通信完成。

应用层是 ZigBee 网络的最高层,它为 ZigBee 用户的需求提供服务。举例来说,一个用户需要获得室内温度和湿度数据。该用户通过 ZigBee 网络应用层提出请求,之后 ZigBee 网络应用层向下层逐层传递指令并找到相应的传感器进行感知获得数据。获得数据后传感器通过 ZigBee 网络传回数据,并通过应用层应用向用户反馈其所要求的数据。应用层是 ZigBee 网络和用户之间的接口,它决定了 ZigBee 网络所能够提供的服务种类。因此,应用层在 ZigBee 网络中起着重要的作用。

应用层包括了应用支持子层、应用框架和 ZigBee 设备对象。应用支持子层位于网络层之上,起到一个过渡层的作用。同时,该层还相当于一个过滤器,将应用框架中的不同应用需求过滤到相应的网络层节点从而进行下一步通信。同时,应用支持子层还连接着 ZigBee 设备对象和供应商应用,即 ZigBee 设备对象通过应用支持子层和不同供应商所提供的应用相连。具体来说,应用支持子层通过 APS 数据实体和 APS 管理实体完成该层的工作。APS 数据实体在一个 ZigBee 网络中为不同的应用实体之间提供数据通信。而 APS 管理实体为不同的应用对象提供包括安全保护、绑定设备、维护应用对象数据库等服务。

应用框架包含了 ZigBee 簇库并为 ZigBee 的各种应用提供了运行框架。一个用户的应用框架内可以同时容纳 240 个应用目标,这些应用目标通过应用配置文件进行管理,同时它们会管理和控制下层的协议。应用配置文件的使用允许了不同供应商针对特定应用程序开发的产品之间进一步互操作。

ZigBee 设备对象是定义于应用支持子层和应用框架之间的结合部分。它的主要工作包含了定义设备在 ZigBee 网络中属于何种节点,即属于协调节点、路由节点还是用户节点;ZigBee 设备对象还具有发现节点和服务的功能;此外,ZigBee 设备对象还负责安全加密管理,即主要负责安全密钥的生成和分发。

2.5 MTC

MTC(machine type communications)定义了一个或者多个通信设备在无须人工操作的基础上相互通信的环境。在 3GPP 组织给出的定义中,MTC 和 M2M (machine to machine)被表述为相同的内容。而从实际网络中来看,M2M 表示了所有无须人工操作机器相互通信的网络,而 MTC 网络特指基于无线移动网络的机器相互通信,如 LTE-MTC。

MTC 基于的是蜂窝移动通信网络,因此为了更好地理解 MTC 网络架构和组成,我们首先对蜂窝无线网络进行简要介绍,随后介绍 MTC 网络的架构模式。在此基础上,分析 MTC 所能提供的服务类型及这些服务所需的要求,以及 MTC 网络所面临的挑战及当前解决方案。

2.5.1　蜂窝无线网络

所谓蜂窝无线网络是若干用户以蜂窝组网的形式构成移动通信系统,使得系统内的用户可以在无线电波覆盖的任何区域内进行通信。区别于大区制的集群系统和无中心的 Ad-Hoc 网络,蜂窝无线网络是以小区制的形式进行组网的,即将整个服务区域划分成许多小的区域,这些小的区域称为小区。

尽管在实际中小区的形状是不规则的,但在系统设计时,往往需要用一个规则的小区形状来完成设计。由于全向天线符号的覆盖区域是圆形且不留空隙地覆盖整个区域,因此小区之间必然有一定的重叠。当我们用规则小区进行替代不考虑重叠和间隙后,可选的小区有圆形、正方形和正六边形 3 种情况(图 2-9)。

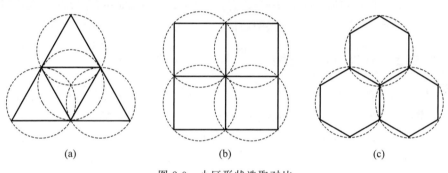

图 2-9　小区形状选取对比

(a) 圆形;(b) 正方形;(c) 正六边形

我们通过对比基站具有相同覆盖面积情况下 3 种形状的邻区距离、小区面积、重叠区宽度和面积,来找出最适合小区制的小区形状。由于每个基站具有相同的覆盖面积,则图中虚线圆有着相同的半径,我们设为 r。因此,正三角形的邻区距离即为虚线圆半径 r;正方形邻区距离为 $\sqrt{2}r$;正六边形邻区距离为 $\sqrt{3}r$。对于每个小区的面积,正三角形为 $1.3r^2$;正方形为 $2r^2$;正六边形为 $2.6r^2$。而对于重叠区域,三角形重叠宽度为 r,重叠区域面积为 $1.17\pi r^2$;正方形重叠宽度为 $0.59r$,重叠区域面积为 $0.73\pi r^2$;正六边形重叠宽度为 $0.27r$,重叠区域面积为 $0.17\pi r^2$。通过上面的对比之后,我们可以明显地看出在基站相同覆盖面积下,采用正六边形小区形状进行布网,相邻小区的重叠部分最小且小区的面积最大。因此,采用这种形状的小区在覆盖相同范围时所需的基站最少且相邻小区之间相互干扰最小。由于采用正六边形后小区整个系统的构造类似蜂窝,因此我们常常把移动通信系统称为蜂窝无线网络。

由于采用了蜂窝形状的小区制,移动通信系统的性能得到了提升。不过在小区制的蜂窝无线网络中,相邻小区不能使用具有相同频率的信道,但是相距一定距离的小区使用相同频率进行传输则没有同道干扰的影响。为了提高整体系统的频谱利用率,我们对划分出来的小区再进行一次划分,将其划分称为区群。所谓区群指所有相互邻接且使用不同频道的所有小区的集合。区群中的每个小区只使用了部分频率资源，但是整个区群却包含了全部的频率资源。而在定义中，相互邻接的小区是指区群中任意一个小区都至少与区群中另外两个小区存在公共边。我们用图 2-10 展示了区群中小区数量为 7 时的区群分布。

布置好的基站负责每个小区所有用户的通信，同时基站通过有线和移动通信系统的核心网连接。在 LTE 及之前的移动通信

图 2-10　小区数量为 7 时的区群示例

网络中，所有用户必须通过核心网进行信息的传输。而在 5G 中，D2D 的引入可以保证两个移动通信网络用户进行直接的通信。关于这部分内容，本书将不再展开讨论。

2.5.2　MTC 网络架构

基于 LTE 的典型 MTC 网络大体由 3 部分构成：MTC 设备域、网络域和 MTC 应用域。我们用图 2-11 展示了 MTC 网络的典型结构模型。

在 MTC 的设备域主要包括 MTC 设备和 MTC 网关。MTC 设备是 MTC 网络中可以自主传输数据、回复请求的设备，通常这些设备包含传感器设备和一般通信设备。MTC 网关将 MTC 设备接入到移动无线网络（如 LTE）。不过需要说明的是，在最新版本的 MTC 标准中 MTC 设备也可以不通过 MTC 网关而直接连接基站，即在 LTE 中的演进型基站 eNodeB。相比于传统网关，MTC 网关还有一个更为重要的作用是将传感器设备收集的数据进行汇聚后再传入网络域。网关在物联网中的另一个重要作用是和其他协议的兼容，如果物联网网关配置了其他协议标准，则 MTC 设备也可以接入其他协议的网络进行通信。总体来说，MTC 网关实现了 MTC 设备不再仅仅是机器和机器互联，而是机器、系统和人之间的通信和沟通，真正做到 3GPP 协议描述的万物互联。

MTC 的网络域就是按照 2.5.1 节介绍的蜂窝无线组网的模式建立基站群。每个基站负责一个正六边形小区的通信，同时与移动通信系统类似，基站通过有线连接至核心网。在核心网部分，通过引入 MTC 互通功能模块和业务能力服务器来实现 MTC 网络的架构。MTC 互通功能模块负责 MTC 设备的发现和认证，而业务能力服务器汇聚数据和业务信息并将这些信息传递至 MTC 应用域。

建立 MTC 网络的架构后，用户就可以通过应用域中各种应用程序获取服务并由特定业务处理引擎获取数据。应用程序既可针对具体的终端用户也可针对其他的程序提供商，因此 MTC 应用域既包括 MTC 服务器又包括了特定的用户应用。此外，MTC 应用域提供了更加精细的构建模块，以便应用域可以构建更为复杂的 MTC 服务和解决方案。

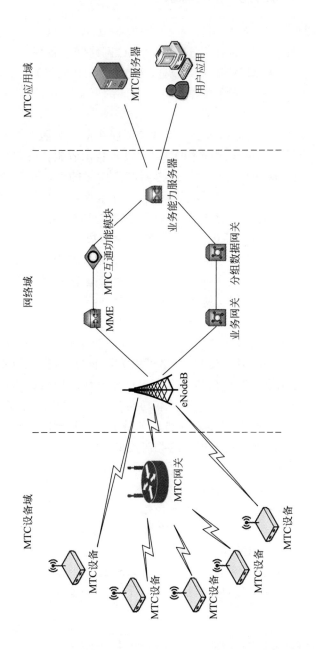

图 2-11 MTC 网络结构示意图

2.5.3 MTC 服务类型及需求

MTC 网络拥有提供丰富应用和广泛服务的能力,而 MTC 所能提供的服务类型又具有多样的特性和不同的需求,这就对 MTC 网络和设备提出了很高的要求。总体来说,具有代表性的 MTC 服务类型有:智能计量、智能控制与检测、智能交通及公共安全服务等。不同的服务类型也有着不同的网络需求,因此我们将在这一节简单介绍这些服务及其网络需求。

智能计量是 MTC 网络非常重要且得到广泛应用的一种服务类型。所谓智能计量指的是安装有计量功能应用程序的 MTC 设备自动收集待计量的数据并通过 MTC 网络返回 MTC 应用域。目前已经得到广泛应用的智能计量模型即智能电网中通过智能电表来计量用电量。此外,天然气和水这些日常生活中常见的计量也在进一步应用之中。对于智能计量,其最主要的需求就是必须支持大量的 MTC 终端设备,而这些终端设备所需传输的数据量和频率却不大。

智能控制与检测是工业互联网的核心,该应用可以支持对工业系统的远程操作和优化来保证生产效率。此外该应用也被应用于智慧家庭之中,即通过 MTC 网络控制家庭电器。智能控制与检测这方面的应用对于 MTC 网络最主要的需求是通信的可靠性。对于实时控制系统来说,低延迟的数据通信是极为重要的。

智能交通是 MTC 网络应用的另一方面。不同于车载自组织网络(VANET)负责为车辆提供移动互联网络,MTC 网络可以为智能交通提供诸如车队管理、车辆监控、车辆防盗等辅助性方面的应用。在提供该方面应用时,MTC 网络最主要的需求首先在于高移动性,这是由于车辆移动性自然带来的需求;其次,实时性也是 MTC 在智能交通中的另一需求,特别是应用于车队管理时必须保证数据及时传输;最后是低功耗性,这是由于用于这些应用的 MTC 设备通常配备有电池,而我们通常会希望这些电池可以长时间运行而不需要更换。因此,在进行 MTC 的同时可以不需要较高的功耗对这些设备尤为重要。

MTC 网络在公共安全服务中主要被应用于监控系统、家庭安全防护及门禁系统等。在这些方面的应用中,对 MTC 网络的主要需求在于其高可靠性、高安全性和低冗余性。高可靠性才能保证整个系统必须随时处于正常状态而不能有任何失效的时刻。而高安全性才能保证公共安全服务时的这些高安全等级数据不被窃取。同时,由于这些应用涉及的数据往往是巨大的,所以必须通过减少通信冗余来降低终端设备的负担。

2.5.4 MTC 网络面临的问题及解决思路

尽管针对 MTC 的理论研究已取得了大量的成果,同时也在现实生活中各个方面得到了广泛的应用,但是 MTC 网络还存在着大量的挑战,特别是在将 MTC

和 LTE 结合的过程中,如何简化网络复杂性以支持 MTC 设备,同时还不能影响 H2H 用户和 MTC 设备的服务质量和安全性能,这将是 LTE-MTC 网络未来研究所面临的重要问题。同时,如 2.5.3 节介绍的 MTC 网络在不同应用中的一些需求,如何改善 MTC 网络来满足不同应用的需求也是亟需解决的关键问题。

目前 MTC 网络所面临的问题可归结为如下几个方面:①支持大规模 MTC 设备接入;②适应大量突发小数据;③保证高等级安全;④低时延、高可靠传输。我们将在本章的最后小节专门讨论物联网中的安全问题,因此我们就不再对该问题展开讨论。下面我们就 MTC 网络所面临的其他 3 个问题及目前的解决方案进行介绍。

在 MTC 网络中,当大量的 MTC 设备接入网络,网络如何同时处理这些设备接入导致的连接建立以及无线资源分配将是 MTC 网络所面临的重要问题。由于 LTE 网络支持 IPv6 协议,同时 IPv6 可以为接入的设备提供大量的地址空间,因此 LTE-MTC 和 IPv6 的结合成为解决该问题的一个重要研究方向。特别是结合基于 IPv6 的低速无线个域网(6LoWPAN)标准,成为解决该问题研究者重点研究的对象。Twayej 等[5]提出了一种通过"自组织汇聚接收算法"来与 6LoWPAN 进行多级汇聚及多重接收。Al-Kaseem 等[6]讨论了如何利用软件定义网络(SDN)及网络功能虚拟化(NFV)来结合 6LoWPAN 网关为 M2M 通信提供服务。面对大量设备接入的无线资源分配问题,物理随机接入信道(physical random access channel,PRACH)方案提供了解决的思路。Mišić 等[7]通过 PRACH 来为 M2M 和 H2H 用户分别区分了信道和物理层资源。同时,Khan 等[8]讨论了车辆 M2M 网络中 M2M 和 H2H 在 PRACH 下信道分配的均衡问题。

MTC 网络面临的第二个问题是,在网络中会面临大量突发小数据的情况,但是当前 LTE 网络的架构在面临该状况时效率会下降,这是由于 LTE 系统的当前设计需要用户在发送信息数据之前先执行连接建立过程,这样就增加了额外的信令开销。在每个用户发送数据较小,但是却有大量用户发送时,这些额外的信令开销有时比数据消息更多,这就带来了系统效率的大幅降低。为了解决该问题,有研究者提出了专门重新设计少量数据的网络访问过程以减少相应信令开销。文献[9]和文献[10]均讨论了这种方法的设计可能性。此外,数据聚合也是提高数据传输效率的有效方法,即在 MTC 网络中如 MTC 网关、eNodeB 或 MME 等位置进行数据的汇聚。Riker 等[11]就利用该思路提出了一种 M2M 网络中的三节点数据汇聚群通信方案。

MTC 网络还要面临的问题就是低时延、高可靠传输问题。高可靠性的通信对一些 MTC 应用的安全运行起到重要的作用,如智能控制、智能监控或一些智能交通应用。此外这些应用还对通信的实时性有着很高的要求,而 LTE 还不能为 MTC 网络提供低时延、高可靠的传输。为了解决该问题,5G 网络的核心技术 D2D 是一种有效的解决方案。Virdis 等[12]讨论了采用 D2D 通信后支持雾计算的

M2M 网络。Swain 等[13]研究了采用 D2D 通信的情况下三跳 M2M 网络的覆盖率和平均传输速率。

2.6 远距离低功耗接入

物联网通信技术中包括多项创新高效的技术,其中从通信覆盖广度可以分为短距局域网通信技术,如:Bluetooth、ZigBee、Wi-Fi 等,主要应用于智能家居等智能设备分布较为密集的场景下。与此同时,低功耗广域网(low-power wide-area network,LPWAN)技术主要解决智能设备分布区域广,各节点间距离远,通信量较小的场景,如智能抄表。目前,低功耗广域网发展中面临的诸多阻碍主要来源于无线通信技术日益匮乏的频谱资源与持续增长的容量需求矛盾凸显。另外,考虑到物联网产生的连接数量远远超过 H2H 通信需求,当前的 4G 网络在连接能力上明显不足,且存在着大功耗等缺点不适用于物联网应用。于是针对以上问题,具备低功率、广覆盖的协议被提出,其中就包括了窄带物联网技术(narrow band internet of things,NB-IoT)和长距离广域网(long range wan,LoRaWAN)。

2.6.1 NB-IoT

窄带物联网技术于 2015 年 9 月在 3GPP 标准化组织中提出并立项,于 2016 年 6 月获得 3GPP RAN 批准冻结标准。从立项到协议冻结仅用时不到 8 个月,成为史上建立最快的 3GPP 标准之一。可见业界对此项技术的迫切期望以及开拓商用市场的决心。

NB-IoT 的提出历程经历了两种标准的结合,即华为、沃达丰、高通等公司提出和支持的 NB-CIoT(narrow band-cellular IoT)和诺基亚、爱立信、英特尔等提出和支持的 NB-LTE(narrow band-LTE)。这两种标准最终在 2015 年 9 月融合形成了 NB-IoT。这两种标准最主要的差异在于能够在现有 LTE 网络中以多大资源来应用于物联网之中。

3GPP 组织对 NB-IoT 的定位在于广覆盖、低功耗、低成本、大连接、低速率、容忍一定时延的通信。由于 NB-IoT 的这些特点,相比于 LTE 用户,NB-IoT 服务的对象往往非全时间在线、非高移动性,同时业务类型往往以上行为主。

同为 3GPP 提出的标准,NB-IoT 是在 LTE 技术上改造而来的。但是为了满足物联网的通信需求,NB-IoT 对 LTE 协议进行了一些修改。首先,在控制层面和用户层面减少了部分信令开销,这样可以降低终端设备的功耗,同时采用扩展不连续接收的 eDRX(extended discontinuous reception)和省电模式 PSM(power saving model)来节省终端的耗电量;其次,通过窄带设计来提升功率谱密度,同时进行重复传输来提升 NB-IoT 的覆盖能力;第三,由于上行等效功率的提升,信道容量也大幅提升,而减少的空口信令开销也提升了频谱效率,同时对基站和核心网均进行了优化,这些技术保证了海量用户同时连接的特性;最后,通过简化协议和射频电路来降低 NB-IoT 终端的成本。

NB-IoT 的网络体系架构即为典型物联网架构的 3 层模型,包括了感知层、网络层和应用层。感知层位于最下一层,在 NB-IoT 中感知层是由大量的传感器构成的。这些传感器就如人体的感知器官为上层提供基本的数据。网络层是 NB-IoT 的枢纽部分,它负责将感知层收集的数据处理和传输至应用层,网络层就如人体的神经系统。应用层是 NB-IoT 和用户之间的接口,用户通过应用层向 NB-IoT 提出应用请求,并从应用层获取下层收集的数据。应用层就如人体的大脑分析和处理各种数据。

NB-IoT 有 3 种部署场景,分别为独立部署(stand alone operation)、保护带部署(guard band operation)和带内部署(in band operation)。独立部署是指在 LTE 频段外的 GSM 频段部署带宽为 200kHz 的信道,所谓的独立就是和 LTE 频段是无关的。保护带部署指在 LTE 边缘保护频带中使用 180kHz 的带宽分配信道,这种方法同样不占据 LTE 的频带资源。最后一种方式是带内部署,这种方式指分配 LTE 频带内的一个物理资源块(physical resource block,PRB)作为信道,而该种部署的信道带宽也为 180kHz。需要说明的是,在带内部署时一般不选择中间固定的 6 个用来小区搜索的物理资源块。同时,在独立部署中由于需要为信道提供两边各 10kHz 的保护带宽,因此独立部署的信道带宽为 200kHz。我们用图 2-12 来说明这 3 种部署方式。

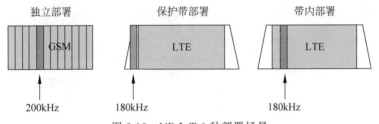

图 2-12 NB-IoT 3 种部署场景

对比这 3 种部署方式,独立部署不存在与 LTE 共存问题,因此不用考虑干扰规避、射频指标等问题。同时,对于带宽限制,独立部署单独扩容比较困难。而保护带部署的频带资源极为有限,会影响未来发展。虽然带内部署方案有潜在的扩容资源,但是却会占用更多的 LTE 网络资源。此外,由于保护带部署和带内部署均在 LTE 频段,因此还需考虑与 LTE 的兼容问题。尽管在上述方面独立部署均有一定的优势,但是带内部署却和 LTE 结合最为紧密,同时演进至下一代通信的成本最低。现阶段在未普及 LTE 的国家主要采用独立部署,而主流的方案仍为带内部署。保护带部署仍属于小众方案,仅有部分运营商考虑测试验证。

NB-IoT 的传输中,下行链路与 LTE 一致,采用正交频分多址(orthogonal

frequency division multiple access,OFDMA)技术。在上行传输,NB-IoT 支持两种传输方案:单子载波传输和多子载波传输。对于单子载波传输,载波间隔可配置为 3.75kHz 或 15kHz。而对于多子载波传输选择 15kHz 子载波间隔。对比来看,多子载波技术支持更大的峰值速率,却对终端设备有所要求。同时,单子载波传输可以获得更好的覆盖与终端功耗。

2.6.2　LoRaWAN

不同于 NB-IoT 由全球标准化组织 3GPP 制订,LoRaWAN 是由 LoRa 联盟提出和维护的。第一版 LoRaWAN 于 2015 年 6 月发布。LoRaWAN 可以为物联网提供长距离、低功耗、可扩展、高服务质量且安全的无线传输网络。LoRaWAN 的技术核心是 LoRa,它为 LoRaWAN 提供了长距物理层通信链路协议。

LoRaWAN 的网络架构可分为 4 层,包括终端节点、网关、网络服务器和应用服务器。在网关和网络服务器之间需要基于以太网的回传,当前的一些部署也采用了 2G、3G 或者 4G 的回传。图 2-13 展示了 LoRaWAN 联盟在其 LoRaWAN 白皮书中给出的网络架构示意图,我们以该图对 LoRaWAN 网络架构进行具体说明。

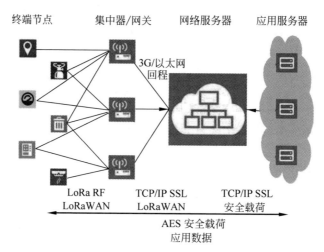

图 2-13　LoRaWAN 网络架构示意图

在 LoRaWAN 白皮书给出的网络结构图中,终端节点在最左端。而在实际网络中,终端节点在协议的最底层负责异步地将数据广播至上层网络。为了节省终端能耗,需要终端节点的设备大部分时间均处于休眠模式,只在较短的时间段进行工作,在多址接入网络协议采用了 Aloha 协议,终端节点的功耗少于 1μW,可以保证这些终端拥有 10~15 年的使用寿命。终端在收发数据前需要先加入网络,协议给出了两种加入模式:空中激活方式和独立激活方式。商用的 LoRaWAN 网络一般采取的都是空中激活方式。

终端节点的数据通过一个或者多个网关接入到网络服务器。和其他无线网络的网关类似,网关是终端节点到网络服务器的通信通道,而通常没有内置的智能处理能力。网关为终端节点提供多数据速率的多个子信道,扫描和检测信道上的数据包,但是网关对从终端发送来的数据不做任何的处理和分析。在 LoRaWAN 的配置中网关功能较为简单,因此大幅地降低了成本,仅需较为低价的硬件即可满足。另外,终端节点连接的网关数量没有限制。

终端节点和网关直接采用星形拓扑结构,星形拓扑的架构模式相比于网状拓扑对于 LoRaWAN 可带来低功耗、可扩展及可靠通信的优势。首先,由于星形拓扑终端节点直接和网关相连,无须其他节点作为中继,因此对其他节点的耗能减少。其次,直接相连能够减少延时,从而增加可靠性。最后,星形拓扑无须网状拓扑所需要的复杂的路由转发,从而减少了信令开销。

LoRaWAN 对终端和网关采用了较为低成本的设计思想,将主要的能力和复杂度放置于服务器端。网络服务器节点的具体功能如下:①完成消息的合并,由于终端节点可以连接多个网关并发送数据的多个副本,而网关没有数据分析和处理的能力,因此在网络服务器节点需要进行消息的合并。②网络服务器负责下行链路的路由,即选择合适的网关向终端节点发送下行链路数据。③网络服务器还需要进行网络控制,以自适应数据速率策略来决定通信的速率或扩频因子。④网络服务层需要对网络和网关进行监控和故障处理。

LoRaWAN 应用服务器是提供物联网业务的接口。由于 LoRaWAN 是一种开源的网络协议,支持多样的应用类型,故而 LoRaWAN 的应用服务器也可以包括多种类型。在某些特定的应用架构中,会将 LoRaWAN 应用服务器和网络服务器进行集成,进行共同的管理和配置。

LoRaWAN 网络结构的优势在于:①长距离通信特性。相比于蜂窝移动通信的通信距离,LoRaWAN 可取得两倍的距离。这就保证了 LoRaWAN 能够使用星形拓扑结构。②得益于网关芯片的特性,一个 LoRaWAN 网络能够轻松接入上千个终端节点。③LoRaWAN 的设计保证了终端节点和网关无须进行大量的数据操作和复杂的信令交互,能够大幅地降低这些设备的功耗。④LoRaWAN 工作在免费频段且是开源的设计,降低了开发成本并吸引了更多开发者基于 LoRaWAN 来进行开发和设计。

2.6.3 NB-IoT 和 LoRaWAN 的比较

作为长距低耗物理网中最重要的两种协议,我们将从网络覆盖、传输速率、服务质量、架网成本、节点能耗和开发模式等 6 个方面对 NB-IoT 和 LoRaWAN 进行比较。

由于这两种协议均是基于长距离通信所设计的,因此这两种协议的覆盖范围均比较大。具体比较来说,NB-IoT 的覆盖范围更广,能够达到 $18\sim21$km,而 LoRaWAN 的覆盖范围则为 $12\sim15$km。一个值得注意的现象是在没有 4G 网络覆盖的郊区或者农村地区,NB-IoT 表现得一般,而 LoRaWAN 不依赖于蜂窝无线通信,在其覆盖的所有区域其表现均很稳定。

在传输速率方面 NB-IoT 比 LoRaWAN 有较大的优势。NB-IoT 平均数据速率为 200Kbps,大约为 LoRaWAN 的 20 倍。同时需要说明的是,另外一种远距离低功耗协议 Sigfox 的数据速率仅为 100bps,远远低于 NB-IoT 和 LoRaWAN。

在服务质量方面 NB-IoT 有着较明显的优势,这与两种协议的组网模式相关。NB-IoT 是基于 LTE 网络架构的,因此从基站到核心网都使用较为先进的设备和技术。而 LoRaWAN 更注重于成本和功耗的降低,采用了诸如 Aloha 这类的低功耗却降低服务质量的技术。因此,NB-IoT 在服务质量方面也略胜一筹。

组网成本也是必须要考虑的因素之一,在成本方面,LoRaWAN 比 NB-IoT 有一定的优势。NB-IoT 的节点更为复杂,其硬件成本更高。同时,由于 NB-IoT 使用的是 LTE 频段,因此必须支付频段使用费用。相比之下,LoRaWAN 节点简单,硬件成本很低。同时由于它在公共频谱传输,无须支付这部分费用。

在节点能耗方面 LoRaWAN 比 NB-IoT 更为出色。尽管这两种协议的节点能耗均非常低,但是 LoRaWAN 通过协议设计能够使终端节点拥有最长可达 10 年的使用寿命,优于 NB-IoT。

两种协议的开发模式也不完全相同。NB-IoT 是由 3GPP 主导开发和维护的协议。而 LoRaWAN 虽然是由 LoRa 提出,却是开源的开发环境,因此所有的开发人员均可基于 LoRa 进行开发。

从上面两个协议的对比来看,这两种协议不存在一种优于另一种,或者一种替代另一种的情况。在实际应用中,则需要根据应用需求,选择更为适合该应用需求的协议将其进行应用。

2.7　物联网安全架构

从上面的介绍我们可以看出,物联网作为工业互联网实现连接的核心技术已经得到广泛应用并进入高速发展阶段,但其面临着接入鉴权、隐私保护、节点防伪等安全问题,因此,如何保证物联网中业务信息、物理空间资源使用的安全性,是保障工业互联网信息安全亟待解决的问题。

物联网网络架构通常分为 3 层:感知层、网络层和应用层。因此,物联网的安全架构分为感知层安全问题、网络层安全问题和应用层安全问题(图 2-14)。

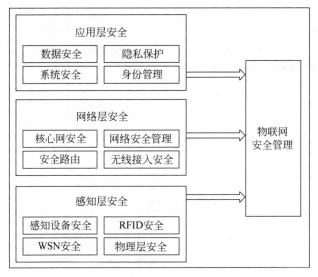

图 2-14　物联网安全架构示意图

2.7.1　物联网感知层安全问题

物联网重要的功能是收集和交换来自物理世界的数据,感知层包含各种类型数据的采集和控制管理模块,因此物联网的感知层实际包含物联网感知设备和通信协议中的物理层传输等两部分内容,感知层的安全问题也可分为这两个方面。由于感知设备大多是低功耗、计算能力受限且可能部署于无人值守环境,很容易受到各种攻击,因此对非正常和入侵节点的检测一直是物联网感知安全的重点研究领域[14]。无须密钥分发的物理层安全传输技术近年来也是感知层传输安全一直备受关注的方向[15]。

2.7.2　物联网网络层安全问题

物联网中网络层负责将感知层收集的数据进行处理后传入应用层。在网络层,物联网面临的主要安全威胁来自于对核心网的攻击、安全路由问题、身份管理问题及无线设备接入安全问题。

对核心网的攻击主要来自两个方面:一方面来自外部的攻击;另一方面则来自物联网内部的攻击。来自外部的攻击是多方面的,包括对物联网网络层中实体数据的非法访问、协议级的拒绝服务攻击等。来自内部的攻击包括了如内部用户在路由过程中对用户数据和信令进行篡改、对发送数据或接收数据的否认攻击、对非授权业务进行非法的访问等。

路由也是物联网网络层所负责的任务之一,如何为终端节点选择安全的路由也是网络层必须提供的安全保障。在目前的物联网协议中,针对静态物联网结构下的安全路由通常采用安全信源中继协议,该协议通过将整个网络划分为较小区域的信源并检测其节点剩余能量来决定路由。

网络安全管理是网络层在安全方面的另一重要环节。在发现和确认的基础上从网络层进行维护来保证攻击不对正常网络的运行产生影响,如针对来自外部的攻击进行隔离,对内部进行攻击的节点进行隔离。同时,网络安全管理也是防范未来攻击的重要方法。

无线设备接入安全也是网络层需要具备的基本功能。由于物联网存在海量终端接入的特点,如何对这些终端进行身份认证来区分正常用户和攻击用户将是物联网网络层安全架构中需要解决的重要问题。

2.7.3 物联网应用层安全问题

应用层的对象直接面对物联网的用户,因此其安全问题直接影响了物联网提供服务的安全性。总体来说,物联网应用层安全包括了数据安全问题、系统安全问题、隐私保护问题和身份管理问题。

数据安全问题是信息安全中最经典也是最重要的问题。在物联网中,数据的保密性和完整性极为关键。传统的基于密码学的安全策略仍然是解决数据安全问题最重要的方法,但是由于物联网终端节点能力受限问题,需要考虑轻量级的加密算法。物联网中数据安全传输是物联网安全的另一典型问题。

由于应用层位于整个系统的最上端,因此应用层还需要为系统安全提供服务。系统安全服务中,应用层需要进行系统扫描,并对扫描出的漏洞进行升级,同时还需要为整个系统的优化服务。此外,当物联网和云计算等结合时,应用层还需要考虑进行结合时的各种安全问题。

隐私保护也是近年来受到广泛关注的安全问题。同样,由于在物联网中终端的许多数据可能包含重要的个人信息,因此如何在进行数据应用的同时兼顾保证用户的个人隐私也是当前关注的重要课题。

物联网中存在着海量用户,如何对这些用户进行身份管理也是应用层安全需要考虑的重点内容。特别是在跨域异构网络中,一个安全高效的身份管理机制将对物联网整体的架构起到重要的作用。

2.7.4 物联网中的典型安全问题

在物联网中,其典型的安全问题可归纳为4类:①物联网中并发接入认证问题;②物联网中数据安全传输及密钥分发问题;③物联网中分布节点隐私保护问题;④物联网中海量终端的身份管理问题。下面我们就对物联网中这4种安全问题及目前的主要研究进行详细的介绍。

1. 物联网中并发接入认证问题

认证机制作为物联网安全架构的基础,能够防止攻击者伪造的非法节点接入网络非授权使用或进行其他攻击。在很多物联网的典型应用场景下(如智能抄表),终端节点多处于无人看管甚至偏僻的环境中,其设备容易受到攻击、挟持,甚至物理破坏,非授权设备的任意接入会引起利益损失及网络安全问题,因此中心机构极有必要对接入网络的设备验证其合法性。物联网系统中的终端设备通常以大规模、集体的形式接入中心机构,传统的一对一的接入认证方式无法适应在短时间内处理大量设备的认证操作。若并发接入认证方式不够高效时,可能导致信令流量对网络压力激增,引发网络拥塞甚至给攻击者带来对服务器进行 DoS 攻击的机会。结合物联网中低功耗特性,接入认证时所交互传输的数据量应该在保障合理安全性下进行有效控制,一般采取对业务信息按敏感程度考察进行安全分级,而物联网中设备的多样性给接入认证带来更多问题及思考的空间。

在一些没有信任中心的物联网协议中,如何进行高效准确的并发认证问题是物联网安全中所面临的极为困难的问题。Cirani 等[16]讨论了简单并已标准化的开放认证(open authentication,OAuth)应用于物联网中的可能性,即借助第三方应用采用表述性状态转移(representational state transfer,REST)来对物联网设备进行认证。

2. 物联网中数据安全传输及密钥分发问题

物联网感知网络中海量数据大多采取广播或多播等方式进行传输,并且由于感知节点的低能耗、低成本特性造成的能力受限,通常无法对数据进行完全有效的加密保护,特别在无线传输环境下,信息时常会面临拦截、篡改、伪造等安全威胁。数据多径传输与延迟使中心机构可能获得多个副本,但物联网系统中终端设备的数据处理需求和功能限制,使得数据的完整性保护缺失,当其中某个副本数据产生错误时,中心机构将无法判断数据是否可靠有效。与此同时,若攻击者也发送了混淆消息时,中心机构无法确认多副本下的真实合法数据,这便产生了数据一致性及完整性威胁。在传统的网络应用中,数据的保密性及完整性是通过较为复杂的加密算法来保障的。而在物联网系统中,大部分场景中的单个终端节点数据量小,使用复杂的算法保护会明显带来不必要的延时。同时,一些物联网协议采用自组织的形式进行组网,在这样组网的情况下如何进行密钥分发也是需要考虑的问题。

物联网低功耗、低复杂度的特性导致了传统加密算法很难直接应用于网络的终端设备。因此,轻量级加密算法是物联网数据安全保护的重要研究对象。Liu 等[17]讨论了基于环 LWE 加密在物联网处理器中的高效软件配置问题。Ma 等[18]针对工业互联网提出了一种无证书搜索公钥加密算法。物联网和云计算的结合使得属性加密算法也可以被应用于物联网安全之中[19]。而对于物联网中的密钥分发问题,目前密钥分发主要有 4 种方式:密钥广播分发、群组密钥分发、配对密钥分发和主密钥预分发。前 3 种方式分别在文献[20-22]中进行了讨论。

3. 物联网中分布节点隐私保护问题

物联网系统中终端节点可能包含敏感信息,攻击者可以通过被动或主动的方式窃取其感兴趣的数据。在物联网环境中,终端定位是一类非常有意义的技术,如我们常见的近距离识别技术 RFID 以及精确定位技术 GPS,这些定位技术与其他技术相结合使智能设备功能更强大,带来更多便利,但也引发了一些安全威胁。由于无法在多应用场景下统一定位机制,这对隐私算法的标准化带来不利影响,且在定位功能中易暴露其位置隐私性。保护位置隐私主要基于面向标签的加密算法,通过隐藏身份达到保护位置隐私的目的,然而同样由于设备终端的低能耗、低成本等要求的制约,当前工艺制造的标签无法具有较强的计算能力,从而只能实现低功耗的加密和认证方法。同时由于一些终端设备可能本身就处于物理不安全状态,攻击者可直接获得用户身份等的隐私信息,并以此设备为攻击源对通信网络进行一些攻击。在物联网系统中对终端节点的位置隐私及身份隐私保护还存在着节点俘获攻击等特殊的弱点,比一般网络中更为复杂,也是值得研究的问题。

在物联网中的隐私保护研究方面,关于数据的匿名汇聚是一个很重要的内容,即一些终端节点既愿意提供其收集的数据来进行汇聚却又不想暴露其身份隐私的问题。Corrigan[23]等提出了一种既能匿名汇聚又能防止 DoS 攻击的方案,Yao等[24]就提出了一种强隐私保护下兼具准确性的数据传输方案。

4. 物联网中海量终端的身份管理问题

由于物联网系统覆盖范围广的特点,终端设备的多样性以及庞大数量成为高效身份管理的阻碍。在异构复杂的物联网环境中,一个安全、高效的身份管理机制在建立中心机构、设施、终端等主体间一致的信任架构中有至关重要的作用。不仅如此,在智能感知节点与中心机构的互动中如授权、反馈等操作也需要以安全的身份管理为基础。由于物联网系统中的终端节点数巨大且部署位置广泛,实际中会进行定期的远程配置、终端节点上的应用更新,因此需要提供各节点身份管理机制提高工作效率。多机构协作时,节点的身份信息需要高效的交互,如何在动态环境中完成隔离异构主体之间的快速身份鉴别和信任初始化,均是身份管理中需要面对的难题。

信任管理方法是解决物联网海量身份管理的一种思路,Chen 等[25]提出了定位于服务的信任管理策略,该方案提出了一种新的自适应信任过滤器来最优地动态结合直接信任和间接信任。该文献同时讨论了当恶意节点进行共谋攻击时如何最大限度地缩短过滤器的收敛时间等问题。

参考文献

[1] 工业互联网产业联盟. 工业互联网网络连接白皮书[DB/OL]. (2018-09-01)[2020-10-05]. http://www.miit.gov.cn/n973401/n5993937/n5993968/c6488070/part/6488075.pdf.

[2] 航天云网. 企业级工业互联网平台解决方案[DB/OL]. [2020-10-05]. http://os.casicloud.com/service/enterpriseSolution.html.

［3］　ISO. ISO/IEC 9834-1：2012 Information technology-procedures for the operation of object identifier registration authorities：general procedures and top arcs of the international object identifier tree—Part 1［DB/OL］.［2020-10-05］. https：//www. iso. org/standard/58055. html.

［4］　DEVAKI C. 5G for Industry 4. 0［DB/OL］.［2020-10-05］. https：//www. 3gpp. org/news-events/2122-tsn_v_lan.

［5］　TWAYEJ W，KHAN M，AL-RAWESHIDY H S. Network performance evaluation of M2M with self organising cluster head to sink mapping［J］. IEEE Sensors Journal，2017，15：1-2.

［6］　AL-KASEEM B R，AL-RAWESHIDY H S. SD-NFV as an energy efficient approach for M2M networks using cloud-based 6LoWPAN testbed［J］. IEEE Internet of Things Journal，2017，5：1-3.

［7］　MIŠIĆ J，MIŠIĆ V B，KHAN N. Sharing it my way：efficient M2M access in LTE/LTE-A networks［J］. IEEE Transactions on Vehicular Technology，2017，66(1)：696-709.

［8］　KHAN N，MIŠIĆ J，MIŠIĆ V B. Tradeoffs in PRACH bandwidth partitioning for VM2M overlay network in LTE［C］//Vehicular Technology Conference. IEEE，2017.

［9］　ANDREEV S，LARMO A，GERASIMENKO M，et al. Efficient small data access for machine-type communications in LTE［C］//IEEE International Conference on Communications. IEEE，2013：3569-3574.

［10］　CONDOLUCI M，DOHLER M，ARANITI G，et al. Enhanced radio access and data transmission procedures facilitating industry-compliant machine-type communications over LTE-based 5G networks［J］. IEEE Wireless Communications，2016，23(1)：56-63.

［11］　RIKER A，CERQUEIRA E，CURADO M，et al. A two-tier adaptive data aggregation approach for M2M group-communication［J］. IEEE Sensors Journal，2016，16（3）：823-835.

［12］　VIRDIS A，VALLATI C，NARDINI G，et al. D2D communications for large-scale fog platforms：enabling direct M2M interactions［J］. IEEE Vehicular Technology Magazine，2018，99：1-2.

［13］　SWAIN S N，THAKUR R，CHEBIYYAM S R M. Coverage and rate analysis for facilitating machine-to-machine communication in LTE-A networks using device-to-device communication［J］. IEEE Transactions on Mobile Computing，2017，16(11)：3014-3027.

［14］　WANG Y，WANG X D，XIE B，et al. Intrusion detection in homogeneous and heterogeneous wireless sensor networks［J］. IEEE Transactions on Mobile Computing，2008，7(6)：698-711.

［15］　KISHK M A，DHILLON H S. Coexistence of RF-powered IoT and a primary wireless network with secrecy guard zones［J］. IEEE Transactions on Wireless Communications，2018，17(3)：1460-1473.

［16］　CIRANI S，PICONE M，GONIZZI P，et al. IoT-OAS：an OAuth-based authorization service architecture for secure services in IoT scenarios［J］. IEEE Sensors Journal，2014，15（2）：1224-1234.

［17］　LIU Z，AZARDERAKHSH R，KIM H，et al. Efficient software implementation of ring-LWE encryption on IoT processors［J］. IEEE Transactions on Computers，2017，10：1-2.

［18］　MA M，HE D，KUMAR N，et al. Certificateless searchable public key encryption scheme for industrial internet of things[J]. IEEE Transactions on Industrial Informatics,2018, 14(99):759-767.

[19]　BELGUITH S,KAANICHE N,LAURENT M,et al. PHOABE: securely outsourcing multi-authority attribute based encryption with policy hidden for cloud assisted IoT[J]. Computer Networks,2018,133: 141-156.

[20]　CHAN H,PERRIG A,SONG D. Random key predistribution schemes for sensor networks [C]//Security and Privacy,Proceedings 2003 Symposium on IEEE,2003: 197-213.

[21]　AL-TURJMAN F M,AL-FAGIH A E,ALSALIH W M,et al. A delay-tolerant framework for integrated RSNs in IoT[J]. Computer Communications,2013,36(9): 998-1010.

[22]　ZHANG Y,LIANG J,ZHENG B,et al. Key management scheme based on route planning of mobile sink in wireless sensor networks[J]. Sensors,2016,16(2): 170.

[23]　CORRIGAN H,BONEH D,MAZIERES D. Riposte: an anonymous messaging system handling millions of users [C]//IEEE Symposium on Security and Privacy,IEEE S&P,2015: 321-338.

[24]　YAO Y,YANG L T,XIONG N N. Anonymity-based privacy-preserving data reporting for participatory sensing[J]. IEEE Internet of Things Journal,2017,2(5): 381-390.

[25]　CHEN I R,GUO J,BAO F. Trust management for SOA-based IoT and its application to service composition[J]. IEEE Transactions on Services Computing,2017,9(3): 482-495.

密码技术基础

密码技术是信息安全的基础和关键技术,用于保护信息的机密性、完整性、不可否认性。通过对信息的加密和解密使得除通信双方以外的其他人无法获取信息,主要用于抵抗被动攻击。利用密码技术还可以对信息发送者和接收者的身份进行认证,对传递信息的完整性和来源真实性进行保护,主要用于抵抗主动攻击。密码原语是指实现密码功能的原子算法,包括数据加密、Hash 和数字签名等。本章将介绍密码学中一些最常用的密码原语。

3.1 数据加密

数据加密是计算机系统对信息机密性进行保护的一种最可靠的办法,其基本思想是通过对信息进行变换从而把需要传送和需要保存的真实信息保护起来,使未授权者不能获取被传送的原始信息。数据加密的基本过程是使用某种算法将可识别的明文数据 P 在密钥的控制下转化为不被识别的密文 C,只有密钥拥有者输入密钥才能解密。加密算法是基础的密码原语,基于加密除了保护机密性之外,也可以构造认证、完整性保护等多种功能模块,实现信息的机密性、完整性以及身份识别与认证等。加密、解密基本过程如图 3-1 所示。

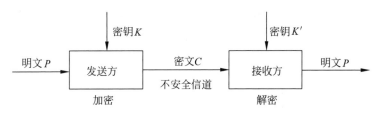

图 3-1　加密、解密基本过程

由图 3-1 可知,数据的加密、解密过程主要包括 4 个部分:明文、加/解密密钥、加/解密算法、密文。根据加密密钥的类型可将加密算法分为对称加密算法和非对称加密算法两大类。对称加密算法的加密密钥和解密密钥是相同的或者是可以互相推导的,典型的对称加密算法包括数据加密标准 DES、高级加密标准 AES 以及我国的对称加密标准算法 SM4。非对称加密算法是 1976 年由 Diffie 和 Hellman

在论文《密码学的新方向》中提出的,其特征在于加密密钥和解密密码是不同的。加密密钥公开,又称为公钥,任何人都可以获得。解密密钥需要秘密保存,也称为私钥。从公钥无法推导出私钥。典型的非对称加密算法包括 RSA 算法、ElGamal 算法、椭圆曲线加密算法等。

3.1.1　对称加密算法

对称加密算法也称单密钥加密算法,由于加密密钥和解密密钥相同或者易于相互推导,因此要求发送方和接收方在通信之前协商一个密钥,并且在传输密文之前需要一个安全的信道来交换密钥,这样的做法代价非常大,甚至可以说是不实用的。在实际应用中,要求算法是公开的,安全性应完全基于密钥的安全性,这被称为柯克霍夫准则。如何产生满足保密要求的密钥以及如何将密钥安全可靠地分配给发送方和接收方是对称密码体制设计和实现的主要问题。

按照加密方式的不同可将对称密码分为序列密码和分组密码两类。

序列密码是指使用一个密钥流 $z = z_1 z_2 \cdots$,对明文串 $x = x_1 x_2 \cdots$ 进行加密得到密文串 $y = y_1 y_2 \cdots = e_{z_1}(x_1) e_{z_2}(x_2) \cdots$。序列密码单独地加密每个位。实现方法是将密钥序列中的每个位与每个明文位相加。

分组密码是指每次使用相同的密钥 K 来加密整个连续的明文分组,即使用以下方法得到密文串:

$$y = y_1 y_2 \cdots = e_k(x_1) e_k(x_2) \cdots \tag{3-1}$$

简单来说,序列密码是使用一个密钥流对明文信息逐位加密,分组密码是使用一个密钥对明文信息分组按组加密。常用的分组长度是 64b、128b、256b 等。

1. DES 算法

数据加密标准(data encryption standard,DES)是由 NIST 于 20 世纪 70 年代中期公布的一种对称密钥分组加密密码[1],加密时将 64b 长的明文分组,使用 64b 密钥(密钥中有 8b 奇偶校验位不参与 DES 运算,故实际参与运算的密钥长度为 56b)对获得的分组进行加密。DES 算法的解密过程和加密过程相似,密钥的顺序相反。DES 算法的每个明文分组均包含 16 轮操作完全相同的加密过程。加密时,将明文分组,使用 8 个 S 盒和 P 置换,经过 16 轮迭代产生 64b 密文,每轮迭代使用 48b 不同的子密钥,所以子密钥均由主密钥推导产生。DES 算法的基本构造元件包括初始置换和逆初始置换、实际 DES 轮及其核心、f 函数以及密钥编排。

DES 算法具体的计算路径如图 3-2 所示。由图 3-2 可见 DES 算法一共进行了 16 轮加密,每一轮中都有一个 48b 的密钥 K_i。在每一轮中,都使用了 8 个固定的从 6b 到 4b 的替代映射盒 S_i(S 盒)。对于输入的 64b 明文,将其分成两个独立的 32b 明文,记为 L_0 和 R_0。然后进行轮加密,其中每一轮的算法是相同的,即将上一轮中 32b 的 L_{i-1} 与 R_{i-1} 用作输入,输出 32b 的 L_i 和 R_i,其中 $1 \leqslant i \leqslant 16$。具体算法如下:

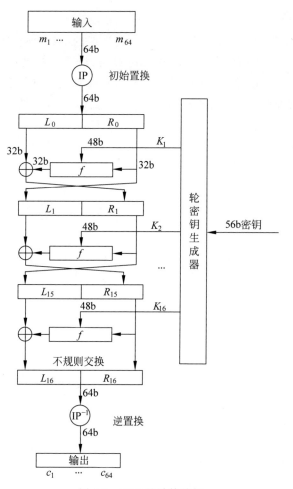

图 3-2　DES 的计算路径

$$L_i = R_{i-1} \tag{3-2}$$

$$R_i = L_{i-1} \oplus f(R_{i-1}, K_i) \tag{3-3}$$

其中，$f(R_{i-1}, K_i) = P(S(E(R_{i-1}) \oplus K_i))$。式（3-3）中：$E$ 为一个固定的扩展置换，实现将 32b 的 R_{i-1} 映射成 48b；P 为另一个 32b 上的固定置换。在进行轮加密前，首先要执行一个初始的比特置换（IP）；相对应的在最后要对获得的比特串进行 IP 逆比特置换。DES 的加解密采用相同的算法，区别在于解密时使用的密钥顺序和加密时恰好相反。

　　DES 算法的加解密速度快，密钥易产生，采用软件方法和专用芯片在当前大多数计算机上很容易实现。但随着研究的深入进行，DES 的弱点不断暴露，如密钥太短很难抵抗穷举搜索攻击；除了 S 盒，其他部件都是线性的。1977 年 NIST 开始了遴选 DES 替代算法的工作。2000 年 NIST 公布了高级加密标准 AES。

2．AES 算法

2000 年,NIST 宣布分组密码 Rijndael 成为新的 AES[2]。Rijndael 算法是由比利时两位密码学家构造,其原形是 Square 算法,设计策略是宽轨迹策略,该策略的重要突破是能够抵抗差分攻击和线性攻击,并能算出最佳差分特征的概率及最佳线性逼近的偏差的界。Rijndael 算法是一个迭代算法,它的分组大小和密钥大小都可变,分别可指定 128b/192b/256b,但在 AES 标准规范中,只有分组长度为 128b 的 Rijndael 才称为 AES 算法。具体的加密流程如图 3-3 所示。解密流程和加密用的是相同的算法,只是密钥顺序相反。

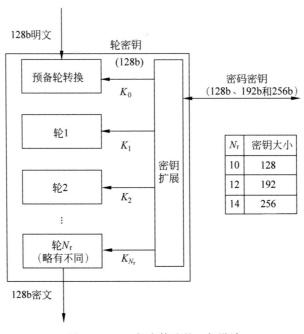

图 3-3　AES 加密算法的一般设计

加密的轮数越多,密钥长度就越大,安全性也就越高。不过此处要注意的一点就是,由密钥扩展算法生成的轮密钥总是 128b 的,和明文或密文的大小相同,与输入的密钥长度无关。由于在预备轮的转换中也使用了密钥,因此密钥扩展算法生成的轮密钥数总是比轮数多一个。即:轮密钥数＝N_r＋1,其中 N_r 表示轮数,同时把轮密钥表示为:K_0,K_1,…,K_{N_r}。

1) 状态、种子密钥、轮数

将算法的中间结果进行分组获得状态 State,AES 算法进行的所有操作均是针对状态的。设 State＝$(a_{ij})_{4 \times N_b}$,表示状态是一个 4 行 N_b 列的矩阵,其中 N_b＝分组长度/32,矩阵的元素 a_{ij} 为字节。则输入或输出分组的 n 个元素与状态矩阵的元素 a_{ij} 有关系:

$$i = n \bmod 4; \quad j = \left[\frac{n}{4}\right]; \quad n = i + 4j \tag{3-4}$$

与状态相似,也可以使用一个 4 行 N_k 列的矩阵表示种子密钥,其中 N_k＝分组长度/32,该矩阵的元素仍是字节。

设迭代的轮数为 N_r。迭代轮数与 N_b 和 N_k 有关,关系如表 3-1 所示。

表 3-1　迭代轮数与 N_b 和 N_k 的关系

N_b	N_k		
	4	6	8
4	10	12	14
6	12	12	14
8	14	14	14

2) 轮函数

4 个互不相同的计算部件字节代换、行移位、列混合和密钥加构成 AES 算法的轮函数。

a) 字节代换(Sub Byte)

字节代换独立地对状态 State 的每个字节进行变换,属于非线性变换。在 AES 中定义了一个 S 盒,每个 S 盒的输入和输出都是 8 位,即 16 字节×16 字节组成的矩阵,它是一个双向映射,256(2^8＝256)种可能的输入与一个输出一一对应。输入的行值为 State 中每个字节的高 4 位,输入的列值为该字节的低 4 位,输出值为 S 盒所对应的元素。S 盒所做的变换记为 Sub Byte(State)。

上述变换可表示为

设 State 中每个字节为 $(b_7,b_6,b_5,b_4,b_3,b_2,b_1,b_0)$,S 盒对每个字节作如式(3-5)所示的变换:

$$b' = b_i \oplus b_{(i+4) \bmod 8} \oplus b_{(i+5) \bmod 8} \oplus b_{(i+6) \bmod 8} \oplus b_{(i+7) \bmod 8} \oplus c_i \tag{3-5}$$

其中,c_i 指字节 c＝0x63 的第 i 位,$i \in \{0,1,2,3,4,5,6,7\}$,即 $(c_7,c_6,c_5,c_4,c_3,c_2,c_1,c_0)$＝(01100011)。矩阵的表示形式为

$$
\begin{bmatrix} b'_0 \\ b'_1 \\ b'_2 \\ b'_3 \\ b'_4 \\ b'_5 \\ b'_6 \\ b'_7 \end{bmatrix} =
\begin{bmatrix} 1 \\ 1 \\ 0 \\ 0 \\ 0 \\ 1 \\ 1 \\ 0 \end{bmatrix} +
\begin{bmatrix}
1 & 0 & 0 & 0 & 1 & 1 & 1 & 1 \\
1 & 1 & 0 & 0 & 0 & 1 & 1 & 1 \\
1 & 1 & 1 & 0 & 0 & 0 & 1 & 1 \\
1 & 1 & 1 & 1 & 0 & 0 & 0 & 1 \\
1 & 1 & 1 & 1 & 1 & 0 & 0 & 0 \\
0 & 1 & 1 & 1 & 1 & 1 & 0 & 0 \\
0 & 0 & 1 & 1 & 1 & 1 & 1 & 0 \\
0 & 0 & 0 & 1 & 1 & 1 & 1 & 1
\end{bmatrix}
\begin{bmatrix} b_0 \\ b_1 \\ b_2 \\ b_3 \\ b_4 \\ b_5 \\ b_6 \\ b_7 \end{bmatrix} \tag{3-6}
$$

b) 行移位(Shift Row)

行移位和列混合是 AES 的扩散子层,与非线性的 S 盒不同,扩散层对状态矩阵执行的是线性操作。

行移位是将状态矩阵的各行进行循环往复地移位,设状态矩阵第 i 行的向左位移量为 C_i 个字节,其中 $i=0,1,2,3$,当 $i=0$ 时,$C_0=0$,即第 0 行保持不变;当 $i\neq0$ 时,$C_i(i=1,2,3)$ 与分组长度 N_b 有关,关系如表 3-2 所示。

表 3-2 位移量与分组长度的关系

N_b	C_1	C_2	C_3
4	1	2	3
6	1	2	3
8	1	3	4

对状态的各行进行行移位运算记为 Shift Row(State)。

c) 列混合(Mix Column)

列混合是一个线性变换,它将状态矩阵的每一列进行混淆。列混合运算使用矩阵乘法表示为

$$b(x)=c(x)\oplus a(x) \tag{3-7}$$

其中,$c(x)=\begin{bmatrix}2&3&1&1\\1&2&3&1\\1&1&2&3\\3&1&1&2\end{bmatrix}$

用矩阵的形式表示如下:

设 $b(x)=\begin{bmatrix}b_0\\b_1\\b_2\\b_3\end{bmatrix}$,$a(x)=\begin{bmatrix}a_0\\a_1\\a_2\\a_3\end{bmatrix}$,那么

$$\begin{bmatrix}b_0\\b_1\\b_2\\b_3\end{bmatrix}=\begin{bmatrix}2&3&1&1\\1&2&3&1\\1&1&2&3\\3&1&1&2\end{bmatrix}\begin{bmatrix}a_0\\a_1\\a_2\\a_3\end{bmatrix} \tag{3-8}$$

对状态的各列进行列混合运算记为 Mix Column(State)。

d) 密钥加(Add Round Key)

密钥加的输入是 16 字节的当前状态矩阵和长度为 16 字节的轮密钥通过逐比特异或组合。使用密钥编排算法作用于种子密钥即可获得长度与分组长度相等的轮密钥。

密钥加运算表示为 Add Round Key(State,Round Key)。

AES 算法的具体执行过程如下:

（1）将状态 State 初始化为给定明文 x，将状态 State 进行密钥加 Add Round Key 操作，对轮密钥 Round Key 与状态 State 进行异或。

（2）用 S 盒对前 N_{r-1} 轮中的每一轮进行一次代换操作，称为字节代换 Sub Byte；对状态 State 做行移位 Shift Row 置换；再对状态 State 做一次列混合 Mix Column 运算；最后进行密钥加 Add Round Key 操作。

（3）依次进行 Sub Byte、Shift Row 和 Add Round Key 操作。

（4）将状态 State 定义为密文 y。

3）密钥编排

密钥编排包括两部分：密钥扩展和轮密钥选取，是指输入原始密钥通过异或运算获得轮密钥的过程。密钥编排的原则有：第一，轮密钥的长度＝分组长度×轮数＋1；第二，扩展种子密钥获得扩展密钥；第三，轮密钥的取法：第 1 轮轮密钥取扩展密钥的前 N_b 字，第 2 轮取接下来的 N_b 个字，如此一直取下去，每个字为 32bit。

3 个不同的可逆均匀变换（均匀变换是指采用类似的处理方法对状态的每个比特进行处理）组成了 Rijndael 算法的轮函数，这 3 个变换被称为 3 个层，即线性混合层、非线性层、密钥加层。这 3 个层均建立在应用宽轨迹策略的基础上，因此，AES 算法对线性密码攻击和差分密码攻击具有一定的抵抗能力。

AES 算法在软件和硬件的实现上都是非常高效的，就目前而言，针对 AES 算法的已知所有攻击均不存在比穷尽密钥搜索更快的攻击。

3. SM4 算法

SM4 算法[3]是我国自主研制的一种分组密码算法，与 DES 算法和 AES 算法类似，其长度分组为 128b，密钥长度也为 128b。

1）SM4 算法原理

加密算法与密钥扩展算法均采用 32 轮非线性迭代结构，以字（32b）为单位进行加密运算，每一次迭代运算均为一轮变换函数 F。SM4 算法加密、解密的结构相同，只是使用的轮密钥相反，其中解密轮密钥是加密轮密钥的逆序。

SM4 算法中的加密和解密密钥长度相同，在算法中表示为 $MK=(MK_0,MK_1,MK_2,MK_3)$，其中 $MK_i(i=0,1,2,3)$ 为 32b。算法中的轮密钥主要由加密算法的密钥生成，主要表示为 $(rk_0,rk_1,\cdots,rk_{31})$，其中 $rk_i(i=0,1,2,\cdots,31)$ 为 32b。而 $FK=(FK_1,FK_2,FK_3,FK_4)$ 为系统参数，$CK=(CK_0,CK_1,\cdots,CK_{31})$ 为固定参数，这两个参数主要在密钥扩展算法中使用，其中 $FK_i(i=0,1,\cdots,31)$，$CK_i(i=0,1,\cdots,31)$ 均为 32b。

SM4 算法的加密流程包含 32 次迭代运算以及一次反序变化 R，假设明文输入为 $(X_0,X_1,X_2,X_3)\in(Z_2^{32})^4$，密文输出为 $(Y_0,Y_1,Y_2,Y_3)\in(Z_2^{32})^4$，轮密钥为 $rk_i\in(Z_2^{32})^4,i=0,1,\cdots,31$。加密算法的运算过程如下：

（1）首先利用如下公式执行 32 次迭代运算，如式（3-9）。

$$X_{i+4}=F(X_i,X_{i+1},X_{i+2},X_{i+3},rk_i)$$
$$=X_i\oplus T(X_i\oplus X_{i+1}\oplus X_{i+2}\oplus X_{i+3}\oplus rk_i),\quad i=0,1,\cdots,31 \quad (3\text{-}9)$$

（2）对最后一轮数据进行反序变换并得到密文输出，如式（3-10）。

$$(Y_0,Y_1,Y_2,Y_3)=R(X_{32},X_{33},X_{34},X_{35})$$
$$=(X_{35},X_{34},X_{33},X_{32}) \qquad (3\text{-}10)$$

（3）在式（3-9）和式（3-10）中，$T:Z_2^{32} \rightarrow Z_2^{32}$ 是可逆变换，由非线性变换 τ 和线性变化 L 复合而成，即 $T(\cdot)=L(\tau(\cdot))$。其中非线性变换 τ 使用 4 个 S 盒并行组成。假设输入的内容为 $A=(a_0,a_1,a_2,a_3)\in(Z_2^8)^4$，通过非线性变换，最后算法的输出结果为 $B=(b_0,b_1,b_2,b_3)\in(Z_2^8)^4$，即式（3-11）。

$$(b_0,b_1,b_2,b_3,)=T(A)$$
$$=(\text{Sbox}(a_0),\text{Sbox}(a_1),\text{Sbox}(a_2),\text{Sbox}(a_3)) \qquad (3\text{-}11)$$

假设 S 盒的输入为 EF，则经过 S 盒运算的输出结果为第 E 行、第 F 行的值，即 $\text{Sbox}(EF)=0x84$。

L 是线性变换，非线性变换 τ 的输出是线性变换 L 的输入。设输入为 $B\in Z_2^{32}$，则可得式（3-12）：

$$C=L(B)=B \oplus (B \ll 2) \oplus (B \ll 10) \oplus (B \ll 18) \oplus (B \ll 24) \qquad (3\text{-}12)$$

2）SM4 安全性分析

研究人员主要从差分攻击、线性攻击，多维线性攻击等方面研究了 SM4 的安全性，分析结果如表 3-3 所示。在差分密码分析方面，Su 等[4]通过手动推导活跃 S 盒个数的差分模式，拼接低轮数推导得到 19 轮的区分器，利用 19 轮区分器进行扩展攻击使其能够到达 23 轮。在线性分析方面，刘明洁等[5]利用一条 19 轮的线性逼近构造了一个 23 轮的线性攻击，高攻击方案的时间复杂度为 2^{122} 次算法加密，数据复杂度为 $2^{126.54}$ 个已知明文，存储复杂度为 2^{116}。在多维线性分析方面，刘明洁等[5]给出的 23 轮 SM4 算法的多维线性分析结果，时间复杂度为 $2^{122.7}$ 次算法加密，数据复杂度为 $2^{122.6}$ 个已知明文，存储复杂度为 $2^{120.6}$。

表 3-3   SM4 的安全性分析

攻击方法	攻击轮数	时间复杂度	数据复杂度	存储复杂度
差分攻击	23	$2^{126.7}$	2^{118}	$2^{120.7}$
线性攻击	23	2^{122}	$2^{126.54}$	2^{116}
多维线性攻击	23	$2^{122.7}$	$2^{122.6}$	$2^{120.6}$

结合公开的研究结果能够看出，目前还没有一种分析方法能够在理论上攻破 24 轮的 SM4 算法。因此，从传统的分析方法来看，SM4 算法具有较强的安全冗余度。

4. 对称加密算法的工作模式

对称加密算法有多种工作模式，分别适用于不同的场景。

1）ECB 模式

ECB 模式是最简单的加密模式，需要加密的消息按照块密码的块大小被分成数个块，并对每个块进行独立加密。ECB 的特点是相同的明文会被加密成相同的密文,这会导致明文的统计分布规律在密文中也会反映出来,频率统计攻击。ECB的主要工作原理如图 3-4 所示。

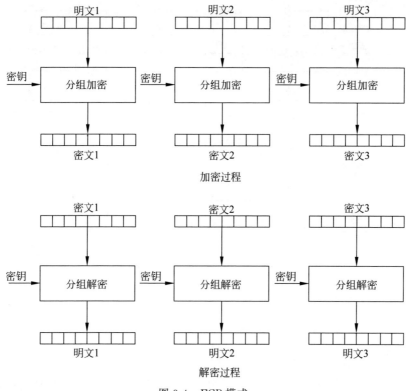

图 3-4　ECB 模式

2) CBC 模式

CBC 模式下每一个分组的明文在分组加密之前还会和前一个分组加密后的密文异或,第一个分组则会和一个随机生成的 IV 进行异或,这样做将解决 ECB 模式中存在的统计规律保留的问题。其主要流程如图 3-5 所示。

解密时则会将解密后的输出与前一个分组的密文或者 IV 进行异或从而得到明文。

3) CFB 模式

CFB 模式也是对称密码算法的一种加密模式,将前一个分组的密文加密后和当前分组的明文异或(XOR)生成当前分组的密文,CFB 模式实际上将分组密码转换为自同步的流密码,这种工作模式可以对任意设定分组长度的数据进行加密。加解密过程如图 3-6 所示。

$$C_i = E_K(C_i - 1) \oplus P_i \qquad (3\text{-}13)$$

$$P_i = E_K(C_i - 1) \oplus C_i \qquad (3\text{-}14)$$

$$C_0 = \text{IV} \qquad (3\text{-}15)$$

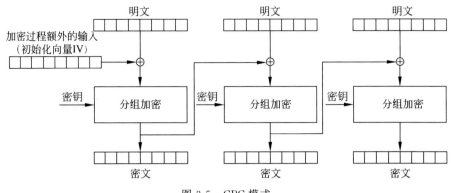

图 3-5   CBC 模式

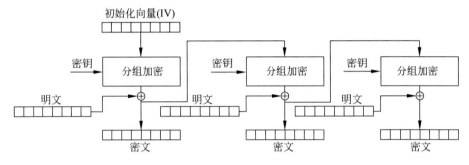

图 3-6   CFB 模式

4）OFB 模式

OFB 模式是先用分组加密生成密钥流，然后将密钥流和明文流异或得到密文流，解密过程是重新异或一次。OFB 模式的加密不能并行，解密可以。其主要加密原理如图 3-7 所示。

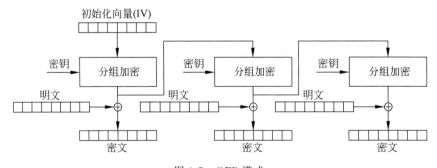

图 3-7   OFB 模式

5）CTR 模式

CTR 模式是使用随机数生成算法产生一个 IV′ 和 IV 拼接成一个串，对这个随机串加密后作为密钥与明文做异或操作（图 3-8）。使用计数器是常用的做法，也有学者认为计数器比其他随机算法风险要高。CTR 模式支持并行的加解密。

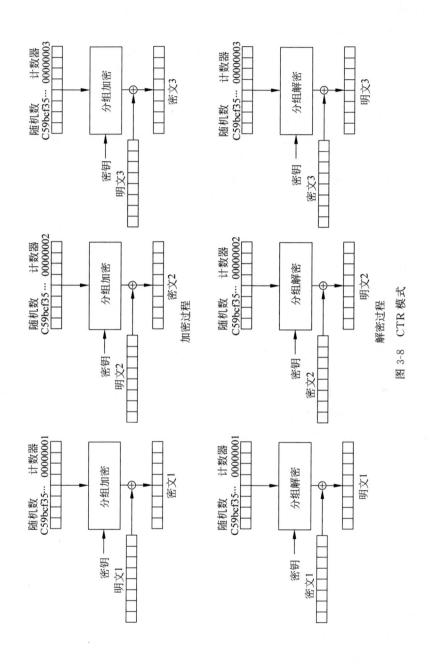

图 3-8　CTR 模式

3.1.2 非对称加密算法

非对称加密算法的设计都是基于计算困难问题,当前应用比较广泛的非对称加密算法有如下几种:

(1) RSA 体制——其安全性是基于"大数因子分解的困难性",使用非常广泛,可用于加密和数字签名。

(2) Diffie-Hellman 体制——其安全性是基于有限域上计算离散对数的困难性,可用于密钥协商,但不能用于加密、解密消息。

(3) ElGamal 体制——其安全性基于有限域上计算离散对数的困难性,可用于加密和数字签名。

(4) 数字签名标准(DSS)——是 ElGamal 签名算法的改进。

(5) 椭圆曲线密码体制(ECC)——用椭圆曲线来构造公开密钥密码体制。Diffie-Hellman,ElGamal 以及 Schnorr 等算法都可以用有限域上的椭圆曲线来实现。

(6) 基于格的公钥密码体制——其安全性基于代数格上最短向量问题,由于这类问题没有快速的量子算法,所以基于格的公钥密码体制被认为是抗量子计算机攻击的密码算法,得到广泛的重视。常用的基于格的密码算法包括 NTRU 等。格也是构建全同态密码算法的重要工具。

(7) McEliece 体制——其安全性基于代数编码理论中一般线性编码的译码困难性问题。

(8) 基于双线性对的公钥密码体制——基于求解椭圆曲线上双线性对的困难问题是构造基于身份密码体制(IBC)的重要工具。在基于身份密码体制中,个人的身份标识、Email 地址、电话号码等可以直接作为用户的公钥,不需要 CA 系统将用户的身份与用户的公钥绑定。双线性对还广泛用于构造密钥协商协议、短签名、环签名和群签名的密码原语的构造。

1. RSA 公钥加密算法

RSA 密码体制[6]由 Ronald Rivest、Adi Shamir 和 Leonard Adleman 于 1977 年发明,并用他们 3 个人的名字命名。RSA 公钥加密算法加密、解密过程都是求一个整数的整数次幂再取模,其安全性基于大整数分解。

1) RSA 密钥的产生

在产生密钥时,选取两个大素数 p、q,计算 $n=pq$ 并将其公开。为了防止敌手通过穷搜索发现 p、q,这两个素数应是在一个足够大的整数集合中选取的大数。寻找大素数时一般是先随机选取一个大的奇数(例如用伪随机数产生器),然后用素性检验算法检验这一奇数是否为素数,如果不是则选取另一大奇数,重复这一过程,直到找到素数为止。

选取满足 $1<e<\varphi(n)$ 和 $\gcd(\varphi(n),e)=1$ 的 e，$\varphi(n)$ 是欧拉函数，计算满足 $d \cdot e \equiv 1 \bmod \varphi(n)$ 的 d，n，e 作为系统公开密钥，d 作为秘密密钥由用户自己保存。

2）RSA 加解密过程

假设通信双方是 Alice(A) 和 Bob(B)：

（1）A 生成一对密钥（公钥 e 和私钥 d），私钥不公开，A 自己保留。公钥为公开的，任何人可以获取。

（2）A 传递自己的公钥给 B，B 用 A 的公钥对消息进行加密。

（3）A 接收到 B 加密的消息，利用 A 自己的私钥对消息进行解密。

3）RSA 加解密公式

（1）已知公钥 (e,n)，明文 m 和密文 c，RSA 加密公式为

$$c = m^e \bmod n \tag{3-16}$$

（2）已知私钥 d，明文 m 和密文 c，RSA 解密公式为

$$m = c^d \bmod n \tag{3-17}$$

一般情况下，e 选为 3 或者 65537 可以加快运算速度。为了满足实际安全性，在当前计算能力水平下，一般求 p，q 长度为 1024b，n 长度为 2048b。Peter Shor 提出了针对大整数分解的量子算法[7]，一旦量子计算机成为现实，RSA 算法将不再安全。

2. SM2 公钥加密算法

SM2 公钥加密算法[8]是我国自主研发的商用非对称加密算法标准，属于椭圆曲线密码体制（ECC）。假设通信双方是 A 和 B，SM2 的加密、解密过程如下：

首先完成用户密钥对的建立，用户 A 随机选取整数 $d_A(1 \leqslant d_A \leqslant n-1)$，并计算 $p_A = d_A G = (x_A, y_A)$，其中，d_A 作为用户私钥，p_A 作为用户公钥对外公开；同理，用户 B 随机选取整数 $d_B(1 \leqslant d_B \leqslant n-1)$，并计算 $p_B = d_B G = (x_B, y_B)$，其中，d_B 作为用户私钥，p_B 作为用户公钥对外公开。

1）SM2 加密

设需要发送的消息为比特串 M，$klen$ 为 M 的比特长度，随机数 k。为了对明文 M 进行加密，A 的加密流程如图 3-9 所示，具体描述如下：

A1：用随机数发生器产生随机数 $k \in [1, n-1]$；

A2：计算椭圆曲线点 $C_1 = kG = (x_1, y_1)$，将 C_1 的数据类型转换为比特串；

A3：计算椭圆曲线点 $S = hP_B$，若 S 是无穷远点，则报错并退出；

A4：计算椭圆曲线点 $kP_B = (x_2, y_2)$，将坐标 x_2、y_2 的数据类型转换为比特串；

A5：计算 $t = \mathrm{KDF}(x_2 \| y_2, klen)$，若 t 为全 0 比特串，则返回 A1；

A6：计算 $C_2 = M \oplus t$；

A7：计算 $C_3 = \mathrm{Hash}(x_2 \| M \| y_2)$；

A8：输出密文 $C = C_1 \| C_2 \| C_3$。

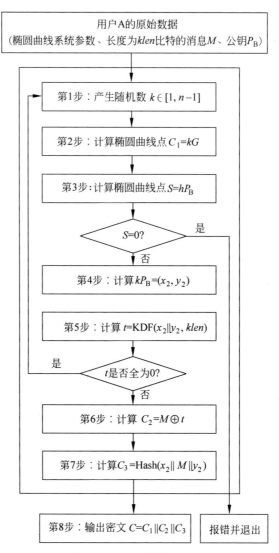

图 3-9　SM2 加密算法流程

2）SM2 解密

设 $klen$ 为密文中 C_2 的比特长度。为了对密文 $C＝C_1\parallel C_2\parallel C_3$ 进行解密，B 的解密流程如图 3-10 所示，具体描述如下：

B1：从 C 中取出比特串 C_1，将 C_1 的数据类型转换为椭圆曲线上的点，验证 C_1 是否满足椭圆曲线方程，若不满足则报错并退出；

B2：计算椭圆曲线点 $S＝hC_1$，若 S 是无穷远点，则报错并退出；

B3：计算 $d_BC_1＝(x_2,y_2)$，将坐标 x_2,y_2 的数据类型转换为比特串；

B4：计算 $t＝KDF(x_2\parallel y_2,klen)$，若 t 为全 0 比特串，则报错并退出；

B5：从 C 中取出比特串 C_2，计算 $M'＝C_2\oplus t$；

B6：计算 $u = \text{Hash}(x_2 \parallel M' \parallel y_2) u = \text{Hash}$，从 C 中取出比特串 C_3，若 $u \neq$ C_3，则报错并退出；

B7：输出明文 M'。

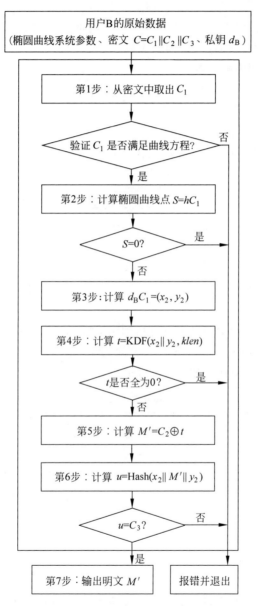

图 3-10　SM2 解密算法流程

3）RSA 与 SM2 的比较

SM2 算法和 RSA 算法基于不同的数学问题。RSA 基于整数分解，SM2 基于椭圆曲线上的离散对数难题。与 RSA 算法相比，在同样安全性下，SM2 算法密文长度、密钥长度都更小,运算速度更快。

a) 参数对比

RSA 的主要参数有 3 个:模数 n,加密密钥 e,解密密钥 d。模数 n 的确定需遵循以下几个原则:

(1) p 和 q 之差要大。

(2) $p-1$ 和 $q-1$ 的最大公因子应很小。

(3) p 和 q 必须为强素数。

(4) p 和 q 应大到使得因子分解为 n 计算上不可能。

加密密钥 e 的选取有以下原则:

(1) e 不能够太小。

(2) e 应选择使其在 $\mathrm{mod}\ \phi(n)$ 的阶为最大。

(3) 私密密钥 d 要大于 $n^{\frac{1}{4}}$。

SM2 使用素数域 256b 椭圆曲线,其关键是选择一条曲线:$y^2 = x^3 + ax + b$,其中 p、a、b 用来确定一条椭圆曲线,G 为基点,n 为点 G 的阶。

b) 安全性能对比

RSA 算法的安全性被认为基于大整数因子分解,随着计算机运算速度的提高和分布式计算的发展,加上因子分解方法的改进,对低位数的密钥攻击已成为可能。

为实现我国信息安全的自主、可控,国密 SM2 算法正在替换 RSA。密钥长度为 233b 的 SM2 或 ECC 算法与密钥长度为 2240b 的 RSA 算法的安全强度一样是 112b。具体安全级别对照表如表 3-4 所示。

表 3-4　加密算法安全强度对比　　　　　　　　　　　b

安全强度	对称密钥长度	SM2 密钥长度	RSA 密钥长度
80	80	163	1024
112	112	233	2240
128	128	283	3072
192	192	409	7680
256	256	571	15360

3. 基于身份的密码体制

1) Boneh-Franklin 方案

Shamir 于 1984 年开创性地提出了基于身份的密码体制[9],该密码体制中直接利用公开的唯一能标识用户身份的信息(如电子邮件地址、网络协议地址、身份标识码等)生成用户的公钥,用户私钥则是由可信的私钥生成中心(private key generator,PKG)统一生成。继 1984 年 Shamir 提出了基于身份的密码方案之后,直到 2001 年第一个安全的基于身份的加密方案才由美国密码学家 Boneh 和

Franklin 利用椭圆曲线上的双线性映射 Weil 配对设计出来[10]。

双线性映射的定义为：令 G_1，G_2 是两个 q 阶循环群，q 为大素数。G_1 是 F_p 上椭圆曲线点构成的群，G_2 是 $F_{p^2}^*$ 的子群。因此 G_1 是加法群，G_2 是乘法群。一个映射 $\hat{e}: G_1 \times G_1 \rightarrow G_2$ 被称为双线性映射，如果其满足对所有的 P，$Q \in G_1$ 和 a，$b \in \mathbf{Z}$，$\hat{e}(aP, bQ) = \hat{e}(P, Q)^{ab}$。

Boneh-Franklin 方案的具体流程如下：

a）参数生成（setup）

（1）选择一个 kbit 大素数 p，满足 $p = 2 \bmod 3$ 且 $p = 6q - 1$，其中 q 是素数且 $q > 3$。令 E 是素数域 F_p 上的椭圆曲线 $y^2 = x^3 + 1$。在椭圆曲线上找一个阶为 q 的点 $P \in E/F_p$。

（2）选择随机数 $s \in Z_q^*$，令 $P_{\text{pub}} = sP$。

（3）选择密码 Hash 函数 $H: F_{p^2} \rightarrow \{0, 1\}^n$，选择密码 Hash 函数 $G: \{0, 1\}^* \rightarrow F_p$。明文空间 $\mathcal{M} = \{0, 1\}^n$，密文空间 $\mathcal{C} = E/F_p \times \{0, 1\}^n$。系统参数为 $\langle p, n, P, P_{\text{pub}}, G, H \rangle$，主密钥为 $s \in Z_q^*$。

b）密钥生成（extract）

对给定的标识 $\text{ID} \in \{0, 1\}^*$，按如下步骤生成私钥 d。

（1）用函数 MapToPoint_G 将 ID 映射为椭圆曲线上阶为 q 的点 $Q_{\text{ID}} \in E/F_p$。

（2）私钥 $d_{\text{ID}} = sQ_{\text{ID}}$。

MapToPoint_G 的流程如下：

（1）计算 $y_0 = G(\text{ID})$，$x_0 = (y_0^2 - 1)^{1/3} = (y_0^2 - 1)^{(2p-1)/3} \bmod p$。

（2）令 $Q = (x_0, y_0) \in E/F_p$，设定 $Q_{\text{ID}} = 6Q$。

c）加密

要在公钥 ID 下加密 $M \in \mathcal{M}$，流程如下：

（1）调用函数 MapToPoint_G 将 ID 映射为 $Q_{\text{ID}} \in E/F_p$。

（2）选择随机数 $r \in Z_q$。

（3）密文为 $C = \langle rP, M \oplus H(g_{\text{ID}}^r) \rangle$，其中 $g_{\text{ID}} = \hat{e}(Q_{\text{ID}}, P_{\text{pub}}) \in F_{p^2}$。

d）解密

令 $C = \langle U, V \rangle \in \mathcal{C}$，如果 $U \in E/F_p$ 的阶不是 q，则拒绝密文。如果是，则以 d_{ID} 按如下计算解密密文：$V \oplus H(\hat{e}(d_{\text{ID}}, U)) = M$。

2）SM9

SM9 标识密码算法[11]由国家密码管理局 2016 年 3 月发布，为 GM/T 0044—2016 系列，共包含总则、数字签名算法、密钥交换协议、密钥封装机制和公钥加密算法、参数定义 5 个部分。同其他标识密码算法一样，其安全性基于椭圆曲线双线性映射的性质，当椭圆曲线离散对数问题和扩域离散对数问题的求解难度相当时，可用椭圆曲线对构造出安全性和实现效率兼顾的基于标识的密码算法。下面介绍

SM9 算法的加密与解密算法。

a）SM9 加密

设需要发送的消息为比特串 M，$mlen$ 为 M 的比特长度，K_1_len 为对称密码算法中 K_1 的比特长度，K_2_len 为函数 $MAC(K_2,Z)$ 中密钥 K_2 的比特长度。

用户 A 要加密明文 M 给用户 B 应实现以下运算步骤：

A1：计算群 G_1 中的元素 $Q_B=[H_1(ID_B \parallel hid,N)]P_1+P_{pub}$；

A2：产生随机数 $r \in [1,N-1]$；

A3：计算群 G_1 中的元素 $C_1=[r]Q_B$，将 C_1 的数据类型转换为比特串；

A4：计算群 G_T 中的元素 $g=e(P_{pub},P_2)$；

A5：计算群 G_T 中的元素 $w=g^r$，将 w 的数据类型转换为字符串；

A6：按加密明文的方法分类进行计算；

如果加密明文的方法是基于密钥派生函数的流密码，则：

（1）计算整数 $klen=mlen+K_2\_len$，然后计算 $K=KDF(C_1 \parallel w \parallel ID_B,klen)$，令 K_1 为 K 最左边的 $mlen$（单位为 b），K_2 为剩下的 K_2_len（单位为 b），若 K_1 为全 0 比特串，则返回 A2。

（2）计算 $C_2=M \oplus K_1$。

如果加密明文的方法是结合密钥派生函数的对称密码算法，则：

（1）计算整数 $klen=K_1\_len+K_2\_len$，然后计算 $K=KDF(C_1 \parallel w \parallel ID_B,klen)$，令 K_1 为 K 最左边的 K_1_len（单位为 b），K_2 为剩下的 K_2_len（单位为 b），若 K_1 为全 0 比特串，则返回 A2。

（2）计算 $C_2=Enc(K_1,M)$。

A7：计算 $C_3=MAC(K_2,C_2)$；

A8：输出密文 $C=C_1 \parallel C_2 \parallel C_3$。

加密算法流程如图 3-11 所示。

b）SM9 解密

设 $mlen$ 为密文 $C=C_1 \parallel C_2 \parallel C_3$ 中 C_2 的比特长度，K_1_len 为对称密码算法中密钥 K_1 的比特长度，K_2_len 为函数 $MAC(K_2,Z)$ 中密钥 K_2 的比特长度。

为了对 C 进行解密，用户 B 应实现以下运算步骤：

B1：从 C 中取出比特串 C_1，将 C_1 的数据类型转换为椭圆曲线上的点，验证 $C_1 \in G_1$ 是否成立，若不成立则报错并退出；

B2：计算群 G_T 中的元素 $w'=e(C_1,d_B)$，将 w' 的数据类型转换为比特串；

B3：按加密明文的方法分类进行计算：

如果加密明文的方法是基于密钥派生函数的流密码，则：

（1）计算 $klen=mlen+K_2\_len$，然后计算 $K'=KDF(C_1 \parallel w' \parallel ID_B,klen)$，令 K_1' 为 K' 最左边的 $mlen$（单位为 b），K_2' 为剩下的 K_2_len（单位为 b），若 K_1' 为全 0 的比特串，则报错并退出。

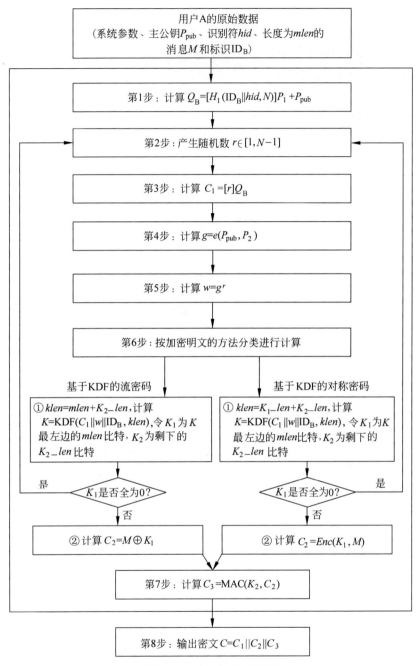

图 3-11 SM9 加密流程图

（2）计算 $M' = C_2 \oplus K_1'$。

如果加密明文方法是结合密钥派生函数的对称密码算法，则：

（1）计算整数 $klen = K_1\_len + K_2\_len$，然后计算 $K' = \mathrm{KDF}(C_1 \parallel w' \parallel \mathrm{ID}_B,$

$klen$），令 K'_1 为 K' 最左边的 K_1_len（单位为 b），K'_2 为剩下的 K_2_len（单位为 b），若 K'_1 为全 0 比特串，则报错并退出。

（2）计算 $M'=Dec(K'_1,C_2)$。

B4：计算 $u=\mathrm{MAC}(K'_2,C_2)$；

B5：输出明文 M'。

解密算法流程如图 3-12 所示。

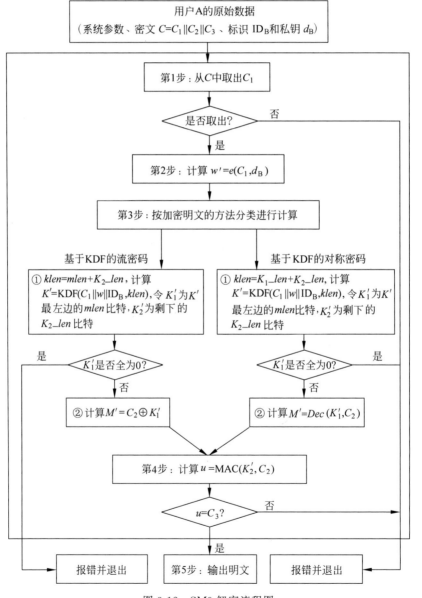

图 3-12　SM9 解密流程图

3.2　Hash 算法

Hash 算法是密码学中一类基础算法,是身份认证、数字签名及数据完整性校验等方案或协议设计的基本组成部件。有代表性的 Hash 算法主要有 MDx 系列及 SHA 系列。我国国家密码管理局于 2010 年发布了商用的 SM3 密码杂凑算法标准[13]。

3.2.1　Hash 算法的原理

1. Hash 算法简介

Hash 函数是将任意长的消息(比特串)M 映射为一个较短的定长输出比特串 H,即 $H=h(M)$,其中 $h(M)$ 易于计算,H 也称为消息 M 的摘要。根据 Hash 函数的安全强度,可将单向 Hash 函数分为弱单向 Hash 函数及强单向 Hash 函数。单向 Hash 函数具备以下性质:

(1) 给定消息 M 及函数 $h(\cdot)$,容易得到摘要 H。

(2) 对弱单向 Hash 函数,获得摘要 H 及函数 $h(\cdot)$,找到一个 M' 使得 $H=h(M')$ 是困难的。

(3) 对强单向 Hash 函数,找到任意一对不同的消息 M_1,M_2,使得 $h(M_1)=h(M_2)$ 是困难的。

摘要 H 具有消息 M 的部分特征,因此 H 也称为输入 M 的数字指纹(digital finger print)。单向 Hash 函数还可按照是否由密钥控制分为一般 Hash 函数及密码 Hash 函数。无密钥控制的一般 Hash 函数,其函数值仅由输入消息 M 决定,任何人都可以自主计算,因此不具有身份认证功能,一般用于数据完整性检测。密码 Hash 函数的输出值由输入消息 M 及控制密钥共同决定,如消息验证码 MAC。

2. Hash 算法的构造原理

将不限长度的输入数据压缩为定长的输出值无法通过单一的逻辑电路一步到位,一般先将输入的比特串划分为固定长度的数据段,如 m 位数据段,然后将此 m 位数据段利用迭代函数映射为 n 位数据段。采用类似于分组密文反馈的模式依次对 m 位数据段进行映射,以最后的输出值作为整个输入消息的 Hash 值。当某字符串不足 m 位时,与分组密码相同,采用填充的方法处理。

m 位数据段到 n 位数据段的迭代函数,存在以下 3 种情况:

(1) $m>n$。有数据压缩,例如 MDx 及 SHA 系列算法,是不可逆映射。

(2) $m=n$。无数据压缩或扩展,利用分组密码构造的 Hash 算法多属于此类。

(3) $m>n$。有数据扩展,认证码属于此类。

此外,迭代函数的设计也可采用上述组合实现,如先将 m 位数据段扩展,而后再通过逐步压缩实现理想的密码特性。迭代函数以 E 表示，通常 E 都是通过基本轮函数的多轮迭代实现。因此轮函数是设计 Hash 函数的核心。

在迭代计算 Hash 值时，为了增大输入消息的熵值，多采用一个随机化初始矢量 H0，它可以初始设定或者随密钥改变，或链接在消息前。

3. Hash 算法的安全性

Hash 算法的安全性等同于其可抵抗各种攻击的能力。我们假设攻击者的目标为找到一对不同的消息具有相同的 Hash 值，称为一对碰撞。针对 Hash 函数有以下 3 种基本攻击方法：

（1）穷举攻击。攻击者可以通过暴力计算所有可能消息的 Hash 值找到碰撞。

（2）生日攻击。该攻击基于生日悖论，可以计算出当进行 $2^{n/2}$ 次选择明文攻击时，攻击成功的概率超过 0.63。

（3）中途相遇攻击。这是一种选择明文/密文攻击，用于迭代和级联分组密码体制，其概率等同于生日攻击。

目前，我们认为 Hash 算法应至少具备以下特性才是安全的：

（1）单向性，Hash 算法首先应该满足求逆困难。

（2）伪随机性，现已证明若要求迭代函数抵抗生日攻击，则该迭代函数必须是伪随机函数。若伪随机函数的逆也是伪随机的，则称为超伪随机函数。现已证明若要求迭代函数抵抗中途相遇攻击，则该迭代函数必须是超伪随机函数。

（3）抗差分攻击能力，类似于分组密码，可以用差分攻击分析迭代函数。

与分组码设计要求一致，非线性性、雪崩特性及高阶相关免疫性等都影响 Hash 函数的安全性，但针对 Hash 函数，最重要的是其提供的认证性及抗碰撞能力。因此，单向性及伪随机性是最根本的要求。

4. Hash 算法的应用

Hash 算法可与加密及数字签名结合使用，实现系统的高效性、保密性及认证性。在数据签名协议中，均需要将初始消息进行 Hash 运算后再进行签名。这既能验证签名消息是否完整，也可以通过降低签名消息的长度提升效率。因为 Hash 函数的摘要特性，在数据完整性检测中也具有广泛运用，用户可以通过比对消息的 Hash 值验证消息是否被篡改或者缺失。此外，在现有的身份认证中，口令字及生物特征等敏感信息都不适于明文保存于服务器，经过 Hash 算法处理后存于服务器，即使服务器被攻破也不会直接造成用户隐私的泄露。

区块链技术[14]中也大量运用了 Hash 算法，为了保证存储效率，区块中存储的是原始数据的 Hash 值。此外，共识算法中的工作量证明、区块完整性证明的 Merkle 树中均不同地应用了 Hash 算法，将在第 7 章做详细的介绍。

3.2.2　主流的 Hash 算法

目前工程中广泛使用的 Hash 算法主要是 MDx 系列及 SHA 系列。MDx 系列包含 MD5、HAVAL、RIPEMD-128 等，SHA 系列包括 SHA-1、SHA-256、SHA-3 等。2004—2005 年，我国密码学专家王小云教授对差分攻击、近似碰撞及多区块碰撞技术分析改进之后对 MD5、SHA-0 及 SHA-1 进行了碰撞攻击。下面将针对 MD5、SHA-256 及我国的 SM3 算法进行介绍。

1. MD5 的原理及实现过程

MD5（message digest 5[15]）是由密码学家 Ronald Rivest 在 MD4 基础上改进得到的。输入消息可任意长，输出为 128b。MD5 广泛运用于操作系统的登录认证及其他应用中，其算法步骤如下：

（1）对明文输入进行填充处理，填充图样为 $100\cdots0(1\sim512\text{b})$，使其为 512b 的整数倍长，最后一组中后 64b 为原始消息的长度信息。对填充后的比特串按 512b 进行分组，得 $Y_0,Y_1,\cdots,Y_{L-1}$，其中 Y_i 为 512b，为 16 个 32b 的字。

（2）每轮输出为 128b，可用 4 个 32b 字 A、B、C、D 表示。初始值为：$A=0\text{x}1234567,B=0\text{xABCDEF},C=0\text{xFEDCBA98},D=0\text{x76543210}$。

（3）进行算法主循环，循环的次数为分组数量 L。主循环共 4 轮，如图 3-13 所示。每一轮进行 16 次操作，每次对 a、b、c、d 中的 3 个变量进行非线性运算，将非线性输出与第四个变量、分组消息中的一个字及一个常量相加，然后将该结果进行右循环移位一个不定数，最后加上变量之一并将结果按特定次序替换 a、b、c、d 之一，每次的计算步骤如图 3-14 所示。

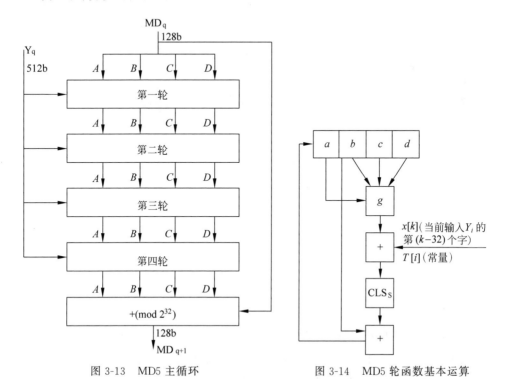

图 3-13　MD5 主循环　　　　　图 3-14　MD5 轮函数基本运算

MD5 目前已被多国学者提出部分破解的方案，其安全性受到了质疑，但是其设计思想对后续 Hash 函数设计有很大的借鉴意义。

2. SHA-256 的原理及实现过程

Hash 算法 SHA(security hash algorithm[15])是美国 NIST 和 NSA 合作为联邦信息处理提出的标准，该标准被用来与数字签名标准(digital signature standard,DSS)一起使用。而 SHA-256 为 SHA-1 算法的改进版本 SHA-2 的 256b 版本，其被用于比特币中钱包地址的产生以及其他应用场景中。对于任意不超过 2^{64} b 的消息，输出均为 256b 的比特串。其计算步骤如下：

(1) 对明文输入进行填充处理，填充图样为 $100\cdots0(1\sim512b)$，使其为 512b 的整数倍长，最后一组中后 64b 为原始消息的长度信息。并对填充后的比特串按 512b 进行分组，得 $Y_0,Y_1,\cdots,Y_{L-1}$，其中 Y_i 为 512b，为 16 个 32b 的字。

(2) 每轮输出为 256b，可用 8 个 32b 段 A、B、C、D、E、F、G、H 表示。初始值为：$A=0x6A09E667,B=0xBB67AE85,C=0x3C6EF372,D=0x54FF53A,E=0x510E527F,F=0x0B05688C,G=0x1F83D9AB,H=0x5BE0CD10$。

(3) 处理 512b 分组比特串，共进行 64 步迭代运算，每步使用 32b 常数值 K_t 及由分组 Y_i 中的 4 个字产生的 32b W_t，其中 $W_t=\sigma_1(W_{t-2})+W_{t-7}+\sigma_0(W_{t-15})+W_{t-16}$。其每步迭代运算见图 3-15。

(4) 当 Y_{L-1} 处理完毕后，此时输出的 256b 比特串便是该消息的 Hash 值。

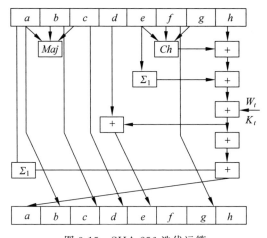

图 3-15　SHA-256 迭代运算

其中，$Maj(\cdot)$、$Ch(\cdot)$、$\Sigma_i(\cdot)$、$\sigma_i(\cdot)$ 均为非线性变换。目前还没有有效攻击证明 SHA-256 算法为不安全的。

3. SHA-3 的原理及实现过程

SHA-3(又称为 Keccak)是美国 NIST 确认的第三代 Hash 函数标准，是将来若干年内最重要的 Hash 函数，输入消息可以为任意长，输出也可为任意长度，将广泛应用于消息验证、数字签名及其他应用场景中。SHA-3 算法除了输入的明文之外,有两个参数:r 和 c。其中参数 r 表示消息分组的长度,参数 c 称为容量。运算过程中的迭代函数的输入/输出长度 $b=r+c$。其算法步骤如下:

(1)对明文输入进行填充处理,填充图样为 $100\cdots01$($1\sim rb$),使其为 rb 的整数倍长,对填充后的比特串按 rb 进行分组,得 $P_0,P_1,\cdots,P_{L-1}$,其中 P_i 为 rb。

(2)SHA-3 算法海绵函数的迭代结构如图 3-16 所示。吸水阶段:对每个消息分组后填充 c 比特 0,并将填充后的消息分组与上一个消息分组迭代输出值异(或),运算结果作为本地迭代压缩的输入值。经过迭代函数 f 的运算,最终得到 b 比特输出值 S。

(3)如果需要的输出长度 $L \leqslant b$,在吸水阶段完成后直接返回前 L 比特值作为最终的消息摘要值;若是所需杂凑值长度 $L>b$,完成吸水阶段后进入挤压阶段。

(4)挤压阶段:首先返回 S 的前 r 比特作为输出分组 Z_0;其次将 S 作为迭代压缩函数 f 的输入,经过运算输出得到 b 比特的结果,返回输出结果的前 r 比特作为输出分组 Z_1。按照这种处理规则,需要重复($j-1$)次该操作,直到 L 满足条件:$(j-1)\times r \leqslant L \leqslant j \times r$ 将各输出分组 Z_0、Z_1 等共 j 个返回分组按照顺序拼接,组合成长度为 $j \times r$ 的返回值 Y,输出 Y 的前 L 比特作为消息摘要值。

(5)算法的迭代轮数 n_r 由 b 所决定:$n_r=12+2l$,其中 $2l=b/25$。每一轮包含的 5 个运算步骤可以表示为如下复合形式:$R=\iota \circ \chi \circ \pi \circ \rho \circ \theta$。迭代函数 f 的结构如图 3-17 所示。

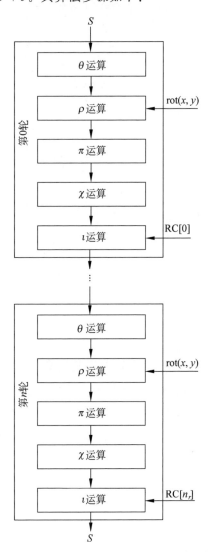

图 3-16　SHA-3 算法海绵函数的迭代结构

其中 θ、ρ 和 π 为线性运算,χ 为非线性运算,ι 为轮常数运算。SHA-3 算法在抗碰撞攻击和抗原像攻击方面比 SHA-1、SHA-2 有较好的性能,是保护完整性的推荐安全工具。

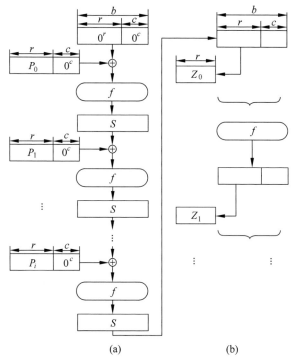

图 3-17　SHA-3 迭代函数 f 的结构

（a）吸水阶段；（b）挤压阶段

4．SM3 的原理及实现过程

　　SM3 算法是由我国密码学专家王小云等自主设计的 Hash 函数，于 2010 年确定为我国商业密码 Hash 函数标准。SM3 在总体结构上与 SHA-256 类似（若想要进一步了解可以进入国家密码管理局官方网站下载 SM3 相关文档）。此外，SM3 与 SHA-256 相比增加了 16 步全异或操作、消息双字介入、增加快速雪崩效应的 P 置换等新操作，这使得轮函数更为复杂，增加了攻击的难度，效率上与 SHA-256 基本一致。其算法步骤如下：

　　（1）对明文输入进行填充处理，填充图样为 $100\cdots0(1\sim512\text{b})$，使其为 512b 的整数倍长，最后一组中后 64b 为原始消息的长度信息。并对填充后的比特串按 512b 进行分组，得 $Y_0,Y_1,\cdots,Y_{L-1}$，其中 Y_i 为 512b，为 16 个 32b 的字。

　　（2）每轮输出为 256b，可用 8 个 32b 段 A、B、C、D、E、F、G、H 表示。初始值为：

$$A=0\text{x}7380166f,\quad B=0\text{x}4914b2b9,\quad C=0\text{x}172442d7,\quad D=0\text{x}da8a0600$$

$$E=0\text{x}a96f30bc,\quad F=0\text{x}163138aa,\quad G=0\text{x}e38dee4d,\quad H=0\text{x}b0fb0e4e$$

　　（3）消息分组长度为 512b，经扩展模块处理产生 $68+64=132$ 个长度为 32b 的消息字，消息字参与压缩函数；初始值经过 64 次函数压缩，如图 3-18 所示，产生的计算结果与初始值进行异或操作后,作为下一个消息分组迭代压缩的输入。其中压缩函数结构如图 3-19 所示。

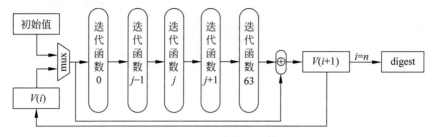

图 3-18　SM3 杂凑算法整体结构

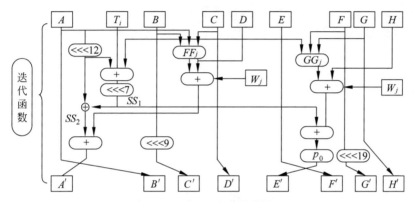

图 3-19　SM3 压缩函数结构图

（4）当所有分组计算完成后输出 256b 的杂凑值。

5. 四种 Hash 算法的比较

根据目前的研究及工程经验,4 种主流的 Hash 算法的安全性及效率情况如表 3-5 所示。

表 3-5　Hash 算法性能比较

算法名称	输出长度/b	安全性	效率
MD5	128	较弱	好
SHA-256	256	较强	较好
SHA-3	任意	强	较好
SM3	256	强	较好

实际设计协议时应该综合考虑安全性及效率需求选择合适的、成熟的 Hash 算法。

3.3 数字签名算法

数字签名是公钥密码学的关键组成部分，它在身份认证、数据完整性、不可否认性以及匿名性等方面有着重要应用。数字签名的思想由 Diffie 和 Hellman 于 1976 年首次提出，用户 A 公开一个公钥，用于验证签名的有效性，而用于生成签名的私钥秘密保存。用户对消息 M 的签名依赖于消息 M 和他的私钥，任何人都能够用 A 的公钥验证其签名的有效性。类似于传统的手书签字，数字签字需要满足以下要求：①签名是可信的；②签名不可伪造；③签名不可重用；④签名后的文件不可改变；⑤签名是不可抵赖的[16]。本节重点介绍 4 个常见方案：RSA 签名、数字签名标准 DSS、椭圆曲线数字签名算法和 SM2 签名算法，然后给出了 RSA 与 SM2 方案的安全性对比。

3.3.1 RSA

RSA 数字签名算法可由 RSA 加密算法构造，是目前计算机密码学中最经典、研究最透彻、使用最广泛的数字签名算法。

1. 算法描述

RSA 签名算法包括 3 个过程：密钥生成、签名生成和签名验证。RSA 的密钥生成与 RSA 加密的过程相同，参见 3.1.2 节。

1）签名生成

设消息为 x，则 x 的 RSA 签名为

$$y \equiv x^d \pmod{n} \tag{3-18}$$

2）签名验证

当接收方收到签名 (x, y) 后，计算

$$x' \equiv y^e \pmod{n} \tag{3-19}$$

如果 $x = x'$，则 y 是 x 的 RSA 签名。

在 RSA 签名过程中，实际上签名者是使用 RSA 的解密运算为消息 x 签名。因为私钥 d 是保密的，所以只有签名者本人才能产生正确的签名。由于公钥 e 为公开的，任何人都能验证签名的合法性。

2. RSA 数字签名的安全性

RSA 数字签名的算法简单，但在实际应用中必须注意许多问题，才能抵抗攻击者的各种攻击。

1）一般攻击

RSA 数字签名的签名算法和验证算法具有相同的形式，都是模指数运算。

设 n 与 e 为用户 A 的公钥，攻击者可以随意选择一个数据 y，并用 A 的公钥计算 $x \equiv y^e \pmod{n}$，则用户 A 对 x 的 RSA 数字签名就是 y。这是因为 $x^d \equiv (y^e)^d = y^{ed} \equiv y \pmod{n}$，于是攻击者可以伪造 A 的一个 RSA 数字签名。

这种攻击实际上成功的概率是不高的。因为对于任意选择的数据 y，得到的 $x \equiv y^e \pmod{n}$ 具有正确语义的概率是很低的。通过仔细设计数据格式或采用 Hash 函数的方式就可以抵抗这种攻击。

2）选择消息攻击

假设攻击者 E 想伪造消息 x 的签名，他容易找到两个数据 x_1 和 x_2，使得

$$x \equiv x_1 \times x_2 \pmod{n} \tag{3-20}$$

攻击者 E 设法让用户 A 分别对 x_1 和 x_2 进行签名，得到

$$y_1 \equiv x_1^d \pmod{n} \tag{3-21}$$

$$y_2 \equiv x_2^d \pmod{n} \tag{3-22}$$

然后 E 可以计算：

$$y = y_1 \times y_2 = x_1^d \times x_2^d = (x_1 \times x_2)^d \equiv x^d \bmod n \tag{3-23}$$

于是攻击者 E 得到了用户 A 对消息 x 的 RSA 数字签名 y。

应对这种攻击的方法是用户不要轻易地对其他人提供的随机数据进行签名。更有效的方法是不直接对数据进行签名，而应该对数据的 Hash 值进行签名。

3）利用签名进行攻击从而获得明文

假设攻击者 E 已经截获了密文 c，$c \equiv x^e \pmod{n}$，他想求出明文 x。于是，他选择了一个小的随机数 r，并计算：

$$s \equiv r^e \pmod{n} \tag{3-24}$$

$$l \equiv s \times c \pmod{n} \tag{3-25}$$

$$t \equiv r^{-1} \pmod{n} \tag{3-26}$$

因为 $s = r^e$，所以 $s^d = (r^e)^d \equiv r \pmod{n}$。然后攻击者 E 设法让签名者对 l 签名，于是 E 又获得

$$k \equiv l^d \pmod{n} \tag{3-27}$$

攻击者 E 再计算：

$$t \times k \equiv r^{-1} \times l^d \equiv r^{-1} \times s^d \times c^d \equiv r^{-1} \times r \times c^d = c^d \equiv x \bmod n \tag{3-28}$$

于是，攻击者 E 获得了明文 x。

应对这种攻击的方法也是用户不要轻易地对其他人提供的随机数据进行签名，应该对数据进行 Hash 后再对 Hash 值进行签名。

4）对先加密后签名方案的攻击

假设签名者 A 采用先加密后签名的方案把消息 x 发送给接收者 B，即 A 先用 B 的公开公钥 e_B 对数据加密，然后用自己的私钥 d_A 签名。设 A 的模数为 n_A，B

的模数为 n_B。于是 A 发送给 B 的数据为

$$(x^{e_B} \bmod n_B)^{d_A} \bmod n_A \tag{3-29}$$

如果 B 是不诚实的,那么 B 就可能伪造 A 的签名。例如,假设 B 想抵赖收到 A 发的消息 x,谎称收到的是 x_1。因为 n_B 是 B 的模数,所以 B 知道 n_B 的分解,于是能够计算模 n_B 的离散对数,即他能找到 k 满足

$$(x_1)^k \equiv x (\bmod n_B) \tag{3-30}$$

然后,B 再公布他的新公开密钥为 $k \times e_B$。现在 B 宣布他收到的消息是 x_1,而不是 x。

由于

$$(x_1^{ke_B} \bmod n_B)^{d_A} \bmod n_A = (x^{e_B} \bmod n_B)^{d_A} \bmod n_A \tag{3-31}$$

成立,所以 A 无法争辩。

为了应对这种攻击,签名者 A 应当在发送的数据中加入时间戳,从而可证明是用公开的密钥 e_B 对 x 加密,而不是用新公开的 $k \times e_B$ 对 x_1 加密。对数据的 Hash 值进行签名也可以应对这种攻击。

综上所述,对于 RSA 数字签名系统,必须采取如下安全措施。

(1) 不直接对消息进行签名,而应该对消息的 Hash 值进行签名。

(2) 要采用先签名后加密的方式,而不要采用先加密后签名的方式。

3.3.2　DSS

数字签名标准(DSS)由美国 NIST 于 1991 年提出作为美国联邦信息处理标准(federal information processing standards,FIPS),其采用了美国国家安全局主持开发的数字签名算法(digital signature algorithm,DSA)。DSS 最初建议使用 p 为 512b 的素数,q 为 160b 的素数,在考虑了公众对其安全性的反馈意见后,NIST 于 1994 年公布了其修改版,将 DSS 的密钥 p 从原来的 512b 增加到 512～1024b。与 RSA 算法既能用于加密和签名,又能用于密钥交换不同,DSA 只能提供数字签名功能。

1. 数字签名算法

数字签名算法(DSA)是在 ElGamal 和 Schnorr 两个签名方案的基础上设计的,其安全性基于求离散对数的困难性。

实现过程如下:

1) 密钥生成

(1) 选取一个素数 p:$2^{L-1} < p < 2^L$,L 为 64 的倍数。

(2) 选取 $p-1$ 的一个素数因子 q:$2^{159} < q < 2^{160}$。

(3) 取 $g \equiv \alpha^{(p-1)/q} (\bmod p)$,其中 α 是使 $1 < \alpha < p-1$,及 $\alpha^{(p-1)/q} \bmod p > 1$

成立的整数。随机选取整数 $x:0<x<q$。

（4）计算 $y\equiv g^x(\bmod\ p)$。

（5）选取安全的 Hash 函数 h：对消息 $m,h(m)$ 是 160b 的消息摘要。

(p,q,g) 是公开参数，x,y 分别是签名者的私钥和公钥。

2）签名生成

对消息 $m\in Z_p^*$，A 随机选取一个整数 $k:1\leqslant k<q$，并计算：

$$r=(g^k\bmod\ p)\bmod\ q \tag{3-32}$$

$$s=k^{-1}(h(m)+xr)\bmod\ q \tag{3-33}$$

(r,s) 是 A 对消息 m 的签名。将 (r,s) 发送给 B（如果 $r=0$ 或 $s=0$，则选取新的随机数 k，重新计算出 r 和 s。一般来说，$r=0$ 或者 $s=0$ 出现的概率极小）。

3）签名验证

B 收到 (r,s) 后，先检验 $0<r<q,0<s<q$ 是否成立。如果有一个不成立，则 (r,s) 不是 A 的签名。如果两者成立，则用 A 的公钥 y 及公开信息 (p,q,g)，计算：

$$w\equiv s^{-1}(\bmod\ q) \tag{3-34}$$

$$u_1\equiv h(m)w(\bmod\ q) \tag{3-35}$$

$$u_2\equiv rw(\bmod\ q) \tag{3-36}$$

$$v\equiv(g^{u_1}y^{u_2}\bmod\ p)(\bmod\ q) \tag{3-37}$$

如果 $v=r$，则 B 接受 (r,s) 是 A 对消息 m 的有效签名。否则，拒绝此签名。

2. 正确性证明

$$v\equiv(g^{u_1}y^{u_2}\bmod\ p)\bmod\ q\equiv(g^{u_1}(g^x)^{u_2}\bmod\ p)\bmod\ q$$

$$\equiv(g^{u_1+xu_2}\bmod\ p)\bmod\ q\equiv(g^{h(m)w+xrw}\bmod\ p)\bmod\ q$$

$$\equiv(g^{skw}\bmod\ p)\bmod\ q\equiv(g^{sks^{-1}}\bmod\ p)\bmod\ q$$

$$\equiv(g^k\bmod\ p)\bmod\ q=r$$

3. 安全性讨论

（1）DSS 数字签名标准的安全性基于两个离散对数问题：一是基于乘法群 Z_p^* 上的离散对数问题；二是基于其 q 阶子群上的离散对数问题。已知的最好的攻击是亚指数算法。

（2）DSS 并未很明确地指明 k 值选取的随机性，其实 k 的选取的基本要求和 ElGamal 签名方案中的类似。

（3）DSS 中使用的 Hash 函数一般采用安全 Hash 标准 FIPS PUB180 中公布的 SHA-1。

3.3.3　ECDSA

基于椭圆曲线的数字签名方案（elliptic curve digital signature algorithm，ECDSA）是在椭圆曲线有限域上实现 DSA 算法，由 Scott 和 Vanstone 在 1992 年为了响应 NIST 对数字签名标准（DSS）的要求而提出。ECDSA 于 1998 年作为 ISO 标准被采纳，在 1999 年作为 ANSI 标准被采纳，并于 2000 年成为 IEEE 和 FIPS 标准[17]。

1. 算法描述

ECDSA 数字签名方案可分为密钥生成、签名生成、签名验证 3 个部分。

1）密钥生成

设 GF(p)为有限域，E 是有限域 GF(p)上的椭圆曲线。选择 E 上一点 $G \in E$，G 的阶为满足安全要求的素数 n，即 $nG = O$（O 为无限远点）。选择一个随机数 d，$d \in [1, n-1]$，计算 Q，使得 $Q = dG$，那么公钥为(n, Q)，私钥为 d。

2）签名生成

签名者 A 对消息 m 签名的过程如下：

（1）用户随机选取整数 k，$k \in [1, n-1]$，计算 $kG = (x, y)$，$r \equiv x \pmod{n}$。

（2）计算 $e = h(m)$；h 为安全的散列函数。

（3）计算 $s \equiv (e + rd)k^{-1} \pmod{n}$。如果 $r = 0$ 或 $s = 0$，则另选随机数 k，重新执行上面的过程。消息 m 的签名为(r, s)。

3）签名验证

签名接收者 B 对消息 m 签名(r, s)的验证过程如下：

（1）计算 $e = h(m)$。

（2）计算 $u \equiv s^{-1}e \pmod{n}$，$v \equiv s^{-1}r \pmod{n}$，$(x_1, y_1) \equiv uG + vQ$，$r_1 \equiv x_1 \pmod{n}$。

（3）判断 r 和 r_1 的关系，如果 $r = r_1$，则签名有效；否则，签名无效。

2. 正确性证明

本方案的正确性证明如下：

$$Q \equiv dG \tag{3-38}$$

$$s \equiv (e + rd)k^{-1} \pmod{n} \tag{3-39}$$

$$kG = (x, y) \tag{3-40}$$

$$u \equiv s^{-1}e \pmod{n} \tag{3-41}$$

$$v \equiv s^{-1}r \pmod{n} \tag{3-42}$$

$$(x_1, y_1) \equiv uG + vQ \tag{3-43}$$

所以 $k \equiv (e+rd)s^{-1} \pmod n \equiv (s^{-1}e + s^{-1}rd) \bmod n \equiv (u+vd) \bmod n$。

由此可得 $(x,y) \equiv kG \equiv uG + vdG \equiv uG + vQ \equiv (x_1,y_1)$，$r_1 \equiv x_1 \pmod n \equiv x \pmod n \equiv r$，即 $r=r_1$。

3. 安全性讨论

ECDSA 是基于椭圆曲线的公钥密码体制上实现的数字签名方案，其安全性依赖于基于椭圆曲线的有限群上的离散对数难题。与基于 RSA 的数字签名和基于有限域离散对数的数字签名相比，在相同的安全强度条件下，ECDSA 方案具有如下特点：签名长度短，存储空间小，计算速度快，特别适用于计算能力和存储空间有限、带宽受限、要求高速实现的场合（如在智能卡中应用）。

3.3.4 SM2 签名算法

SM2 签名算法是我国国家密码管理局发布的基于椭圆曲线公钥密码体制的密码算法标准。在同等安全程度要求下，椭圆曲线密码较 RSA 算法所需密钥长度和签名长度小很多，得到了越来越多的实际应用。

1. 算法描述

SM2 数字签名方案可分为用户密钥对的建立、签名生成、签名验证。

1）用户密钥对的建立

用户 A 随机选取整数 d_A（$1 \leqslant d_A \leqslant n-1$），并计算 $p_A = d_A G = (x_A, y_A)$，其中，d_A 作为用户私钥，p_A 作为用户公钥对外公开。

2）签名生成

设定用户 A 具有长度为 $entlen_A$ 比特的标识 ID_A，记 $ENTL_A$ 是由整数 $entlen_A$ 转换而成的长度为 2 的字节数组，$Z_A = H_{256}(ENTL_A \parallel \mathrm{ID}_A \parallel a \parallel b \parallel x_G \parallel y_G \parallel x_A \parallel y_A)$，其中，$a$、$b$ 为椭圆曲线上的参数，x_G、y_G 为 G 的坐标，x_A、y_A 为 P_A 的坐标，M 为待签名消息。

具体的数字签名生成算法如下：

（1）设 $\overline{M} = Z_A \parallel M$，使用标准的 Hash 函数进行 Hash 计算得 $e = H_v(\overline{M})$。

（2）选择随机数 $k \in [1, n-1]$，计算椭圆曲线点 $(x_1, y_1) = kG$。

（3）计算 $r = (e+x_1) \bmod n$，若 $r=0$ 或 $r+k=n$，则返回步骤（2）。

（4）计算 $s = ((1+d_A)^{-1} \cdot (k-r) \cdot d_A) \bmod n$，若 $s=0$，则返回步骤（2）。

（5）将 (r,s) 作为消息 M 的数字签名输出。

3）签名验证

为了验证消息 M' 及其签名 (r', s')，进行以下操作：

（1）验证 $r \in [1, n-1]$ 和 $s \in [1, n-1]$ 是否成立，若不成立，则验证不通过。

（2）设置 $\overline{M}' = Z_A \parallel M'$，使用标准的 Hash 函数进行 Hash 计算得 $e' = H_v(\overline{M}')$。

（3）计算 $t = (r' + s') \bmod n$，若 $t = 0$，则验证不通过。

（4）计算椭圆曲线点 $(x_1', y_1') = s'G + tP_A$。

（5）计算 $R = (e' + x_1') \bmod n$，然后验证 $R = r'$ 是否成立，若成立则验证通过；否则验证不通过。

2. 正确性证明

$$
\begin{aligned}
(x_1, y_1) &= s * G + t * P_A \\
&= s * G + (r + s) * P_A \\
&= s * G + (r + s) * d_A * G \\
&= (1 + d_A) * s * G + r * d_A * G \\
&= (1 + d_A) * (1 + d_A)^{-1} * (k - r * d_A) * G + r * d_A * G \\
&= (k - r * d_A) * G + r * d_A * G \\
&= k * G
\end{aligned}
$$

3.4　密码算法在智能制造中的应用

智能制造管控网络包括 3 个层次：企业级、车间级、现场级，3 层之间互相通信。企业收到订单需求时，将订单指令发给车间级的监控设备，监控设备根据指令，指挥和协调现场级的设备和流水线，如图 3-20 所示。

1. 设备/平台注册

网络内的所有种类的智能设备，包括监控服务器、零件流水线机器、成品组机器生成、物流运输管理机器等，都需要在设备管理平台注册并获得 SM2 公钥以及对应的私钥，或者获得 SM9 的标识和对应的私钥。

2. 指令的安全发布

企业级客户端向车间级设备发送需求指令，该指令使用其私钥基于 SM9/SM2 进行签名后发送给车间级设备。车间级设备在收到指令后，使用相应客户端的 SM2 公钥/SM9 标识进行验签，验签成功后则意味着，指令来源合理、指令数据确实完整。为了防止攻击者截获或篡改网络数据，则需要避免明文传输的方式，因此在企业与车间之间添加加密、解密设备或部署加密、解密软件，以确保车间的网络以密文的方式传输数据，此时一般采用 SM2＋SM4 或 SM9＋SM4 的

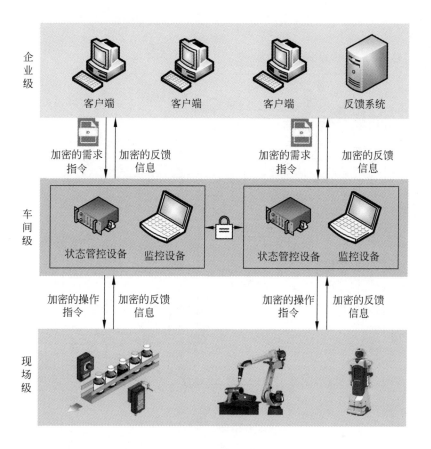

图 3-20　智能制造管控网络

加密算法,如图 3-21 所示。

3. 安全协同制造

车间设备以密文方式向现场级流水线工控设备传输施工操作指令,在发送明文数据时,一方面用 SM4 算法对明文数据加密得到密文;另一方面用 SM3 算法对明文数据进行计算得到消息认证码。最后将密文数据和消息认证码一起发送出去。当现场级流水线工控设备接收到密文数据时,先用 SM4 算法对密文数据解密得到明文数据,再用 SM3 算法对解密后的明文数据进行计算得到消息认证码,最后将计算得到的消息认证码和接收到的消息认证码进行对比,以验证数据的完整性。数据指令的验证过程见图 3-22,现场级流水线设备在比对收到的消息认证码与自己计算的消息认证一致后才接受车间级设备发送的数据指令。现场级流水线设备在完成操作指令后,或者突发紧急事件时,用同样的加密方式向车间级设备进行反馈,车间级设备再向企业级设备进行反馈和处理。通过这种方式,可以保证整个智能制造车间的通信安全。

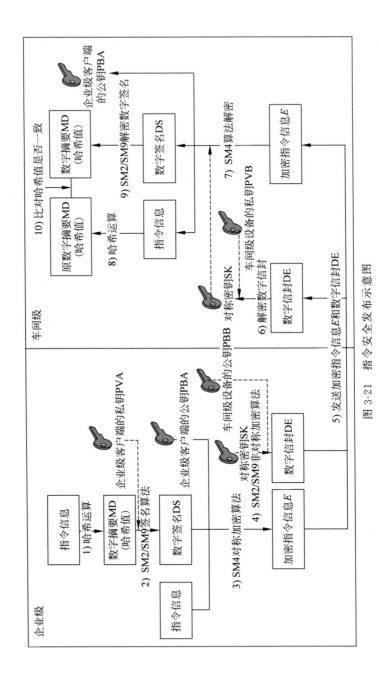

图 3-21　指令安全发布示意图

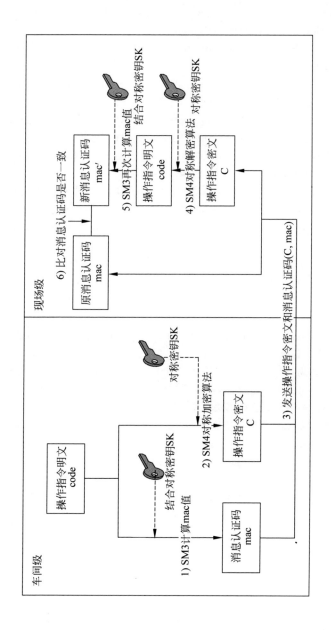

图 3-22　安全协同制造示意图

参考文献

［1］ NIST. Data Encryption Standard（DES）［S/OL］.（1999-10-25）［2020-03-20］. http：//csrc. nist. gov/publications/fips/fips46-3/fips46-3. pdf.

［2］ NIST. Advanced Encryption Standard（AES）［S/OL］.（2001-11-26）［2020-03-20］. https：// doi. org/10. 6028/NIST. FIPS. 197.

［3］ 全国信息安全标准的技术委员会. 信息安全技术　SM4 分组密码算法：GB/T 32907— 2016［S］. 北京：中国质检出版社,2016

［4］ SU B，WU W，ZHANG W. Security of the SMS4 block cipher against differential cryptanalysis［J］. J. Comput. Sci. Technol,2011,26：130-138.

［5］ 刘明洁,陈佳哲. Improved linear attacks on the Chinese block cipher standard［J］. Journal of Computer ence & Technology,2014,29(6)：1123-1133.

［6］ RIVEST R L,SHAMIR A,ADLEMAN L. A method for obtaining digital signatures and public-key cryptosystems［J］. Commun. of the ACM,1978,21(2)：120-126.

［7］ SHOR P W. Algorithms for quantum computation：discrete logarithms and factoring［C］// Proceedings 35th Annual Symposium on Foundations of Computer Science,Nov,1994.

［8］ 国家密码管理局. SM2 椭圆曲线公钥密码算法［S/OL］.（2010-12-17）［2020-03-20］. https：//sca. gov. cn/sca/xwdt/2010-12/17/content_1002386. shtml.

［9］ SHAMIR A. Identity-based cryptosystems and signature schemes［J］. Lect. Notes Computer, 1985,196(2)：47-53.

［10］ BONEH D,FRANKLIN M. Identity-based encryption from the weil pairing［J］. Annual International Cryptology Conference,2001：213-229.

［11］ 国家密码管理局. SM9 标识密码算法［S/OL］.（2016-03-28）［2020-03-20］. https：//sca. gov. cn/sca/xwdt/2016-03/28/content_1002407. shtml.

［12］ 袁峰,程朝辉. SM9 标识密码算法综述［J］. 信息安全研究,2016,2(11):1008-1027.

［13］ 国家密码管理局. SM3 密码杂凑算法［S/OL］.（2010-12-17）［2020-03-20］. http://www. sca. gov. cn/sca/xwdt/2010-12/17/1002389/files/302a3ada057c4a73830536d03e683110. pdf.

［14］ SATOSHI NAKAMOTO. Bitcoin：a peer-to-peer electronic cash system［EB/OL］.［2020- 03-20］. https://bitcoin. org/bitcoin. pdf.

［15］ RIVEST R. The MD5 Message-Digest Algorithm［S］. RFC Editor,1992.

［16］ DANG Q. Changes in federal information processing standard（FIPS）180-4,secure hash standard［J］. Cryptologia,2013,37(1)：69-73.

［17］ 杜洁璇. 椭圆曲线密码系统的研究与实现［D］. 北京：北京邮电大学,2010.

身份认证与信任管理

智能制造信息系统安全的一个重要方面是防止攻击者对系统进行主动攻击，如身份假冒、数据篡改等，身份认证及信任管理是抵御主动攻击的关键技术。在开放的互联网环境下，系统需要通过身份认证来辨别用户是否是合法用户，并通过信任管理技术来评估对方是否存在恶意行为。本章将详细介绍主流的认证机制以及常用的信任管理技术。

4.1 公钥基础设施

公钥基础设施（public key infrastructure，PKI）是基于非对称密码建立信任体系、提供身份管理、支持身份认证、密钥协商等安全服务的基础设施。PKI 本质上是一种遵循标准的密钥管理及相关安全服务平台，可为所有网络应用透明地提供密钥管理和证书管理，从而支撑建立安全的网络应用环境。

4.1.1 数字证书和 X.509

数字证书是网络中标识实体身份信息的电子化文件，其作用类似于现实生活中的身份证，人们可以在交互中通过它来识别对方的身份。数字证书由权威公正的第三方机构，即 CA(certificate authority) 中心签发。证书中除了包含用户的公开密钥、名称及 CA 的数字签名外，还包括证书的有效时间、颁发机构 CA 名称、证书序列号等信息。数字证书应满足以下特性。

（1）不可伪造性：数字证书的内容基于非对称密码体制，有颁发证书 CA 的私钥签名，任何第三方无法伪造合法的数字证书。由于 CA 的公钥公开，任何人都可以用 CA 的公钥验证证书内容的真实性和合法性。

（2）唯一性：数字证书由 CA 颁发，CA 为每个证书生成独一无二的序列号和密钥对，确保两个数字证书之间不会产生重复，可以保证证书持有者使用证书认证身份的时候不会与其他用户身份重合。

1. 证书的格式

目前国际上标准化的证书格式主要为 ITU-T X.509（对应的 ISO 标准是 ISO/

IEC 9594-8）。X.509 标准的公钥证书共有 V1、V2 和 V3 3 个版本。V3 格式在 V2 的基础上添加了一些扩展字段,特殊的扩展字段类型可以由任何组织或者社区定义和注册。X.509 V3 是目前最广泛采用的证书格式。

X.509 的 3 个版本的证书格式和内容如图 4-1 所示。

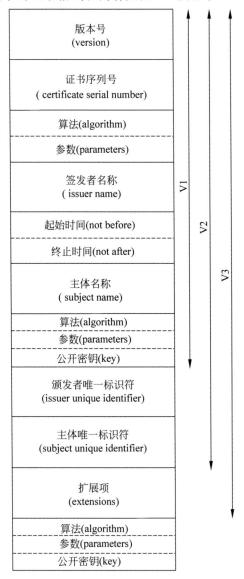

图 4-1　X.509 证书格式(V1,V2,V3)

(1) 版本号(version)。取值为 1、2 或者 3。默认值为 1。如果证书中需要有发放者唯一标识符或主体唯一标识符,则版本号一定是 2,如果有一个或多个扩充项,则版本号为 3。版本号字段可用于系统支持不同版本证书的兼容性。

（2）证书序列号（certificate serial number）。证书序列号是证书的唯一标识，是一个整数。

（3）签名算法标识符（signature algorithm identifier）。签名算法标识符标识的是签署证书所用的签名算法及相应的参数。

（4）颁发者名称（issuer name）。颁发者名称是指创建和签署该证书的 CA 名称。

（5）有效期（period of validity）。有效期是指证书有效的时间段，包括证书有效期的起始时间和终止时间两个数据项。

（6）主体名称（subject name）。主体名称是指持有该证书的实体的名称。

（7）主体的公开密钥信息（subject's public key info）。主体的公开密钥信息包括主体的公开密钥、使用这一公开密钥的加密算法标识符及算法相应的参数。

（8）颁发者唯一标识符（issuer unique identifier）。这一数据项是在 V2 中增加的可选用字段。如果颁发者（CA）的 X.500 名字被不同的实体重复使用，该字段可以使用一个唯一的比特串来标识该 CA。该字段用于支持对颁发者名字的重用。

（9）主体唯一标识符（subject unique identifier）。这一数据项是在 V2 中增加的可选用字段。如果证书主体的名字被不同的实体重复使用，该字段可以用一个唯一的比特串来标识该主体。该字段用于支持对证书主体名字的重用。

（10）扩展项（extensions）。这一数据项是在 V3 中增加的可选用字段。其中包括一个或多个扩充的数据项，如密钥和主体的附加属性说明，并仅在 V3 中使用。

（11）签名（signature）。CA 用自己的秘密密钥对证书中其他所有字段的散列值签名的结果，此外，这个域还包括用 CA 的秘密密钥进行的证书的散列码、签名算法的标识符和算法的参数。

2. X.509 用户证书的获取

在使用公开密钥进行加密通信的过程中，发送方 A 要向接收方 B 发送的消息需要采用 B 公开密钥来进行加密。这里将会涉及一个密钥获取的问题：A 采用何种方式来获得 B 的公开密钥。由于公开密钥包含在用户的证书中，因此，需要解决的问题就转化为用户 A 如何获得用户 B 的公钥证书。在通信网络中，根据 A 和 B 所处的位置不同，获取证书的方式也是不同的。

在一个小型网络应用环境中，所有的用户都共同信任同一个 CA，那么所有这些用户都可以由这个大家共同信任的 CA 为自己签署证书。用户证书除了能放在目录中以供他人访问外，还可以由用户直接发给其他用户。用户 B 得到用户 A 的证书后，可相信用 A 的公开密钥加密的消息不会被他人窃取，还相信用 A 的秘密密钥签署的消息是不可伪造的。

但是，在实际的网络应用环境中，用户的数目往往非常大。在这种情况下，一方面，单一的 CA 可能没有足够的能力来为众多的用户提供证书服务；另一方面，如果所有的用户都由同一个 CA 为自己签署证书也是不现实的。因为用户必须拥有 CA 的公开密钥才能验证证书中的签名，如果用户数目太大将会对 CA 的公开密钥的安全传送和保存造成很大的威胁。因此,在大规模的网络应用环境中,为了便于每一用户都必须以绝对安全(指保证公开密钥的完整性和真实性)的方式得到 CA 的公开密钥,以验证 CA 签署的证书,通常是采用多个 CA 来提供证书服务,每一个 CA 仅为一部分用户签署证书,这样每一个 CA 就可以安全地向少量用户提供其公开密钥。多个 CA 通常采用层次化的组织结构,使得不同的 CA 认证的用户之间能够进行安全的通信。

下面来讨论两个不同的 CA 认证的用户 A 和 B 之间如何获得证书。

假设用户 A 已从证书发放机构 CA_1 处获取了公钥证书 $CA_1\langle A\rangle$,用户 B 已从证书发放机构 CA_2 处获取了公钥证书 $CA_2\langle B\rangle$。在通信时,如果直接将 B 的证书交给 A 是没有任何意义的:因为用户 A 虽然能读取 B 的证书,但由于用户 A 不知道 CA_2 的公开密钥,因而用户 A 无法验证证书中 CA_2 的签名,因此 B 的证书对 A 来说是没有用处的。因此,为了完成用户 A 和 B 之间的相互认证,必须提供一种能在两个 CA 之间安全交换各自公开密钥的手段。

CA 之间交换公开密钥也采用证书方式进行。

证书权威机构 CA_1 为 CA_2 签发一个证书并保存在目录中,类似地,CA_2 也为 CA_1 签发一个证书并保存在目录中。这样,用户 A 就可以从目录中获取由 CA_1 签署的 CA_2 的证书,因为 A 知道 CA_1 的公开密钥,所以 A 能验证 CA_2 的证书,并从中得到 CA_2 的公开密钥。然后用户 A 再从目录中得到由 CA_2 签署的 B 的证书。现在由于用户 A 已经掌握了 CA_2 的可信的公开密钥,因此,A 能够由 CA_2 的公开密钥验证这个证书中的签名,然后从中安全地获得 B 的公开密钥。

在上面的过程中,用户 A 是通过一个"证书链"获得了 B 的公开密钥,用 X.509 符号该证书链可表示为

$$CA_1\langle CA_2\rangle CA_2\langle B\rangle$$

同理,B 能通过相反的证书链获取 A 的公开密钥,表示为

$$CA_2\langle CA_1\rangle CA_1\langle A\rangle$$

以上证书链中有两个证书,X.509 中对证书链的长度没有限制,如果有 N 个长度的 CA 产生的证书链可表示为

$$CA_1\langle CA_2\rangle CA_2\langle CA_3\rangle\cdots CA_N\langle B\rangle$$

这里要求证书链中的任意两个相邻的 CA 组成的 CA 对(CA_i 和 CA_{i+1})彼此之间必须相互为对方建立了证书,对每一 CA 来说,由其他 CA 为这一 CA 建立的所有证书都应存放于目录中,并使用户知道所有证书相互之间的连接关系,从而可获取另一用户的公钥证书。X.509 建议将所有 CA 以层次结构组织起来。

3. X.509 证书的撤销

X.509 的每个证书都有一个有效使用期限,有效使用期限的长短由 CA 的政策决定。用户应该在旧证书过期之前向 CA 申请颁发一个新的证书。此外,有些证书虽然还未到截止日期就会被发放该证书的 CA 撤销,这是因为:

(1)证书的私钥泄露。知道或者有理由怀疑证书持有人私钥已经被破坏,或

者证书细节不真实、不可信。

（2）从属变更。某些关于密钥的信息变更，如机构从属变更等。

（3）终止使用。证书持有人没有履行职责和登记人协议、证书持有人严重违反电子交易规则或证书管理的规章制度以及证书持有人死亡或者已经被判定为犯罪，该密钥已不再用于原用途，终止使用。

（4）CA 本身原因。由于 CA 系统私钥泄露，在更新自身密钥和证书的同时，必须用新的密钥重新签发所有其发放的下级证书。

和证书的签发一样，证书的撤销也是一个复杂的过程。证书的撤销要经过申请、批准、撤销 3 个过程。

证书持有人首先要提出证书撤销申请。注册管理中心（register authority，RA）一旦收到证书持有人的证书撤销请求，就可以立即执行证书撤销，并同时通知用户，使之知道特定证书已被撤销。PKI（CA）提供了一套成熟、易用和基于标准的证书撤销系统。从安全角度来说，PKI 必须提供一种允许用户检查证书撤销状态的状态机制。这样每次用户在使用证书的时候，系统都要检查证书是否已被撤销。为了保证执行这种检查，证书撤销自动进行，而且对用户是透明的。这种自动、透明的检查大多针对企业证书进行，而个人证书则需要人工查询。

根据申请人的协议，可规定申请人可以在任何时间以任何理由对其拥有的证书提出撤销。提出撤销的理由是证书持有人的密钥泄露、私钥介质和公钥证书介质的安全受到危害。证书持有者通过各种通信手段向 RA 提出申请，再由 RA 提交给 CA。CA 暂时"留存"证书，然后撤销使证书失效；在提交撤销申请与最后确认处理、发布证书撤销列表（certificate revocation list，CRL）之间的时间间隔要有明确规定。

为了确保证书的安全性和完整性，每一个 CA 都必须维护一个 CRL，用来保存所有没有到期而被提前撤销的证书，包括该 CA 发放给用户和发放给其他 CA 的证书。CRL 必须要经过该 CA 的签字才能生效。另外，CRL 也需要被发布到目录中，供其他 CA 查询。CRL 如图 4-2 所示，其中包括每一个 CRL 的名称、建立 CRL 的日期，计划公布下一 CRL 的日期，

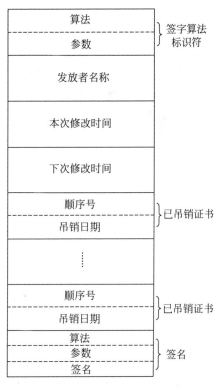

图 4-2　X.509 证书撤销列表

以及每一被吊销的证书的数据域,被吊销的证书数据域包括该证书的顺序号和被吊销的日期。因为对每一个 CA 来说,其发放的每一证书的顺序号是唯一的,所以可用顺序号来标识每一证书。

当任一用户收到他人发送来的证书时,必须通过目录检查这一证书是否已被撤销。已经被撤销的证书是不能使用的。用户可以通过访问目录来检查 CRL 以确定证书是否有效。

4. X.509 的认证过程

X.509 描述了两个级别的认证:简单认证和强认证。

简单认证也称为弱认证,是指基于使用用户名和口令的方式来验证用户身份,目前很多应用中仍使用这种简单鉴别。所谓强认证就是利用公钥密码体制实现的认证,它是基于 PKI/CA 对其用户签发证书证明用户的身份,用户在验证过程中使用私钥对特定信息签名,任何人可通过证书获取用户公钥,利用公钥验证用户签名,从而达到确认身份的目的。

X.509 又将强认证分为单向认证、双向认证和三向认证 3 种认证形式,以适应不同的应用环境。这 3 种认证过程都使用公钥签名技术,并假定参与各方都可从目录服务器获取对方的公钥证书,或对方最初发来的消息中包括公钥证书,即假定参与方都知道对方的公钥。3 种认证过程如图 4-3 所示。

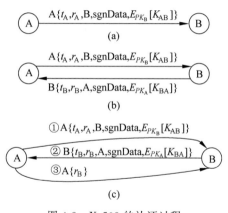

图 4-3　X.509 的认证过程
（a）单向认证；（b）双向认证；（c）三向认证

1）单向认证

单向认证指用户 A 将消息发往用户 B,向用户 B 表明 A 的身份,消息是由 A 产生的。这个鉴别过程需要验证信息的发送方 A 的身份。消息的接收者是 B,B 的身份不需要进行验证,同时,必须要保证消息的完整性。

为实现单向认证,A 发往 B 的消息应是由 A 的秘密密钥签署的若干数据项组成。数据项中应至少包括时间戳 t_A、一次性随机数 r_A、B 的身份,其中时间戳又有消息的产生时间(可选项)和截止时间,以处理消息传送过程中可能出现的延迟,一次性随机数用以防止重放攻击。r_A 在该消息到截止时间以前应该是这一消息唯一所有的,因此 B 可在这一消息的截止时间以前一直存有 r_A,以拒绝具有相同 r_A 的其他消息。

如果仅单纯为了认证,则 A 发往 B 的上述消息就可作为 A 提交给 B 的凭证。如果不只是为了认证,则 A 用自己的秘密密钥签署的数据项还可包括其他附加信息 sgnData,对信息进行签名时也会把该信息包含在内,以保证该信息的真实性和完整性。此外,数据项中还可包括一个双方意欲建立的会话密钥 K_{AB}(这个会话密钥需要使用 B 的公开密钥 PK_B 加密保护)。图 4-3 中 A{}表示以 A 的私钥对{}中的数据计算数字签名。

2) 双向认证

双向认证是指通信双方 A、B 需要相互鉴别对方身份。为了完成双向认证,在上述单向认证的基础上,B 需要对 A 发送的消息做出应答,以证明 B 的身份。

应答消息是由 B 产生的,应答的接收者是 A,应答消息必须保证完整性。应答消息中包括由 A 发来的一次性随机 r_A(以使应答消息有效)、由 B 产生的时间戳 t_B 和一次性随机数 r_B,与单向认证类似,应答消息中也可包括其他附加信息和由 A 的公开密钥加密的会话密钥。B{}表示以 B 的私钥对{}中的数据计算数字签名。

3) 三向认证

在完成上述的双向认证之后,A 再对 B 发来的一次性随机数签名后发往 B,即构成第三向认证。三向认证的目的是双方将收到的对方发来的一次性随机数又都返回给对方,因此双方不需检查时间戳,只需检查对方的一次性随机数即可检查出是否有重放攻击。在通信双方无法建立时钟同步时,就需使用这种方法。

4.1.2　基于身份的 PKI

为了简化系统中的证书管理问题,提高公钥密码系统的效率,我们在第 3 章提到 Shamir 于 1984 年在美洲的密码学会上首次提出了基于身份的密码技术(identity-based cryptography,IBC)。在 IBC 中,用户的公钥可以根据某个公开的算法由用户的身份如姓名、身份证号码、电话号码、Email 地址等直接计算出来,用户与其身份相匹配的私钥 d_{ID} 由私钥生成器(private key generator,PKG)按照某种公开的算法产生。密钥 d_{ID} 需要通过安全信道传送给用户并作为该用户的私钥由其秘密保存。IBC 使得任意两个用户可以直接通信,不需要交换公钥证书,不必保存公钥证书列表,也不必使用在线的第三方,只需要 PKG 为每个首次加入系统的用户发行一个与其身份相匹配的私钥即可。

下面分别给出 IBC 系统的加密(IBE)和签名(IBS)方案的概念模型。

1. IBE 概念模型

第 3 章中我们介绍了 Boneh-Franklin 的 IBE 加密方案,这里我们给出 IBE 的通用模型,其由以下 4 个算法构成:系统建立、私钥提取、加密和解密。

(1)系统建立(Setup):输入安全参数 k,返回系统参数 params 和主密钥 master-key。系统参数包括有限的消息空间 M 的描述和有限的密文空间 C 的描述。该算法由 PKG 完成,公开系统参数 params,秘密保存主密钥 master-key。

(2)私钥提取(Extract):输入系统参数 params,主密钥 master-key 和用户身份信息 ID∈{0,1}*,返回身份信息对应的私钥 d,此处 ID 是一个任意的字符串,作为公钥,d 是对应于身份 ID 的解密私钥。私钥提取算法是为给定的公钥提取一个私钥,该算法由 PKG 完成,并通过安全的信道将 d 返回给用户。用户的身份信息里可以包含时间和用途等属性说明。PKG 在生成 ID 的对应私钥之前,应该像传统 PKI 为用户颁发证书之前对用户的身份进行验证一样来对用户的身份信息进行全面的审查,以保证用户的真实性和合法性。

（3）加密（Encrypt）：输入系统参数 $params$、用户身份 ID 和消息 $m∈M$,返回密文 $c∈C$ 给接收者。该算法由信息发送者完成。

（4）解密（Decrypt）：输入系统参数 $params$、密文 $c∈C$ 和私钥 d,在正确解密时返回 $m∈M$。该算法由信息接收者完成。

算法必须满足正确性约束条件,即对于给定的身份 ID 和与之对应的私钥 d,有 $\forall m∈M：Decrypt(params,c,d)=m$,其中 $c=Encrypy(params,\text{ID},m)$。IBE 系统的实现如图 4-4 所示。

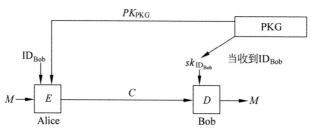

图 4-4　IBE 系统的实现

2．IBS 概念模型

基于身份的数字签名方案由以下 4 个算法构成：系统建立,私钥提取,签名和验证。

（1）系统建立（Setup）：输入安全参数 k,返回系统参数 $params$ 和主密钥 master-key。系统参数包括有限的消息空间 M 的描述和有限的签名空间 Σ 的描述。该算法由 PKG 完成,公开系统参数 $params$,秘密保存主密钥 master-key。

（2）私钥提取（Extract）：输入系统参数 $params$,主密钥 master-key 和用户身份信息 ID∈{0,1}*,返回身份信息对应的私钥 d,此处 ID 是一个任意的字符串,作为公钥,d 是对应于身份 ID 的解密私钥。私钥提取算法是为给定的公钥提取一个私钥,该算法由 PKG 完成,并通过安全的信道将 d 返回给用户。用户的身份信息里可以包含时间和用途等属性说明。PKG 在生成 ID 的对应私钥之前,应该像传统 PKI 为用户颁发证书之前对用户的身份进行验证一样来对用户的身份信息进行全面的审查,以保证用户的真实性和合法性。

（3）签名（Sign）：输入系统参数 $params$,签名者身份 ID 对应的私钥 d 以及消息 $m∈M$,输出对消息 m 的签名 $\delta∈\Sigma$。该算法由签名者完成。

（4）验证（Verify）：输入系统参数 $params$，签名者身份 ID，消息 $m \in M$ 和签名 $\delta \in \Sigma$，输出签名验证结果 1 或 0，代表签名是否有效。该算法由签名验证者完成。IBS 系统的实现如图 4-5 所示。

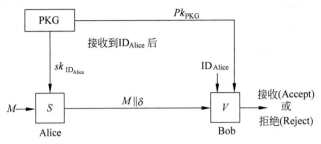

图 4-5　IBS 系统的实现。

同传统的 PKI 系统相比较，基于身份的密码系统在加密、解密、签名和签名验证等算法方面具有相同的功能：

（1）都属于公钥系统，公钥需要公开，私钥由用户严格保密。

（2）都是公钥用于加密，私钥用于解密；或私钥用于签名，公钥用于验证签名。

（3）用户的身份都需要认证，在传统的基于证书密码系统中，用户需要向 CA 证实自己的身份；而在基于身份密码系统中，用户需要向 PKG 证实自己的身份。

但二者的不同之处主要表现在以下几个方面：

（1）用户密钥生成过程不同。在基于证书的 PKI 系统中，用户的私钥和对应的公钥作为一对公私密钥同时计算出来。公私密钥的生成有两种方法：一是用户自己选取并向 CA 证明密钥对的合法性，CA 颁发对该公钥的证书，确认用户身份与该公钥信息的联系。二是密钥对直接由 CA 产生，并颁发公钥证书。在 IBC 系统中，用户的公钥就是其被公开的身份信息，或者由身份信息演化得到，用户的私钥可以在用户需要时由 PKG 使用主密钥计算生成。

（2）私钥传输方式不同。在基于证书的 PKI 系统中，如果采用第一种密钥产生方式，用户的私钥由自己掌握，不需进行传输，CA 认证的只是用户的公钥。在 IBC 系统中，用户的私钥由 PKG 产生，为保证私钥的秘密性，PKG 必须通过安全的通信信道把生成的私钥传送给对应的用户。

（3）用户公钥确认方式不同。在基于证书的 PKI 系统中，公钥是无意义的随机字符串，用户和其对应的公钥由 CA 颁发的证书绑定，需要在验证了 CA 的签名才能被其他用户接受。在 IBC 系统中，用户公钥就是公开的身份信息，或者由身份演化得到，无须一个权威机构签名。

（4）公钥撤销方式不同。在基于证书的 PKI 系统中，公钥的撤销通常由 CA 维持的 CRL 实现，如果用户的私钥泄露或者密钥已经到期，CA 将原有的公钥加入 CRL，用户可以产生新的公私钥对并申请证书。在 IBC 系统中，目前采用的方式一般是在用户身份字符串后串联一个表示公钥生命周期的字符串，该方式给 PKG 带来了负担,因为在新的生命周期里,PKG 必须为用户颁发新的私钥。

(5) 公钥存储方式不同。在基于证书的 PKI 系统中,需要一个公开目录来存放用户的证书(公钥)。在 IBC 中,由于公钥由用户的身份得到,无须证书支持,因此,不需存储任何公钥、证书,可节省资源。

(6) 密钥对生命周期不同。在基于证书的 PKI 系统中,密钥对的生命周期长。在 IBC 系统中,密钥对的生命周期较短。

(7) 系统参数发布形式不同。在基于证书的 PKI 系统中,所有参数作为公钥的一部分。在 IBC 系统中,公开参数由公开参数服务方发布。

(8) 可信第三方工作状态不同。在基于证书的 PKI 系统中,CA 必须时刻在线以便能够响应第三方的查询,并且有能力查明系统中每个用户的状态。在 IBC 系统中,每个 PKG 只是在系统的建立阶段提供服务。

很显然,在 IBC 的密码生成过程中,PKG 是提供给用户的一种认证服务:PKG 将主体在系统范围内可以唯一识别的身份信息作为公钥,结合系统的主密钥生成用户的私钥,使得系统的用户能够根据该主体的可以唯一识别的身份信息来自然地确认该主体的公钥。这样一来,在 IBC 密码系统中简化了公钥的管理,不需要公钥证书和证书机构,降低了 IBC 密码系统的部署和管理成本;避免了公钥证书的传递,节约了带宽,同时不需要对公钥进行验证,节约了计算资源,有利于密码系统效率的提高;由于用户的公钥 ID 中包含了时间和用途等附属信息,因此公钥的更新操作在一定程度上简化了,如公钥过期或者用途变更则公钥自行吊销(这里说一定程度是因为当用户私钥被泄露而需要吊销用户公钥时,不能自行完成)。

与 PKI 相比,IBC 存在的一个主要问题是当用户私钥泄露后,作为公钥的用户身份无法撤销。因此简单地以用户身份作为公钥在实际应用中存在问题,一般会在身份之后再增加有效期、序号等数据,以支持公钥的更新。这一方式使得 IBC 本身方便获取公钥的优点被弱化了。

4.2 认证协议

身份认证是智能制造信息系统的安全基础。在身份认证系统中,需证实自己身份的一方称为示证者(prover),另一方为验证者(verifier)。在智能制造互联网络的环境下,示证者不局限于人、云服务器,也包括海量的智能制造终端、传感终端。这些设备也需要进行身份认证,因为效率及安全需求等问题,认证协议一直是信息安全领域研究的热点。

实现身份认证主要有以下 3 种基本途径,可以通过组合基本方法的方式提高认证协议的安全性。

(1) 所知(knowledge):该身份所掌握的知识或信息,如口令字、私钥等。

(2) 所有(possesses):该身份所具有的实体,如身份证、Smartcard 等。

（3）个人特征（characteristics）：该身份所具有的特性，如人的生物特征，设备指纹等。

4.2.1　基于口令的身份认证

1. 基于口令的身份认证简介

基于口令的身份认证是最为基本及传统的认证方式，因为基于口令字的认证协议结构简单、效率高，且用户友好度较高，现仍然是应用最为广泛的认证方式。在实际系统中，需要考虑和规定口令的选择方法、使用期限、分配管理及在计算机内的安全存储等问题。根据系统对安全水平的要求，用户/系统可选择合适的口令方案。

口令一般由用户自行选择，这将导致口令并不是真正意思上的随机的"秘密"，攻击者可通过分析该身份的其他信息，小范围内猜测口令从而达到仿冒身份的目的。口令猜测攻击可以通过控制措施避免，或通过通行短语（pass phrases）代替口令，通过一些随机化技术（如 Hash 函数）将用户选择的足够长的口令转换为较短的随机性密钥。

2. 口令认证系统的控制措施

通过口令的控制措施可以在协议层面提高系统的安全性，解决一些非密码学攻击。常见的口令控制措施包括：

（1）系统消息和开发过程控制。口令或口令线索应该不能显示在联机或脱机系统消息中，也不能固定出现在程序代码中。

（2）限制试探次数。口令传输（输入）失败限制应为 3～6 次，也可根据系统安全性调节阈值。针对口令输入失败超过阈值的用户应拒绝访问并锁定，该方法可有效防止口令猜测攻击。

（3）口令的有效期。限定口令的有效期，保持口令的时效性。

（4）双口令系统。如手机上先输入 PIN 码后才能访问数据，若访问敏感信息时需要再输入特定的口令。

（5）最小长度。限制口令的最小长度可以防止口令被猜测成功的概率过大。可利用掺杂（salting）或通信短语技术加长及随机化。

（6）封锁不活跃用户。封锁长期未进行认证或口令过期的用户，直至重新授权。

（7）根口令保护。管理员访问系统的口令应该具有更高的安全性，或者采用多重认证方式保证系统安全。

3. 口令的验证方式

（1）单向函数验证：若 $f(*)$ 为单向函数，口令字记为 P，R 为随机数。客户端计算并发送 $(f(P \oplus R), R)$ 至认证服务器，随后服务器查询数据库中存储的 P

并计算 $f(P \oplus R)$ 进行比对即可。随机数可以防止重放攻击,但需要在服务器端维护随机数列表,可以通过增加时戳降低列表的尺寸。

(2) 随机挑战:服务器端发送一个随机挑战 R,客户端可以用口令字 P 作为密钥对 R 进行加密,此时一般采用对称加密算法。或客户用口令字 P 作为密钥对 R 生成消息验证码,这两种方式原理相同,仅拥有正确的口令字的用户才能产生正确的结果。客户端收到挑战答复后,调用数据库中的 P 计算比对即可。

4. 口令的安全存储

认证服务器对用户口令字应该妥善保存,否则将引发大规模信息泄露。一般采取以下两种方法:

(1) 口令字以密文形式存储于数据库中,入侵者需要获得服务器密钥才能获得口令字。

(2) 存储口令字的 Hash 值,入侵者难以推算出口令的明文。

一般两种方案会结合使用保障口令字的安全存储。

4.2.2 基于证书的身份认证

1. 基于证书的身份认证简介

在 4.1 节的介绍中,PKI 中的服务器和客户端之间需要互相验证对方数字证书以及验证协议过程中的数字签名才可以实现相互认证。基于证书的认证机制相对于基于口令的认证机制更为安全,因为私钥不容易泄露。

2. 基于证书的认证工作原理

1) 证书的发布与存储

CA 为每个用户生成数字证书,并将其发送给相应的用户。认证服务器中存储了用户的证书副本用于登录认证。该过程如图 4-6 所示。

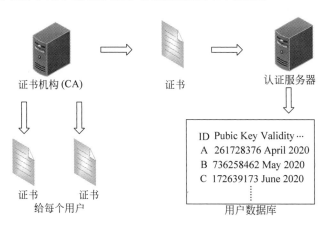

图 4-6　数字证书发布与存储

2）认证流程

（1）客户端发送登录请求至服务器。

（2）服务器端查询用户的有效性，若该用户有效则生成随机挑战 R 发送至客户端。

（3）客户端一般要先在本机通过口令字（PIN 码）认证获取证书中的私钥文件，并用私钥对 R 的 Hash 值签名，因为通过 Hash 函数可以将 R 规范为固定长度。随后用户将签名值发送至服务器端。

（4）服务器端接收到签名文件后，在数据库中查询该用户的公钥，检验签名的合法性。若签名合法，则将认证成功消息返回至客户端。

整体认证流程如图 4-7 所示。

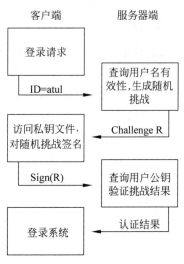

图 4-7　证书认证流程

4.2.3　FIDO

1. FIDO 简介

FIDO(Fast Identity Online)[1]联盟是全球数家知名互联网公司于 2012 年共同创立的组织，其主要成立目的为改变线上认证方式，完成无口令字的高效安全认证。2014 年 12 月 FIDO 联盟公布了 FIDO 1.0 标准，包括 UAF（universal authentication framework）协议及 U2F（unversal second factor）协议。该套协议的原理主要是以公钥密码为基础，同时结合生物特征或其他因子完成快速身份认证。此外，FIDO 中使用的数字签名技术为 ECDSA 签名算法。

两种协议的应用场景如图 4-8 所示。

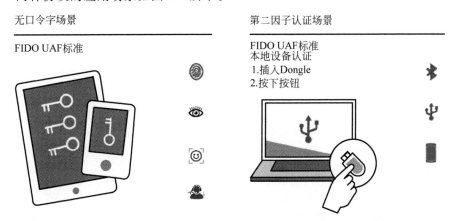

图 4-8　FIDO 协议应用场景

基于 FIDO 标准的身份认证安全性较强,其认证中的秘密信息仅需存储在用户设备中,服务器端不需要维护用户的秘密信息,不仅可以有效防止仿冒网站攻击、中间人攻击及重放攻击,也具备保护用户隐私的特点。FIDO 协议不涉及第三方认证机构,用户账号不局限于某个应用服务。FIDO 协议主要有以下特点:

(1) 完全摆脱口令字认证,验证方式简捷,减少用户对口令的记忆负担。

(2) 使用的认证设备是用户使用率较高的设备,如手机、计算机,不增加用户的设备负担。

(3) 不同应用可以使用相同的认证设备。

(4) FIDO 标准符合 W3C 标准,通用性高。

2. UAF

UAF 协议于 2016 年 12 月提出了 1.1 版本,2018 年 6 月公布了 1.2 版本草案。该协议实现了无口令字认证。一般情况下协议中使用生物特征,如指纹、人脸、虹膜等完成用户使用的终端设备对用户的认证,然后利用用户终端设备存储的私钥与服务端完成基于非对称密钥的安全认证。UAF 协议包含了 UAF 认证设备采集的图像信息或语音信息的处理、注册、认证流程及具体交易流程等内容。UAF 协议中使用的认证方式对用户而言较为简单,如指纹、人脸扫描等,非对称认证过程对用户透明。用户注册 UAF 的认证设备后,直接使用该认证设备进行用户身份认证及交易认证。

3. U2F

U2F 协议于 2017 年 7 月提出 1.2 版本,该协议认证原理与 UAF 类似,但U2F 兼容传统的在线认证协议,通过使用 U2F 设备提供身份认证的安全性,也能有效降低口令字认证的使用频率。用户在登录时依然需要输入口令字,但是服务提供方可以发起第二因子认证请求,用户端仅需按下 U2F 设备按钮完成认证或确认交易,数据的签名是由 U2F 设备完成的。其注册过程也十分简单,用户也只需按下 U2F 设备的按钮就可完成注册。

4.2.4　动态口令认证

1. 动态口令认证简介

动态口令认证又称一次性口令认证,主要针对口令窃取/窃听攻击。这类方案的主要设计思路为在口令字中添加不确定因素,通过某种运算(通常为 Hash 函数等单向函数)使每次登录时口令字都不相同,以此增强系统认证的安全性。根据不确定因素,即动态因素的不同,主要有 3 种动态口令认证机制:①挑战/响应机制;②时间同步机制;③事件同步机制。动态因素由两部分构成:一部分是用户信息、终端信息及共享密钥等固定信息;另一部分为时间、计数器及 Hash 链等动态信息。

2. 动态口令认证机制

1) 挑战/响应机制

在该机制中,不确定因素来自认证服务器。用户请求登录时,服务器产生一个随机数作为随机挑战发送给用户;用户用某种单向函数对这个随机值进行运算后,将运算值作为认证信息发送至认证服务器。服务器用同样的函数进行计算即可验证用户身份的合法性。其认证流程如图 4-9 所示。

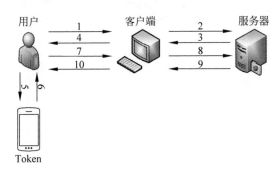

图 4-9　挑战/应答机制认证流程

(1) 用户在客户端发起认证请求。

(2) 客户端发送认证请求至服务器。

(3) 服务器返回客户端一个挑战值。

(4) 用户读取挑战值。

(5) 用户将挑战值输入动态口令产生设备(令牌)。

(6) 令牌通过内嵌算法算出一个动态口令返回给用户。

(7) 用户读取动态口令输入至客户端。

(8) 客户端把动态口令发送至服务器。

(9) 服务器对比本地计算结果与收到的动态口令,返回认证结果。

(10) 客户端收到认证结果后进行后续操作。

挑战应答机制安全性较强,但用户需要手工在令牌输入挑战值,这在用户操作方面较为烦琐。此外,客户端与服务器间的交互次数较多,造成通信开销增多。

口令序列(S/key)机制为挑战/应答机制的一种实现。在该方案中,每次口令重置前,允许用户登录 n 次,认证服务器需计算出 $f_n(x)$,其中 $f(*)$ 为单向函数。用户第一次登录提供 $f_{n-1}(x)$,服务器通过验证 $f(f_{n-1}(x))$ 是否等于 $f_n(x)$ 验证用户身份。若通过验证,则服务器存储 $f_{n-1}(x)$。第二次登录提供 $f_{n-2}(x)$,依次下去。用户可以事先获取 $f_{n-1}(x) \sim f(x)$,登录时依次输入即可。但该方案需要在客户端妥善保存 $f_{n-1}(x) \sim f(x)$。该方案仅支持服务器对用户的单方认证。

2) 时间同步机制

基于时间同步机制的令牌直接将时间作为动态因素,产生动态口令。用户注册时,服务器会将一个嵌有唯一密钥的令牌发给用户,服务器本地也保存该密钥。当用户需要登录认证时,令牌将提取当前时间,与密钥一起作为单向函数的输入,得到动态口令。时间作为动态因素可以保证口令的动态变化。其认证流程如图 4-10 所示。

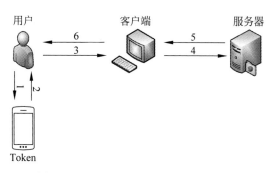

图 4-10　基于时间同步机制的认证流程

(1) 用户启动令牌准备登录。

(2) 令牌提取当前时间生成动态口令。

(3) 用户读取动态口令输入至客户端。

(4) 客户端将口令发送至服务器,服务器端也提取时间计算口令并验证。

(5) 服务器将认证结果返回至客户端。

(6) 接收认证结果后,客户端进行后续操作。

时间同步机制最大的困难在于令牌及服务器端的时间同步的问题,这将增加设计成本。因此会采取窗口机制,如最小时间单位为分钟(min),则令牌中的口令会 1min 变化一次,而客户端将可以接受前后共 3min 的动态口令,都被认为是成功认证。

3) 事件同步机制

事件同步机制又称计数器同步机制。基于事件同步的令牌将不断变化的计数器值作为动态因素。

(1) 事件同步机制认证流程。用户注册时,服务器将密钥 Key 及初始化计数器值(计数器值记为 Counter)写入令牌中交予用户。用户进行登录认证时,用户打开令牌生成动态口令,Counter 和密钥 Key 一起通过单向函数计算动态口令,则 Counter 值加 1,用户读取动态口令后输入至客户端发送给服务器。服务器利用本地的 Counter 及 Key 计算动态口令进行验证,若验证通过则 Counter 值加 1,否则不变。

(2) 事件同步机制的重同步方法。因为事件同步中的认证基础在于 Counter 值需要同步,一旦服务器端与令牌失去同步将无法成功认证。为解决该问题,服务器端设置了一个窗口值(ewindow),当用户使用令牌产生动态口令登录时,服务器会在一个偏差的窗口值内逐条比对口令,只要窗口中任意一项值与用户发送的动态口令一致,则认为认证成功,并将 Counter 值改为该匹配成功值中的 Counter 值加 1,并返回认证成功信息,服务器与令牌将再次同步。令牌同步过程如图 4-11 所示。

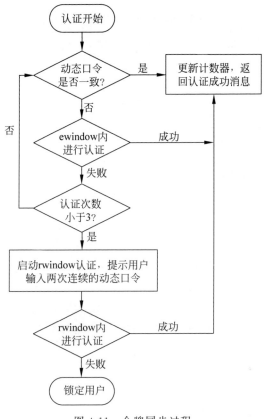

图 4-11 令牌同步过程

出于安全考虑,该窗口值不应设置过大,如果产生的动态口令为 6 位十进制数,则窗口值(ewindow)应该在 5～10 之间。但是考虑到极端情况下,用户反复无意触发令牌,使得 Counter 值远超服务器的 Counter。此时,将添加新的窗口值(rwindow)来进行重同步。rwindow 范围比 ewindow 范围大得多,如果产生的动态口令为 6 位十进制数,则窗口值(rwindow)应该在 50～100 之间。如果用户提供的动态口令不在 ewindow 范围口令内,则会启动 rwindow 机制,用户只要连续两次输入在 rwindow 内的口令值,则也认为认证成功,并以第二次的 Counter 值作为服务器同步标准。如果有更极端的情况发生,用户必须重新去办理类似注册业务,重新获取令牌。

事件同步机制用户操作简单,认证中通信量小;可以防止小数攻击,但服务器的匹配计算量较大,无时钟精度要求。

3. 动态口令认证机制的对比

表 4-1 为以上所述的动态口令认证机制在认证过程中的通信量、系统实现复杂度、机制安全性和服务器计算量等方面的对比。

表 4-1　动态口令实现机制的比较

机　　制	通　信　量	系统实现复杂度	机制安全性	服务器计算量
挑战/应答	较大	较简单	较差	较大
S/key	较大	较简单	较差	较大
时间同步	较小	较复杂	较好	较小
事件同步	较小	较简单	较好	适中

4.3　典型安全协议

VPN(virual private network)即虚拟专网,是指将物理上分布式的网络通过公用网络(通常指 Internet)连接而构成逻辑上的虚拟子网。它利用认证、访问控制、保密性、数据完整性等技术在公用网络上构建专用网络。在分布式智能制造网络中,VPN 是保证通信安全最常用的技术。在安全 Web 服务、安全邮件服务中,通过使用传输层安全(transport layer security,TLS)协议保证 HTTP 协议和邮件协议中传输数据的安全。因此本节将重点介绍 TLS 协议和 VPN 使用的 IPSec 协议。

4.3.1　TLS

1. TLS 协议简介

TLS[2] 协议多用于 Web 服务的安全,由早期的安全套接字层(secure socket layer,SSL)协议演化而来,最初由 Netscape 公司开发,后 IETF 将 SSL 更名为 TLS。该协议主要用于 HTTPS 协议中,HTTPS 协议是用户在线申报、注册及交易时常用的协议,其由 Web 浏览协议 HTTP 及 TLS 协议组成。

TLS 协议允许使用数字签名及证书,因此 TLS 能提供强大认证功能。在建立 TLS 连接过程中,客户端与服务器之间要进行多次的信息交互。与许多 C/S 方式一样,客户端与服务器端通过"Hello"信息开始连接,双方验证对方的证书后启动密钥交换协议。密钥交换协议主要任务为：①产生主密钥；②由主密钥产生两个会话密钥,服务器到客户端及客户端到服务器的密钥；③由主密钥参数产生两个消息认证码密钥。

2. TLS 协议工作原理

完整的 TLS 协议体系结构如图 4-12 所示。可以看出,TLS 握手协议、TLS 密

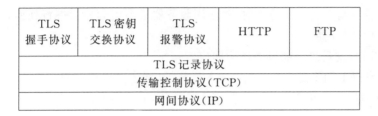

图 4-12　TLS 协议体系结构

钥交换协议和 TLS 报警协议均为应用层协议,而 TLS 记录协议属于第三层协议。

1) TLS 握手协议

握手协议建立在可靠传输协议之上,负责协商客户端及服务器之间会话的加密参数。当一个 TLS 客户端和服务器第一次通信时,它们首先选择一致的协议版本、协商加密算法及认证方式,并利用公钥算法协商共享密钥。TLS 协议连接建立的握手协议过程如图 4-13 所示。

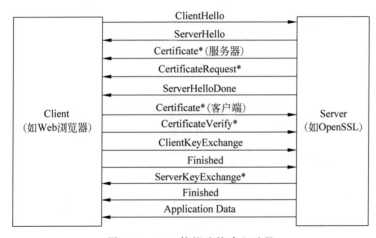

图 4-13　TLS 协议连接建立过程

具体协议流程如下:

(1) TLS 客户端连接至 TLS 服务器,并要求验证服务器身份。

(2) TLS 服务器发送其数字证书至客户端,客户端验证其身份。这个过程可以包括整个证书链,该证书链可以追溯到根证书颁发机构。通过检查证书的有效日期并验证数字证书中所包含的可信 CA 的数字签名来确认 TLS 服务器公钥的真实性。

(3) 服务器向客户端请求证书验证客户端身份。但由于缺乏 PKI 系统的支撑,大多数 TLS 服务器不进行客户端验证。

(4) 协商用于消息加密的加密算法和用于完整性检验的 Hash 算法,通常由客户端提供它所支持的所有算法列表,然后由服务器端选择最合适的密码算法。

（5）客户端生成一个随机数，并使用服务器证书中的公钥进行加密，并将密文发送给 TLS 服务器。

（6）TLS 发送另一随机数作为回应。

（7）对以上两个随机数进行 Hash 运算，从而生成会话密钥。

其中，最后三步用于协商会话密钥。

2）TLS 记录协议

TLS 记录协议用于在实际数据传输开始前通信双方进行身份认证、协商加密算法及加密密钥等功能。发送方将应用消息分割为可管理的数据块，然后与密钥一起进行 Hash 运算，生成一个消息认证码 MAC，最后将组合结果进行加密并传输。接收方接收数据并解密，校验 MAC，并对分段消息进行重新组合，提供给上层应用。TLS 记录协议流程如图 4-14 所示。

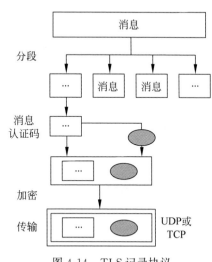

图 4-14　TLS 记录协议

3）TLS 报警协议

TLS 报警协议用于提示何时 TLS 协议发生了错误，或者确定两个主机之间的会话中止时间。只有在 TLS 协议失效时报警协议才会被激活。

3. TLS 协议的发展

1）TLS 1.2 的改进

TLS 协议提出至今经历了多次版本更新，低版本的 TLS（如 TLS 1.0）存在许多严重漏洞，如无法抵抗降级攻击、中间人攻击等，其使用的 Export 加密算法目前已被摒弃。行业内在 2008 年提出 TLS 1.2[3]并正式进入新版本过渡期，其引入 SHA-256 Hash 算法代替 SHA-1，能够有效增强数据完整性。TLS 1.2 与 TLS 1.0 步骤及原理基本一致，TLS 1.2 为目前网络兼容性最强的版本，其与 TLS 低版本相比主要有以下改进：

（1）密钥协商验证操作中，对 Finished 报文（即表示密钥协商正确）的计算由 MD5 及 SHA-1 组合的方式升级为单次 SHA-256，有效提高效率及安全性。

（2）TLS 1.2 在证书验证操作及服务器密钥交换环节中的报文增加 2B 说明其签名算法的类型，可以兼容多项公钥签名及 Hash 算法。

（3）TLS 1.2 相较 TLS 1.0 版本，数据加密的方式也有所提升。在密码分组链接模式（cipher block chaining，CBC）下对数据加密前填充的随机数可不进行加密、解密操作，优化传输及计算效率。但 TLS 1.2 因兼容老旧的 CBC 模式，也出现了漏洞导致中间人攻击的成功。

2）TLS 1.3

TLS 1.3[4] 版本于 2018 年提交为正式标准。本次更新包含了在安全、性能和隐私方面的重大改进。TLS 1.3 在总体步骤上与之前版本保持一致，但在握手阶段修改协议内容，有效提高了连接效率，相比于 TLS 1.2 减少一半的握手时间，对于移动端网站访问能减少近 100ms 的延迟。TLS 1.3 握手协议如图 4-15 所示，其中包括一次服务器与客户端来回交互（1-RTT）。

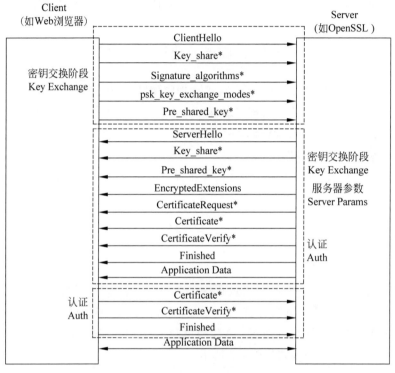

图 4-15　TLS 1.3 握手协议

（1）客户端发出访问请求，该段为明文发送。其中包含了客户端支持的协议版本、会话 ID、密码套件、压缩算法以及扩展消息（密钥共享要求、预共享密钥、预共享密钥模式）。该步骤主要目的为密钥交换、选择 TLS 协议版本和加密算法并且协商算法所需参数。

（2）TLS 服务器端进行密钥交换及认证，发送选定的加密算法、证书。使用证书对应的私钥对握手消息签名，将结果发送给客户端。根据客户端提供的参数生成临时公钥，并计算出用于加密 HTTP 消息的共享密钥。服务端生成的临时公钥通过 KeyShare 消息发送给客户端。该步骤主要目的为建立其他握手协议的参数，例如确定应用层协议。

（3）客户端进行证书验证，发送其证书、验证结果、Finshed 报文至服务器端，此步骤主要目的为对客户端进行认证并完成密钥确认。

（4）客户端与服务器使用协商好的共享密钥对应用数据进行加密传输。

TLS 1.3 握手协议不再支持静态 RSA 密钥交换，需要使用具有前向安全性的 DH 密钥协商协议，但仅需一次交互即可完成握手。

此外，TLS 1.3 与之前版本比较有以下差异：

（1）引入了 PSK（共享密钥）协商机制并支持在握手中的应用数据传输及零往返时间（0-RTT），减少交互轮数，高效建立连接。但零往返时间将导致有过交互记录的客户端及服务器记住彼此，忽略安全检查，使用之前的密钥开展即时通信，可能带来安全隐患。

（2）摒弃了 3-DES、RC4 及 AES-CBC 等加密方案，废弃了 SHA1、MD5 等 Hash 算法，提高连接安全性。

（3）ServerHello 后的握手消息均进行加密传输，减少空口传输可见明文。

（4）禁止加密报文的压缩及收发双方的重协商，防止降级攻击，攻击者无法通过使用旧版本协议攻击已知漏洞。

（5）摒弃 DSA 证书的使用。

以上更新有效提高了 TLS 协议的安全性及连接效率，目前 Chrome 和 Firefox 等主流浏览器已支持 TLS 1.3 协议。

4.3.2　IPSec

1. IPSec 协议简介

IPSec 协议[5]在 IPv6 的制定过程中产生，用于提供 IP 层的安全。鉴于 IPv4 的应用仍然很广泛，IPSec 也支持 IPv4。IPSec 协议由 AH 协议和 ESP 协议提供了两种工作模式，如图 4-16 所示。AH 协议和 ESP 协议可以组合使用也可以单独使用。IPSec 的功能和模式如表 4-2 所示。

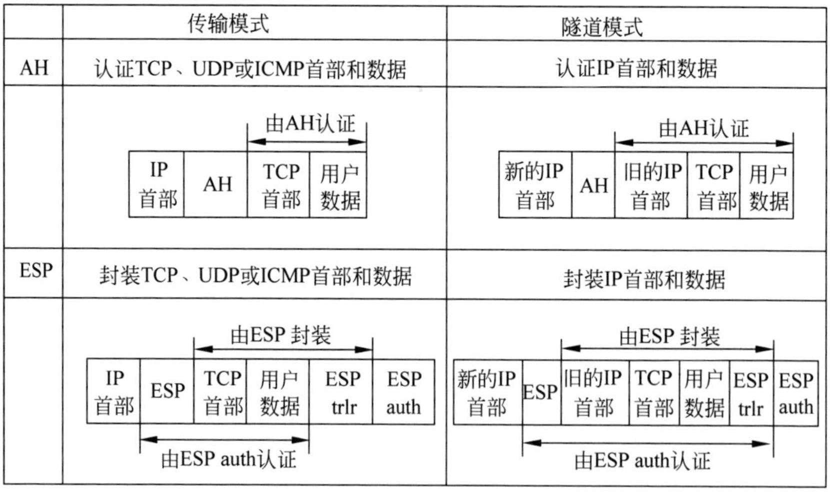

图 4-16　IPSec 协议的构成

表 4-2　IPSec 的功能和模式

功能/模式	认证首部（AH）	封装安全负荷（ESP）	ESP＋AH
访问控制	√	√	√
认证	√	×	√
消息完整性	√	×	√
重放保护	√	√	√
保密性	×	√	√

AH、ESP 或 AH＋ESP 既可以在隧道模式中使用，也可以在传输模式中使用。隧道模式在 IP 子网之间建立一个安全通道，允许每个子网中的所有主机用户访问对方子网中的所有服务和主机。传输模式在两个主机之间以端对端的方法提供安全通道，并且在整个通信路径的建立和数据的传递过程中采用了身份认证、数据保密性和数据完整性等安全保护措施。

2. IPSec 协议工作原理

IPSec 通过查询安全策略数据库（security policy database，SPD）决定如何对接收到的 IP 数据包进行处理。IPSec 对数据包的处理包括进行加密和认证，以保证在公用网络上传输数据的机密性、认证性和完整性。

IPSec 无论是对数据包进行加密还是认证，均有两种工作模式：传输模式和隧道模式。

1）传输模式

采用传输模式时，IPSec 只对 IP 数据包的净荷进行加密或认证。此时，封装数据包继续使用原 IP 头部，只对 IP 头部的部分域进行修改，而 IPSec 协议头部插入原 IP 头部和传输层头部之间。IPSec 传输模式如图 4-17 所示。

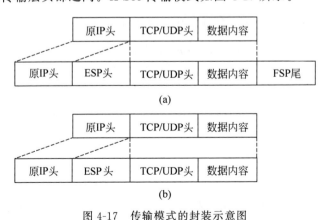

图 4-17　传输模式的封装示意图

（a）ESP 封装；（b）AH 封装

2）隧道模式

采用隧道模式时,IPSec 对整个 IP 数据包进行加密或认证。此时需要产生一个新的 IP 头,IPSec 头被放在新产生的 IP 头和原 IP 数据包之间,从而组成一个新的 IP 头。IPSec 隧道模式如图 4-18 所示。

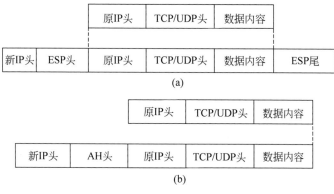

图 4-18　隧道模式的封装示意图

（a）ESP 封装；（b）AH 封装

4.3.3　TLS 及 IPSEC 的对比

远程客户采用 TLS 协议的 VPN 访问内部网中的一些基于 Web 的应用,而 IPSec 在为企业高级用户提供远程访问及为企业提供 LAN-to-LAN 隧道连接方面具有绝对的优势。普遍的共识是典型 TLS VPN 适合普通员工远程访问基于 Web 的应用,IPSec VPN 及 TLS VPN 用于智能制造信息网络中不同的领域,不可互相取代。

TLS VPN 及 IPSec VPN 的性能比较见表 4-3。

表 4-3　TLS VPN 与 IPSec VPN 比较

功能/性能	TLS VPN	IPSec VPN
身份验证	单向身份验证 双向身份验证 数字证书	双向身份验证 数字证书
加密	强加密 基于 Web 浏览器	强加密 依靠 IPSEC 网关
全程安全性	端到端安全 从客户端到资源端全程加密	网络边缘到客户端 仅对从客户到 VPN 网关之间通道加密
可访问性	适用于任何时间、任何地点访问	限制于已经定义好受控用户范围内访问
费用/花销	低(不需要附加客户端软件)	高(需要管理客户端软件)

4.4 访问控制

主体、客体以及访问权限是访问控制的 3 个基本的概念。主体是提出访问请求或要求的实体,是动作的发起者。客体是接受其他实体访问的被动实体,凡是可以被操作的信息、资源、对象,都可以被看作客体,如表单、文件等。访问权限是指主体可以对哪个客体进行何种操作。

访问控制是通过某种途径显式地准许或限制主体对客体访问能力及范围的一种方法。它是针对越权使用系统资源的防御措施,通过显式地访问受保护资源,防止非法用户的入侵或因为合法用户的不慎操作所造成的破坏,从而保证系统资源受控地、合法地使用。访问控制的核心是授权策略。授权策略是用于确定一个主体是否对客体拥有访问能力的一套规则。在统一的授权策略下,得到授权的用户就是合法用户,否则就是非法用户。访问控制模型主要描述访问主体依据某些控制权限对客体本身或其资源进行不同授权的访问使用。

4.4.1 自主访问控制模型

自主访问控制(discretionary access control,DAC)[6]是一种较灵活的访问控制技术。任何一个主体都能自主地将自己所拥有的权限授权给其他主体或回收其所授予的访问权限而不需要通过系统管理员的允许。这种方式极大增加了授权管理的灵活性,单系统安全管理员可能很快失去对授权状况的控制。

自主访问控制可以主体为核心或者以客体为核心两种形式来实现。以主体为核心主要描述一个主体对系统中的各个资源拥有怎样的访问操作能力,过程如下:

(1)定义一系列的受保护的客体的认证机制,主体只有通过认证才具有对客体进行相应操作的能力。

(2)采用安全配置文件,对每个用户对客体的访问操作权限进行描述,通过安全配置文件来确定主体对客体的操作能力。

以客体为核心主要描述一个客体会被哪些主体访问,以及访问该客体的各主体可以进行的操作。具体方法如下:

(1)定义保护位来实现访问控制,保护位是对访问控制矩阵信息的一种不完全表达方式。它将不同的位与不同的主体相对应。

(2)采用访问控制列表,该列表可以对某个特定资源指定任意一个用户的访问权限,还可以将有相同权限的用户分组,并授权用户组的访问权限。

4.4.2 强制访问控制模型

强制访问控制(mandatory access control,MAC)[7]主要用于多层次安全级别的军事应用当中,它预先定义用户的可信任级别及信息的敏感程度(安全级别)。
当用户提出访问请求时,系统对两者进行比较,以确定访问是否合法。安全级别是
由安全管理员分配,具有强制性,用户或用户进程不能改变自身或其他主/客体的
安全级别。强制访问控制系统中每个主体都被授予一个安全级别,而每个客体都
被指定为一定的敏感密级。强制访问控制的两个关键规则是不向上读和不向下
写,即信息流只能从低安全级向高安全级流动,任何违反非循环信息流的行为都是
被禁止的。

强制访问控制安全性和可控程度较高,但不够灵活。安全策略描述困难,权限
很难进行动态变化,较难管理。

4.4.3 基于角色的访问控制模型

DAC 与 MAC 的有限扩展特性无法满足大规模系统中日益复杂的访问需求。
因此在 DAC 和 MAC 的基础上引入角色和任务等概念,提出了基于角色的访问控
制 RBAC(rde-based access control)模型[8]。在 RBAC 模型中通过角色对访问控
制策略进行描述,系统中的用户和权限均对应于某些特定的角色。角色的引入实
现了用户与权限之间的分离,简化了授权管理。图 4-19 展示了用户角色关系模型。

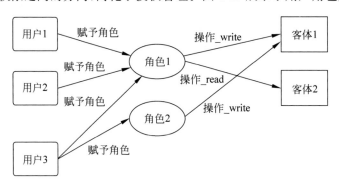

图 4-19　用户角色关系模型

RBAC 中除了主体和客体之外,还引入如下概念:

(1) 用户:权限控制的访问人员,每个用户都具有唯一的标识符。

(2) 角色:是系统中的一系列职责的集合。如何划分角色需要根据具体的问
题来分析,安全策略也需被考虑其中。

(3) 权限:规定了针对受保护客体操作的行为许可。

(4) 用户角色分配:通过为用户分配角色来建立用户与角色的对应关系。

(5) 角色权限分配:通过为角色分配权限来建立角色与权限的对应关系。

(6) 会话:指用户与系统的一次交互,用户与会话之间是一对多的关系。

在实际应用中,通常存在着多个用户拥有相同的权限的情况。在分配的时候
需要分别为这几个用户指定相同的权限,修改时也要对这几个用户的权限进行一

一修改。通过基于角色的访问控制,只需为该角色制定好权限,然后为具有相同权限的用户指定同一个角色即可。当需要对批量用户权限进行调整的时候,只需调整与用户相关联的角色权限,即可实现所有用户权限的调整。RBAC 简化了用户的权限管理,大幅提升了权限调整的效率,降低了漏调权限的概率,减少了系统的开销。

4.5　信任管理

在开放的智能制造网络环境中,两个陌生的主体之间需要互相协作,其中一方可能出于自己的需要产生恶意行为,危害另一方的利益。引入基于信任管理技术的决策模型,能够抑制由此产生的风险,为开放分布的智能制造应用系统提供安全保证。Blaze 等[9]的论文是最早研究信任管理的工作之一,其将信任管理定义为采用统一方法规定和解释可直接授权关键性安全操作的安全策略、凭证和信任关系。信任管理系统的核心内容是用于描述安全策略和安全凭证的安全策略描述语言以及用于对请求、安全凭证集合和安全策略进行一致性验证的信任管理引擎[10]。

4.5.1　信任模型

实体的信任关系包括身份信任和行为信任两个方面。基于身份的信任模型本质上是假设信任关系的静态性,基于策略和安全凭证关系认证实体身份,基于实体的信任路径来评估信任关系,其中代表性的有 Beth 信任度评估模型、Jøsang 信任度评估模型等。静态信任模型涉及的主要问题包括:①信任的表述和度量;②沿经验推荐途径的信任度推导和计算。基于行为的信任模型是在一定的上下文环境中,主体对客体行为是否可靠做出的主观判断,当客体行为改变时,信任评价随之发生变化,具有较强的动态性。

1. 动态信任关系建模

信任的动态性决定了信任关系的强弱随时间演化,动态信任关系模型要对信任随时间和上下文变化进行重新评估,动态的信任关系需要建立以下数学模型[10]:

1) 信任度的空间

定义信任度的取值范围,例如可以定义信任值为[0,1]上的值,既可以连续取值,也可离散取值。

2) 信任值的获取

信任值获取包括直接方式和间接方式。在直接方式中,信任关系是通过一个实体对另一个实体的属性进行判断而直接建立的。当对另一个实体完全没有了解时,信任度可设置成默认值;在间接方式中,实体通过第三方的推荐建立对客体的信任关系和得到推荐的信任值,该信任值根据信任度演化模型计算得到。

3）信任度的评估

根据时间和上下文的动态变化进行信任度的动态更新。A 和 B 在每次交互后,A 更新信任信息结构表中对 B 的信任值,如果一个交互是满意的,调高直接信任值;如果交互不满意,降低直接信任值。在有些模型中,对信任度进行评估时,即使没有发生交互,信任度也会随着时间的流逝而降低。

2．动态信任建模的主要环节

1）信任关系的初始化

实体间信任关系的建立,需要经历服务发现阶段以及信任度赋值/评估阶段。当一个实体需要某种服务时,能够提供某种服务的服务者可能有多个,实体可根据服务者的历史交互记录和声誉等因素来选择服务者并初始化信任度。

2）观测

监控实体间所有交互的影响,产生证据是动态信任管理的关键任务之一,信任值需要根据观测结果进行动态更新。

3）信任值的评估和预测

根据数学模型建立的运算规则,在时间和观测到的证据上下文的触发下动态地进行信任值的重新计算。实体 A 和实体 B 交互后,A 需要更新信任信息结构表中对 B 的信任值。如果这个交互基于推荐者的交互,主体 A 不仅要更新它对实体 B 的信任值,而且也要评估对推荐实体的信任值。

3．动态信任建模的设计原则

1）准确性

信任模型的准确性体现在信任值计算的准确性以及可信决策制定的正确性,可以从主观和客观两个方面加以度量。一方面是信任模型的评估结果和被评估对象的客观能力的匹配程度,另一方面是信任模型的评估结果与主体主观意愿的匹配程度。

2）可扩展性

可扩展性指的是信任模型适应信任网络中实体数目增加的能力。实体数目的增加将导致实体间信任关系数量的增加,从而导致更多的存储和计算开销。提高信任系统的可扩展性,需要考虑带宽成本、资源存储成本、负载均衡等问题。

3）动态适应性

动态适应性,就是信任模型在各种不确定因素的动态影响下提供稳定服务的能力。一个好的信任模型能够在复杂的动态环境中继续提供稳定的服务,能够自动地适应网络实体和网络环境的动态变化。

4）健壮性

健壮性(robustness)是指信任模型能够抵抗系统内节点主动或被动发起的恶意行为对信任系统攻击的抗攻击性。好的信任模型既要能对目前现有的攻击方式有效处理,还要能自适应地学习,分析、预测和处理未来恶意节点的攻击行为。健壮性是衡量一个信任模型性能优劣的重要指标。

5)激励机制

信任系统要能够提供适当的激励机制(incentive mechanism),一方面激励节点对其他节点给出正确的评价,另一方面要对节点的良好行为产生激励,使其有动机累积信誉。

4.5.2　信任评估

1. Beth 信任度评估模型

Yahalom[11]等对信任关系给出了形式化定义,针对具体的信任分类描述实体间关系。信任分类是指认证协议中具体达到信任的内容,比如身份、密钥生成质量的可靠性、拥有共享秘密、双方保持时钟同步等。随后 Beth 等提出的信任度评估模型[12]中,为度量信任度定义了正面经验和负面经验。实体与另外一个实体交互完成特定任务,任务成功则正面经验增加,失败则负面经验增加。模型将信任分为直接信任和推荐信任。直接信任形式化定义为

$$P \;\; \text{trust}_x^{seq} \; Q \;\; \text{value} \;\; V$$

即若 P 对 Q 关于某一信任分类 x 的所有经验均为正面经验,则 P 对 Q 存在直接信任关系。seq 为推荐路径上传递经验的实体序列(不包括 P 和 Q)。V 是信任关系的值,是 Q 被信任时能成功完成任务的概率。设 Q 完成任务的可靠性大于 α,$0 < \alpha \leqslant 1$,而正面经验的数目为 p,这些经验得到的信任度为

$$v_z(p) = 1 - \alpha^p \tag{4-1}$$

推荐信任形式化定义为

$$P \;\; \text{trust. rec}_x^{seq} \; Q \;\; \text{when. path} \;\; S_p \;\; \text{when. target} \;\; S_t \;\; \text{value} \;\; V$$

如果 P 愿意接受 Q 对第三方关于信任分类 x 经验的报告,则 P 对 Q 存在推荐信任关系。when 短语表示推荐的约束,when. path 指定实体集合,只有集合中的实体才被考虑为推荐路径上每个点的下一点。when. target 指定实体集合,只有集合中的点才被考虑为推荐路径的候选目标实体。

假定关于被推荐实体的正面经验和负面经验数目分别为 p 和 n,推荐信任值计算公式为

$$v_r(p, n) = \begin{cases} 1 - \alpha^{p-n}, & p > n \\ 0, & \text{其他} \end{cases} \tag{4-2}$$

Beth 模型给出了信任推导规则和信任值组合推导算法。当同一个经验推荐者出现在不同推荐路径时,相同的经验信息经不同的路径被多次传递,产生不同的推导结果,此时对推导值取平均得到信任值。Beth 模型对直接信任的定义比较严格,仅采用正面经验对信任关系进行度量,如果出现负面经验,则不存在直接信任。

2. Jøsang 信任度评估模型

Jøsang[13]等引入证据空间(evidence space)和意见空间(opinion space)描述和度量信任关系,并提出主体逻辑(subjective logic)对信任网络中信任度进行推导和综合计算。

证据空间由一系列主体产生的可观察到的事件组成。事件被划分为正面事件(positive event)和负面事件(negative event)。基于 Beta 分布描述二值事件(binary event)后验概率,给出了一个由观察到的正面事件数和负面事件数决定的确定性概率密度函数,并以此来计算实体产生某个事件的概率置信度。

Jøsang 模型中信任度运算的主体逻辑算子包括:合并(conjunction)、共识(consensus)和推荐(recommendation)。其中合并用于不同信任内容的信任度综合计算;根据参与运算的意见之间的关系分为独立意见间的共识、关联意见间的共识和部分关联意见间的共识。所谓关联意见是指意见部分或全部由观察相同的事件所形成。共识主要用于对多个相同信任内容的信任度综合计算;推荐主要用于信任度的推导计算。

与 Beth 模型相比,Jøsang 模型对信任的定义较宽松,同时使用了事实空间中的正面事件和负面事件对信任关系进行度量,不明确区分直接信任和推荐信任,提供了推荐算子推导信任度。

3. 普适网络信任评估模型(pervasive trust management model,PTM)

PTM[14]定义了动态开放的普适计算环境中的分布式信任模型,利用实体独立和协作的行为建立自组织的信任关系模型。

PTM 中两个实体间的信任关系表示为

$$R(A,B)=\alpha, \quad \alpha \in [0,1] \tag{4-3}$$

定义信任路径 $P(A,B,C)$ 为 A 通过 B 与 C 的信任关系。以符号 Gx(x 总成立)、Fx(x 有时成立)和 xUy(y 成立时为真)的时态逻辑表示未来时间的信任关系。α^+ 表示正面操作,α^- 表示负面操作。PTM 支持的性质包括:

1) 自反性

每个实体信任自身:$\forall A|G(R(A,A)=1)$。

2) 不对称性

A 信任 B,B 不一定信任 A:$\exists A,B|(\exists R(A,B) \not\Rightarrow \exists R(B,A))$

若 A 信任 B,B 信任 A,但是 B 的信任不一定和 A 的信任相同:

$\exists R(A,B),R(B,A) | R(A,B)=\alpha, \quad R(B,A)=\beta \rightarrow F(\alpha=\beta)$

3) 条件传递性

A 信任 B,B 信任 C,如有一个信任路径 P,则 A 有条件信任 C:

$\exists R(A,B),R(B,C) \wedge \not\exists R(A,C) \bigcup \exists P(A,B,C)$

如果存在信任路径,A 信任 B,B 信任 C,则 A 会相信 C。A 关于 C 的信任值

小于等于 A 对 B 的信任值与 B 对 C 的信任值的乘积：

$$\exists R(A,B),R(B,C),P(A,B,C) \mid R(A,B)=\alpha \wedge R(B,C)=\gamma$$
$$\Rightarrow F(R(A,C)\leqslant \alpha \cdot \gamma) \text{ for each } P(A,B,C)$$

4）动态性

信任根据操作随时间增加或者减少：

$$\exists R(A,B)=\alpha \mid G(\alpha^+ \rightarrow R(A,B)\geqslant \alpha) \wedge G(\alpha^- \rightarrow R(A,B)<\alpha)$$

信任关系的初始化通过直接和间接两种方式。在直接方式中，两个实体由过去的交互知识，或者根据安全策略可以直接建立信任值而无须可信第三方，当对另一个实体完全没有了解时，可将信任度设置成默认值 0.5。在间接方式中，两个实体通过推荐建立信任关系：①A 通过 B 的推荐建立对 C 的信任：$R(A,C)=R_B \cdot R(A,B)$；②通过数字证书建立的信任 $R(A,C)=1$，因为传统 PKI 信任机制就是基于布尔逻辑，推荐的信任为 1。如果关于 C 有多个推荐时，则计算平均信任值

$$R(A,C)=\frac{1}{n}\sum_{i=1}^{n}R_{B_i} \cdot R(A,B_i) \tag{4-4}$$

信任度随着时间和行为上下文的变化而增减，使用如下模型计算更新后的信任度值 T_i：

$$T_i = \begin{cases} T_{i-1} + \omega \cdot V_{a_i}(1-T_{i-1}), & V_{a_i} > 0 \\ T_{i-1}(1-\omega + \omega \cdot V_{a_i}), & \text{其他} \end{cases} \tag{4-5}$$

其中，$V_{a_i}=W_{a_i}^{(m)} \cdot \dfrac{(\alpha^+ - \alpha^-)((\alpha^+ - \alpha^-) \cdot \delta)^{2m}}{(\alpha^+ + \alpha^-)((\alpha^+ - \alpha^-) \cdot \delta)^{2m}+1}$，$W_i$ 为某一次 action 的权重，δ 为时间增量，常数 $m \geqslant 1$ 为安全的级别，严格因子 $\omega \in [0.25,0.75]$ 是一个手工配置的参数。

PTM 的主要特点包括：①信任推导和演化规则具有惩罚性，信任值 T_i 随着 α^+ 的增加缓慢增长，但随着 α^- 的增加会迅速降低；②信任度随着时间和操作的变化而增或减；③计算简单，适合普适环境下能源节约的应用需求，具有较好的计算收敛性和可扩展性。

4. 贝叶斯信任模型

贝叶斯方法使用概率表示不确定性，推理均以概率规则来实现，贝叶斯学习的结果表示为随机变量的概率分布，用于解释对不同可能性的信任程度。

Melaye[15] 等基于贝叶斯网络模型提出了一种使用卡尔曼滤波方法的动态随机估计模型，如图 4-20 所示。

该模型的主要特点包括：①贝叶斯推理的计算学习机制是将先验分布中的期望值与样本均值按各自的精度进行加权平均，精度越高者其权值越大。在先验分布为共轭分布的前提下，可以将后验概率作为新一轮计算的先验分布。用贝叶斯

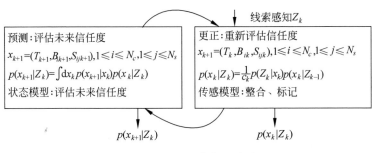

图 4-20　Kalman 信任过滤过程

定理与进一步得到的样本信息进行综合，多次重复这个过程后，上下文样本信息的影响越来越显著。②具有较好的动态适应能力，无论有无新的上下文被检测到，模型都会自动进化。

4.6　安全案例

4.6.1　车载环境无线接入设备身份认证与管理

车载环境无线接入（WAVE）[16] 安全服务是为美国交通部（USDOT）牵头的智能交通系统程序的标准设计的，该技术可以扩展至其他的网络模型，包括移动设备及设备海量密集且带宽受限的无线环境，即在运输行业外可以适用于其他移动设备所在的垂直行业，该技术由标准 IEEE 1609.2[17] 进行描述及定义。WAVE为车载网络环境下的通信提出了一个完整的通信协议簇，同时 IEEE 1609.2 为工业互联网中的 PKI 证书标准之一，其主要目的为保障 WAVE 管理、应用层消息的安全性并定义了安全服务的整体架构。

IEEE 1609.2 通过安全处理服务（security processing services）提供保密、身份认证、服务授权、完整性保护等安全功能。WAVE 的安全管理主要实现了本地证书的安全保存，标明证书的有效性、安全级别及其证书链。其证书格式支持：①匿名应用协议数据单元（PDU）的签名证书，可以隐藏发件人信息；②证书颁发机构的证书。WAVE 安全服务中通过 ECDSA 签名验证数据源，从而实现身份认证，防止源仿冒、伪装及消息滥发。此外，通过 CA 限制限定时间/位置内对加密及签名的应用权限从而实现授权功能。

针对 V2X 的通信要求，WAVE 支持证书信任链和对等证书的分发。其证书链验证如图 4-21，其中包括两个功能：构建从接收者的消息签名证书到已知信任根的信任链以及在签名消息内添加字段从而接收对等发送者的未知证书。此类证书适用于各类 M2M 通信，为一对多的接收与发送方式。

该安全服务不能确保车辆的位置隐私，普通窃听者可以跟踪车辆的位置。由

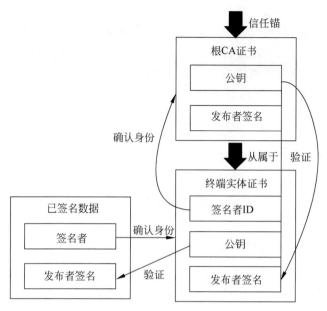

图 4-21 证书链的验证

于实体发送的消息中包含多个标识符数据,如 1609.2 证书、源地址、应用层 ID 等,当窃听者在不同位置上检测到相同标识符消息时,可推断为同一实体,所以目前WAVE 无法保障足够的保密性、匿名性及不可否认性。WAVE 的标准仍在更新发展,日后将为车辆自组织网络提供安全基础,有望高效安全解决智慧交通中的车辆拥堵问题。

4.6.2 零信任模型及智能制造

1. 零信任模型

2010 年,John Kindervag 提出了"零信任模型"(zero trust model),其核心思想是放弃传统"边界防护",网络边界内外的任何东西,在未验证之前都不予以信任。谷歌 BeyondCorp 体系是零信任模型的典型代表,具体包括以下特点:

(1) 内网应用程序和服务不再对公网可见。外部可见的组件只有访问代理、单点登录(SSO)系统、在公司内部的 RADIUS 组件,以及间接暴露的访问控制引擎组件。访问代理和访问控制引擎组件共同组成前端访问代理(GFE),集中对访问请求进行认证和授权。

(2) 企业内网的边界不复存在。发起连接的设备或终端所在网络位置和 IP 地址不再是认证授权的必要因素。无论设备或终端在哪里,所有对企业应用或服务的访问请求,都必须经过集中的访问代理组件认证和授权。

(3) 基于身份、设备、环境认证的精准访问控制。只有公司的设备清单数据库中的受控设备(公司购买并管控,对每台设备发放证书),并且用户必须在用户/群组数据库中存在,才能通过认证,然后经过信任推断组件的计算后,才会获得相应的授权。每个用户和/或设备的访问级别可能随时改变。通过查询多个数据源,能够动态推断出分配给设备或用户的信任等级。访问代理中的访问控制引擎基于每个访问请求,为企业应用提供服务级的细粒度授权。授权基于用户、用户组、设备证书、设备清单数据库中的设备属性进行综合判定。地理位置和网络位置在BeyondCorp 安全模型中,已经不是认证授权的必选项,而是根据需要做判定的一个可选项。

(4) 提供网络通信的端到端加密。用户设备到访问代理之间经过 TLS 加密,访问代理和后端企业应用之间使用谷歌内部开发的认证和加密框架 LOAS(low overhead authentication system)双向认证和加密,保证数据链路的机密性和完整性。

2. 智能制造的零信任网络 CoIP

"工业 4.0"的发展推动工厂提升其基础设施和自动化水平从而降低成本、提高生产率和产品竞争力,智能计算和云服务越来越多地引入到工厂系统当中,这些信息化手段也暴露在越来越多的安全风险之下。美国硅谷的创业公司 Zentera 开发了零信任网络平台 CoIP,其目标是降低智能工厂受攻击的风险。CoIP 的架构如图 4-22 所示。

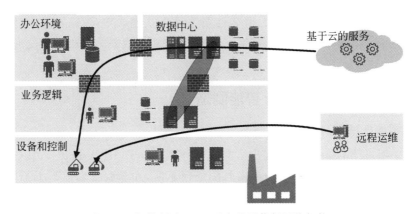

图 4-22　智能制造 CoIP 平台的零信任网络架构

CoIP 平台在已有工厂网络之上建立一个符合零信任模型的重叠网络,该网络是在三层 IP 网络之上基于代理的会话层网络,通过 SSL VPN 技术建立安全连接。

基于 CoIP 可以实现的安全功能包括:①将敏感制造应用和设备与其他应用区分;②从工厂平面到数据中心、办公环境和云服务建立安全连接;③建立多个隔离网络域的零信任连接;④使远程用户按照基于角色的访问控制和最小权限原则访问设备。

参考文献

［1］　FIDO 联盟. FIDO［EB］.［2020-10-10］. https：//fidoalliance. org/.

［2］　DIERKS T，ALLEN C. The TLS Protocol Version 1. 0［M］. RFC Editor，1999.

［3］　DIERKS T，RESCORLA E. RFC5246：the transport layer security（TLS）protocol version 1. 2［S］. Internet Society，2008.

［4］　RESCORLA E. RFC8446：the transport layer security（TLS）protocol version 1. 3［S］. Internet Society，2018.

［5］　KENT S，SEO K. RFC4301：security architecture for internet protocol（IPSec）［M］. RFC Editor，1998.

［6］　National Computer Security Center. Glossary of Computer Security Terms（NCSC-TG-004）［EB/OL］. http：//csrc. nist. gov/secpubs/rainbow/tg004. txt. 1998.

［7］　BELL D E，LAPADULA L J. Secure computer systems：mathe-matical foundations［R］. Mitre Corp Bedford MA，1973.

［8］　FERRAIOLO D F，KUHN D R. Role-based access control［C］//National Computer Security Conference，1992.

［9］　BLAZE M，FEIGENBAUM J，LACY J. Decentralized trust management［C］//IEEE Conference on Security and Privacy，1996，Oakland，California，USA.

［10］　李小勇，桂小林. 大规模分布式环境下动态信任模型研究［J］. 软件学报：2007，18（6）：1510-1521.

［11］　YAHALOM R，KLEIN B，BETH T. Trust relationships in secure system-a distributed authentication perspective［C］//Proc. IEEE Symp. on Research in Security and Privacy，1993.

［12］　BETH T，BORCHERDING M，KLEIN B. Valuation of trust in open networks［C］//Proceedings of European Symposium on Research in Security（ESORICS），Berlin：Springer-Verlag，1994.

［13］　JØSANG AUDUN，HAYWARD ROSS，POPE SIMON. Trust network analysis with subjective logic［C］//29th Australasian Computer Science Conference，ACSC，2006.

［14］　ALMENÁREZ F，MARÍN A，CAMPO C，et al. PTM：a pervasive trust management model for dynamic open environments［C］//Proc of the 1st Workshop on Pervasive Security，Privacy and Trust. Boston，2004.

［15］　MELAYE D，DEMAZEAU Y. Bayesian dynamic trust model［M］. Berlin：Springer-Verlag，2005.

［16］　RITA，US DOT. IEEE guide for wireless access in vehicular environments（WAVE）-architecture［EB/OL］.［2020-10-05］. http：//ieeexplore. ieee. org/servlet/opac? punumber＝6576803，2014.

［17］　IEEE VEHICULAR TECHNOLOGY SOCIETY. IEEE trial-use standard for wireless access in vehicular environments（WAVE）-security services for applications and management messages，IEEE Std 1609. 2^{TM}-2006［S］. New York：IEEE，2006.

云计算的数据安全

随着云计算技术的快速发展,云计算已经成为智能制造系统的重要组成部分。由于云计算带来的数据所有权和控制权分离的问题,云计算的数据安全问题成为云计算推广应用的关键。本章介绍云计算数据共享面临的安全问题,并介绍基于属性加密的云存储数据访问控制、基于安全多方计算和同态密码的数据安全计算以及密文搜索技术,最后给出工业互联网中移动群智感应的数据安全共享案例。

5.1 云计算数据共享的安全问题

云计算是一种计算模型,用于支持对共享、可配置计算资源池(例如网络、服务器、存储、应用程序和服务)进行泛在、方便、按需的网络访问[1],这些资源可以最少的管理工作或与服务提供商的交互进行快速部署和交付。云计算模型包含 5 个基本特征、3 个服务模型和 4 个部署模型。5 个基本特征包括按需自助服务、宽带网络接入、资源池化、快速弹性、计量服务;3 个服务模型包括基础设施即服务 IaaS、平台即服务 PaaS、软件即服务 SaaS;4 个部署模型包括私有云、社区云、公有云和混合云。

通过云计算,资源受限(包括数据处理能力、存储空间等)的用户可以将计算/存储密集型任务委托给资源充裕的云服务器来完成。然而云计算用户的数据和资源完全依赖于不可信的网络通信和半可信的云存储服务器,用户对云计算环境数据安全性的疑虑成为阻碍客户使用云服务的一个最关键的因素。云计算数据安全问题主要分为以下两类:

(1) 云计算中数据访问控制问题。云计算是一个典型的分布式环境,资源和服务分布于不同的服务提供者,数据所有者也是广域分布的,访问控制的实施往往需要访问多个不同的服务提供者,获得不同的数据所有者的许可,这依赖于不同服务间的互操作来实现。而分布式环境的异构性、自治性和动态性,使得云计算系统不能保证绝对的安全。此外,云计算环境中用户将数据外包存储在云端,数据所有权和控制权分开,对数据访问控制也带来了极大的挑战。

(2) 云计算数据机密性和计算可靠性问题。在外包计算场景中,用户外包给云服务器的数据通常包含用户的一些敏感信息(消费记录、用户运营数据,等等),

不可信的云服务器可能给为了自身的利益,试图获取这些敏感信息。这些数据的泄露可能会给个人用户的日常生活带来困扰,对企业用户的商业机密带来损失。另一方面,云服务提供商可能为了降低其资源消耗减少其计算量,为用户返回一个精度较低或者无效的计算结果。因此,敏感数据泄露和计算结果可靠性问题是云计算所面临的又一挑战。

5.2　云存储数据的访问控制

将数据外包到云储存服务器中后,在访问控制方面将会面临如下两点问题:

(1) 第三方云储存平台环境的复杂性导致储存在云服务器上的数据文件可能遭受攻击者的恶意访问,造成用户的访问控制难度提升。

(2) 数据所有者对数据的控制能力受到限制,本地数据管理系统通常采取根据用户身份分配访问权限的控制方式。但云存储平台的分布式环境下,云服务商的系统一旦被攻陷,就会造成数据的泄露。

对云存储数据安全有效的解决办法之一是用户在将数据传输到服务器之前对数据加密,即使云端服务器被攻陷,攻击者也只能得到密文数据。对于文件存储可以使用如图 5-1 所示的密钥封装机制。数据文件使用随机化的文件

图 5-1　密钥封装机制示意图

加密密钥 K_s 以 SM4 等对称加密算法加密得到加密的文件 ED,然后使用封装加密算法 EnC 对 K_s 加密得到数字信封 Env。将 Env 连同 ED 一起存储在云端。

如果 EnC 以数据所有者自身的公钥加密 K_s,则只有用户自己可以解密 ED,云存储起到一个加密云盘的作用。如果 EnC 以文件接收者的公钥加密,则只有文件接收者可以解密 ED,云存储具备安全电子邮件的功能。如果 EnC 采用属性加密机制,则符合访问控制策略的群组用户都有可以解密 ED,起到群组共享的作用。

5.2.1　基于属性的加密技术

基于属性的加密机制(attribute-based encryption,ABE)[2] 以属性作为参数进行加密,用户的私钥也和属性相关,只有当用户私钥具备解密数据的基本属性时用户才能够解密出数据的明文。例如用户 1 的私钥有 A、B 两个属性,用户 2 的私钥有 A、C 两个属性,若一份密文解密的基本属性要求为 A 或 B,则用户 1 和用户 2 都可以解密出明文;同样,若密文解密的基本属性要求为 A 和 B,则用户 1 可以解密出明文,而用户 2 无法解密此密文。

ABE 被认为基于属性的访问控制(ABAC)的一种实现的形式,它不仅具有

加密的特性,同时还可以实现访问控制。ABE 可以分成两种基本形式:密文策略属性加密方案 CP-ABE(cipertext-policy ABE)[3]和密钥策略属性加密方案 KP-ABE[4]。

基于属性的加密方式是在 PKI 体系的基础上发展起来的,它将公钥的粒度细化,使得每个公钥都包含多个属性,不同公钥之间可以包含相同的属性。基于属性的加密机制有以下 4 个特点:①资源提供方仅需要根据属性加密数据,并不需要知道这些属性所属的用户,从而保护了用户身份的隐私;②只有符合密文属性的用户才能解密出数据明文,保证了数据的机密性;③用户密钥的生成与随机多项式或随机数有关,不同用户之间的密钥无法联合,防止了用户的合谋攻击;④该机制支持灵活的访问控制策略,可以实现属性之间的与、或、非和门限操作。

ABE 的特点使得它非常适合于群组数据共享之类的应用,但是 ABE 的时间复杂度较高,对于群组用户发生变动时属性密钥撤销等密钥管理具有较高的复杂度。

5.2.2 密文策略属性加密

CP-ABE 将待加密数据与访问结构直接关联,加密系统发布公钥,加密者设计访问结构,用户通过属性集合表示该名用户能够解密密文的关键因素取决于密文所关联的访问结构与用户包含的属性是否匹配。

下面对 CP-ABE 算法中用到的属性、访问树、满足访问树进行简单介绍。假设 $S=\{A_1,A_2,\cdots,A_n\}$ 为全体属性集合,则用户分配的属性 S' 是 S 的非空子集,所以属性总个数为 n 的属性集最多将定义 2^n 个不同的属性集的用户。

访问树描述一个访问结构,属性 S' 中的某一元素通过树的每个叶节点表示,而将非叶子节点定义成一个关系运算符,即与、或和门限。假设 num_x 是节点 x 的子节点的个数,k_x 是节点 x 的门限值,$0<k_x \leqslant num_x$。当 $k_x=1$ 时,节点是一个"或"门;当 $k_x=num_x$ 时,节点是一个"与"门。树的每一个叶子与一个属性相关联,且门限值 $k_x=1$。

假设 $\mathcal{T}$ 是一棵根节点是 r 的访问控制树。$\mathcal{T}_x$ 是 $\mathcal{T}$ 的一棵子树,$\mathcal{T}_x$ 根节点是节点 x。如果一个属性集 γ 满足 $\mathcal{T}_x$,我们记为 $\mathcal{T}_x(\gamma)=1$。我们递归地进行如下计算:如果 x 是一个非叶子节点,那么计算 x 的所有子节点 x' 的 $\mathcal{T}_{x'}(\gamma)$,$\mathcal{T}_x(\gamma)$ 返回 1,当且仅当至少 k_x 个子节点返回 1。如果 x 是叶子节点,那么 $\mathcal{T}_x(\gamma)$ 返回 1,当且仅当与 x 关联的属性在集合 γ 中。

满足访问树是指当用户属性集匹配访问树的访问结构,即 $S' \subseteq 2^{\{A_1,A_2,\cdots,A_n\}}$ 时,用户才可解密密文。

CP-ABE 算法主要包含 4 个组成部分:

(1) 系统建立:加密者生成主秘钥 MK 和公钥 PK。

(2) 加密明文:加密者用 PK、访问结构 T 对明文 M 加密,生成对应的密文 CT。

（3）生成私钥：用主秘钥 MK 和用户属性集 S 生成私钥 SK。

（4）解密密文：解密者用 SK 对密文 CT 进行解密得到明文数据 CT。

利用双线性对可以构造一个具体的 CP-ABE 算法。设 G_0 是阶为素数 p 的双线性群，g 是 G_0 的生成元。$e:G_0 \times G_0 \to G_1$ 为双线性映射。安全参数 κ 决定了这两个群的大小。对于整数 $i \in Z_p$ 和 Z_p 上元素的集合 S，定义拉格朗日系数 $\Delta_{i,s}(x) = \prod_{j \in S, j \neq i} \dfrac{x-j}{i-j}$。方案使用一个哈希函数 $H:\{0,1\}^* \to G_0$ 作为一个随机预言机，把每个属性字符串映射到 Z_p^* 上一个随机的群元素。

（1）系统建立：算法选择一个阶为素数 p 的双线性群 G_0，其生成元是 g。随机选择两个指数 $\alpha,\beta \in Z_p$，计算公钥并公开

$$PK = G_0, \quad g, h = g^\beta, \quad f = g^{1/\beta}, \quad e(g,g)^\alpha \tag{5-1}$$

计算主密钥 $MK = (\beta, g^\alpha)$，并秘密保存。

（2）加密 Encrypt$(PK,M,\mathcal{T})$：加密算法在访问控制树 $\mathcal{T}$ 下加密消息 M，为树 $\mathcal{T}$ 的每一个节点（包括叶子节点）选择一个多项式 q_x。对树中的每一个节点 x，多项式 q_x 的次数 $d_x = k_x - 1$。先从根节点 r 开始，随机选择 $s \in Z_p$，令 $q_r(0) = s$，再随机选择多项式 q_r 上的其他 d_r 个点，这 $d_r + 1$ 个点就能完全确定多项式 q_x。对任何其他节点 x，令 $q_x(0) = q_{\mathrm{parent}(x)}(\mathrm{index}(x))$ 作为该节点保存的秘密值，其中 parent(x) 是节点 x 的父节点，index(x) 是节点 x 在其兄弟节点之间的序号。再随机选择多项式 q_x 上的其他 d_x 个点。令 Y 是树 $\mathcal{T}$ 中所有叶子节点的集合。密文构造如下：

$$\begin{aligned} CT = \mathcal{T}, \widetilde{C} = Me(g,g)^{\alpha s}, \quad C = h^s, \\ \forall y \in Y: C_y = g^{q_y(0)}, \quad C'_y = H(attr(y))^{q_y(0)} \end{aligned} \tag{5-2}$$

（3）生成私钥 KeyGen(MK,S)：私钥生成算法输入属性集 A，输出对应该属性集的私钥。算法随机选择 $r \in Z_p$，并对每一个属性 $j \in S$ 随机地选择 $r_j \in Z_p$，计算私钥如下：

$$SK = \left(D = g^{\frac{a+r}{\beta}}, \forall j \in S: D_j = g^r \cdot H(j)^{r_j}, D'_j = g^{r_j}\right) \tag{5-3}$$

（4）解密 Decrypt(CT,SK)：解密程序是一个递归算法。首先定义递归算法 DecryptNode(CT,SK,x) 的输入是密文 $CT = (\mathcal{T},\widetilde{C},C,\forall y \in Y: C_y, C'_y)$，与属性集 S 关联的私钥 SK，以及 $\mathcal{T}$ 中的一个节点 x。

如果节点 x 是叶子节点，那么令 $i = attr(x)$。如果 $i \in S$，那么

$$\begin{aligned} \mathrm{DecryptNode}(CT,SK,x) &= \frac{e(D_i, C_x)}{e(D'_i, C'_x)} \\ &= \frac{e(g^r \cdot H(i)^{r_i}, g^{q_x(0)})}{e(g^{r_i}, H(i)^{q_x(0)})} \\ &= e(g,g)^{rq_x(0)} \end{aligned} \tag{5-4}$$

如果 $i \notin S$，那么定义 DecryptNode$(CT, SK, x) = \perp$。

当 x 是非叶子节点时，DecryptNode(CT, SK, x)定义如下：对于 x 的所有子节点 z，都调用算法 DecryptNode(CT, SK, z)，设输出是 F_z。假设 S_x 是一个 x 的 k_x 个子节点的集合，且任一个子节点 z 都满足 $F_z \neq \perp$，令 $i = \text{index}(z)$，$S'_x = \text{index}(z)$，$z \in S_x$，计算：

$$
\begin{aligned}
F_x &= \prod_{z \in S_x} F_z^{\Delta_{i, S'_x}(0)} \\
&= \prod_{z \in S_x} (e(g, g)^{r \cdot q_z(0)})^{\Delta_{i, S'_x}(0)} \\
&= \prod_{z \in S_x} (e(g, g)^{r \cdot q_{\text{parent}(z)}(\text{index}(z))})^{\Delta_{i, S'_x}(0)} \\
&= \prod_{z \in S_x} e(g, g)^{r \cdot q_x(i)\Delta_{i, S'_x}(0)}
\end{aligned} \tag{5-5}
$$

解密算法只需在根节点调用函数 DecryptNode(CT, SK, r)，当 S 满足访问树时，令 $A = \text{DecryptNode}(CT, SK, r) = e(g, g)^{r q_x(0)} = e(g, g)^{rs}$。进一步计算：

$$
\frac{\widetilde{C}}{\dfrac{e(C, D)}{A}} = \frac{\widetilde{C}}{\dfrac{e(h^S, g^{\frac{a+r}{\beta}})}{e(g, g)^{rs}}} = M \tag{5-6}
$$

即可恢复出消息 M。

5.2.3　密钥策略属性加密

KP-ABE 方案中，用以描述访问控制策略的访问结构同用户私钥相结合，属性集合同待访问资源相关联。这种方式下访问控制策略由数据接收方设定，用户可以设定接收特定的消息，用户自由度较高。而数据拥有者由于仅能使用属性对数据进行描述，无法设定相应的访问控制策略，因此对其数据的控制较弱。

KP-ABE 算法主要包含 4 个组成部分：

（1）系统建立：加密者生成主密钥 MK 和公钥 PK。

（2）加密明文：加密者用 PK、属性集合 S 对明文 M 加密，生成对应的密文 CT。

（3）生成私钥：用主密钥 MK、公钥 PK 和访问结构 T 生成解密密钥 D。

（4）解密密文：解密者用解密密钥 D 对密文 CT 进行解密得到明文数据 M。

KP-ABE 的方案利用对称双线性配对进行构造。设 G_0 是阶为素数 p 的双线性群，g 是 G_0 的生成元。$e: G_0 \times G_0 \to G_1$ 为双线性映射。安全参数 κ 决定了这两个群的大小。对于整数 $i \in Z_p$ 和 Z_p 上元素的集合 S，定义拉格朗日系数 $\Delta_{i, S}(x) = \prod_{j \in S, j \neq i} \dfrac{x - j}{i - j}$。把每个属性字符串映射到 Z_p^* 上一个随机的群元素。

(1) 系统建立：定义一个属性集 $\mathcal{U}=\{1,2,\cdots,n\}$。对每个属性 $i\in\mathcal{U}$，随机选择 $t_i\in\mathbf{Z}_p$ 和 $y\in\mathbf{Z}_p$，计算公共参数 PK

$$T_1=g^{t_1},\cdots,T_{|u|}=g^{t_{|u|}}，\quad Y=e(g,g)^y \tag{5-7}$$

主密钥为

$$t_1,\cdots,t_{|u|},y$$

(2) 加密明文 Encryption(M,γ,PK)：随机选择 $s\in\mathbf{Z}_p$ 在属性集 γ 下加密消息 $M\in G_1$，得到密文

$$C=(\gamma,C'=MY^S,\{C_i=T_i^S\}_{i\in\gamma}) \tag{5-8}$$

(3) 私钥生成 KeyGen$(\mathcal{T},MK)$：加密算法为树 $\mathcal{T}$ 的每一个节点（包括叶子节点）选择一个多项式 q_x。对树中的每一个节点 x，多项式 q_x 的次数 $d_x=k_x-1$。先从根节点 r 开始，随机选择 $y\in\mathbf{Z}_p$，令 $q_r(0)=y$，再随机选择多项式 q_r 上的其他 d_r 个点，这 d_r+1 个点就能完全确定多项式 q_x。对任何其他节点 x，令 $q_x(0)=q_{\text{parent}(x)}(\text{index}(x))$ 作为该节点保存的秘密值，其中 parent(x) 是节点 x 的父节点，index(x) 是节点 x 在其兄弟节点之间的序号。确定所有节点多项式后，密钥计算如下：

$$D=\{D_x=g^{\frac{q_x(0)}{t_i}}\} \tag{5-9}$$

其中，i 是节点 x 的属性值 attr(x)，且 attr$(x)\in\mathbf{Z}_p$。

(4) 解密密文 Decryption(C,D)：对于一个节点 x，令 $i=\text{attr}(x)$，先定义一个递归算法 DecryptNode(C,D,x)，计算：

$$\text{DecryptNode}(C,D,x)=\begin{cases} e(D_x,C_i)=e\left(g^{\frac{q_x(0)}{t_i}},g^{st_i}\right)=e(g,g)^{sq_x(0)}, & i\in\gamma \\ \bot, & i\notin\gamma \end{cases}$$

$$\tag{5-10}$$

当 x 是非叶子节点时，对于 x 的所有子节点 z，都调用算法 DecryptNode(C,D,z)，设输出是 F_z。假设 S_x 是一个 x 的 k_x 个子节点的集合，且任一个子节点 z 都满足 $F_z\neq\bot$，令 $i=\text{index}(z)$，$S'=\{\text{index}(z),z\in S_x\}$，计算：

$$\begin{aligned} F_x &= \prod_{z\in S_x} F_z^{\Delta_{i,S'_x}(0)} \\ &= \prod_{z\in S_x} (e(g,g)^{s\cdot q_z(0)})^{\Delta_{i,S'_x}(0)} \\ &= \prod_{z\in S_x} (e(g,g)^{s\cdot q_{\text{parent}(z)}(\text{index}(z))})^{\Delta_{i,S'_x}(0)} \\ &= \prod_{z\in S_x} e(g,g)^{s\cdot q_x(i)\Delta_{i,S'_x}(0)} \end{aligned}$$

$$= e(g,g)^{s \cdot \sum_{i=1}^{k_x} q_x(i)\Delta_{i,S'_x}(0)}$$

$$= e(g,g)^{s \cdot q_x(0)} \tag{5-11}$$

其中,由拉格朗日插值定理,$q_x(l) = \sum_{i=1}^{k_x} q(i)\Delta_{i,S}(l)$。

如不存在集合 S_x,则节点 x 的 F_x 输出为 $\bot$。

解密算法在根节点调用函数 DecryptNode(C,D,r),当且仅当密钥满足访问树时,DecryptNode(C,D,r) 输出 $e(g,g)^{s \cdot y} = Y^s$。因为 $C' = MY^S$,故计算 $C'/$ DecryptNode(C,D,r) 即可恢复出消息 M。

5.3 安全外包计算

外包计算的优点之一是使云用户的计算能力不再受限于各自的资源约束型设备,云用户通过外包可以使用云所提供的大量计算资源来完成高开销的计算。在以云计算技术为支撑的外包计算模式中,不诚实的云服务提供方可能存在以下两种潜在的攻击行为。

(1) 数据机密性攻击:云服务器窥探并获取用户的外包数据。该攻击遵循经典的半诚实(semi-honest)模型假设,云端仅窥探敏感数据,但正常执行数据计算任务。

(2) 计算可靠性攻击:云服务器因利益诱导,破坏计算结果的正确性和完整性,返回错误或不完整的结果。该类攻击属于恶意(malicious)第三方模型。

为抵御和避免因上述潜在非诚实云端攻击导致的数据机密性和计算可靠性威胁,安全的外包计算显得至关重要。安全多方计算和同态密码计算为安全外包计算提供了技术支撑。

5.3.1 安全多方计算

1. 外包场景下的安全多方计算模型

在传统的多方计算模型中,假设计算参与者的集合为 $P = \{P_1, P_2, \cdots, P_n\}$,对于 $1 \leqslant i \leqslant n$,每个参与者 P_i 持有的私密信息为 x_i,参与者所获得的输出集合:

$$f(x_1, x_2, \cdots, x_n) = \{f_1(x_1, x_2, \cdots, x_n), f_2(x_1, x_2, \cdots, x_n), \cdots, f_n(x_1, x_2, \cdots, x_n)\}$$

其中,$f_i(x_1, x_2, \cdots, x_n)$ 是参与者 P_i 所获得的输出信息。

在外包环境中,参与者会借助云服务器 CS 完成上述过程。然而,参与者往往不希望将自己的私密信息委托给 CS,也不希望 CS 得知计算结果,因此,参与者将自己的私密信息经过一系列处理后外包存储在 CS 上,当需要对参与者的秘密信息进行某种计算时,由 CS 完成这些计算,这种计算模型的大致流程如下:

（1）对于 $1 \leqslant i \leqslant n$，参与者 P_i 对其秘密信息 x_i 在本地进行处理得到 x_i'，然后将 x_i' 发送给 CS。

（2）收集到所有参与者发送的秘密信息后，CS 调用可用的计算资源并通过和参与者的少量信息交互完成协议的运算。运算结束后，CS 得到

$$f_i'(x_1, x_2, \cdots, x_n) = \{f_1'(x_1, x_2, \cdots, x_n), f_2'(x_1, x_2, \cdots, x_n), \cdots, f_n'(x_1, x_2, \cdots, x_n)\}$$

（3）对于 $1 \leqslant i \leqslant n$，CS 将 $f_i'(x_1, x_2, \cdots, x_n)$ 发送给参与者 P_i。P_i 在本地对 $f_i'(x_1, x_2, \cdots, x_n)$ 进行简单的计算处理得到 $f_i(x_1, x_2, \cdots, x_n)$。

计算结束后，参与者 P_i 得到 $\{f_i(x_1, x_2, \cdots, x_n), M_i\}$，其中，$M_i$ 表示 P_i 在协议执行过程中得到的视图信息，主要包括 P_i 计算的中间结果和 CS 发送的中间结果。CS 得到 $\{f_i'(x_1, x_2, \cdots, x_n), M_{CS}\}$，其中 M_{CS} 表示 CS 在协议执行过程中得到的信息视图，主要包括 CS 计算的中间结果和接收的各参与方发送的中间结果。显然，信息的保密性由所采用协议的安全性来保证。

2. Shamir 秘密共享

在外包场景中，Shamir 秘密共享协议被广泛使用，通常将其与同态加密技术相结合，即将同态加密的私钥通过密钥分发给云服务商与多个用户，通过同态加密技术的同态特性，在隐私保护的前提下实现特定功能的计算。Shamir 秘密共享协议过程如下：

Shamir(t, n) 门限秘密共享协议是基于 Lagrange 插值定理设计的。

1）子秘密生成

（1）秘密发布者 D 随机选取 $t-1$ 个不同的非零元素 $a_1, a_2, \cdots, a_{t-1} \in GF(q)$（$q$ 为素数且 q 大于 n），并构造 $t-1$ 次多项式 $f(x) = a_{t-1}x^{t-1} + a_{t-2}x^{t-2} + \cdots + a_1 x^1 + s$，其中，$s$ 是需要共享的秘密信息。

（2）D 从有限域 $GF(q)$ 中随机选取 n 个不同的非零元素 $x_1, x_2, \cdots, x_n$，并计算 $y_i = f(x_i)$。

2）秘密分发

D 通过安全信道将 (x_i, y_i) 分别发送给 $P_i (i = 1, 2, \cdots, n)$。

3）秘密恢复

$t'(t' > t)$ 个参与者 $\{P_1, P_2, \cdots, P_{t'}\}$ 通过下面的计算可以恢复出秘密 s。

$$s = \sum_{i=1}^{t'} y_i \prod_{j=1, j \neq i}^{t'} \frac{x_j}{x_j - x_i} \tag{5-12}$$

2001 年，Pierre Alian Fouque 等[5] 利用 Shamir 秘密共享构造了门限解密的 paillier 和 RSA 算法，并得到了广泛应用；2018 年，Liu 等[6] 基于门限解密的 paillier 加密系统构造了外包场景下隐私保护的有理数计算方案，可以安全地计算整数乘法、比较大小、最大最小排序、相等判定、除法、最大公因子，也可以计算加密有理数的加、减、乘、除、数乘、比较等操作。

5.3.2　同态密码及其应用

在传统的外包计算中,用户必须牺牲自己的数据私密性来使用云服务,如文件存储、共享和协作。此外,在结束与用户之间的服务关系后,不受信任的服务器、服务提供商和云服务提供商可以长期保存在为用户提供服务期间保留的用户信息。这恰恰是用户数据安全所关注的重点。理想的解决方案是在用户数据保持加密的状态下,第三方可以对加密数据进行不受任何限制的计算操作。为实现上述目标,1978 年由 Rivest 等[7]首次提出了同态加密(homomorphic encryption,HE)的概念。这种加密方案允许第三方(比如云服务器和服务提供商等)对加密的密文消息执行一定的计算功能,同时计算的结果保留加密状态。大量的密码学者都围绕这个问题来设计可以执行任意次计算操作的同态加密算法。

通常情况下,同态加密方案分为 3 种类型:①部分同态加密,这类方案只允许对密文执行一种同态操作(加或者乘),或者只能执行非常有限次数的两种同态加密操作;②somewhat 同态加密,可以执行一定次数的同态加法和同态乘法操作的方案;③全同态加密方案,能够实现可以执行任意次同态加法和同态乘法的方案。

1. 同态密码特性

设 x 和 y 是明文空间 M 中的元素,$\otimes$ 是 M 上的运算,$E_K(\cdot)$ 是 M 上密钥为 K 的加密函数,如果存在一个有效的算法 A 使得

$$A(E_K(x), E_K(y)) = E_K(x \otimes y) \tag{5-13}$$

那么就称加密函数 $E_K(\cdot)$ 对运算 $\otimes$ 是同态的。

在大多数的应用场景中,同态加密方案需要支持两种最基本、最典型的运算——加法和乘法。其同态形式化描述如下:

1) 加法同态

给定 $E_K(x)$ 和 $E_K(y)$,存在一个有限的算法 Add 使得

$$E_k(x+y) = Add(E_K(x), E_K(y)) \tag{5-14}$$

Paillier 算法[8]具有加法同态的性质,算法基本原理如下:

(1) 密钥生成。选择两个大素数 p,q,满足 $\gcd(pq,(p-1)(q-1))=1$,gcd 表示最大公因子。计算 $n=pq$ 和 $\lambda=lcm(p-1,q-1)$,lcm 表示最小公倍数。选择随机整数 $g \in Z_{n^2}^*$,保证 $\mu=(L(g^\lambda \bmod n^2))^{-1} \bmod n$,其中 $L(x)=\dfrac{x-1}{n}$。公钥为 (n,g),私钥为 (λ,μ)。

(2) 加密。对明文 $m,0 \leqslant m < n$,选择随机数 $r,0 < r < n$,$\gcd(r,n)=1$,密文 $c=g^m r^n \bmod n^2$。

(3) 解密。对密文 $c \in Z_{n^2}^*$,计算明文 $m=L(c^\lambda \bmod n^2) \cdot \mu \bmod n$。

(4) 同态性质。两个密文的乘积解密后是两个对应明文的和。因为式(5-15)

成立：

$$D(E(m_1, r_1) \cdot E(m_2, r_2) \bmod n^2) = m_1 + m_2 \bmod n \qquad (5\text{-}15)$$

此外，paillier 算法还可以实现密文的数乘运算，因为 $D(E(m_1, r_1)^k \bmod n^2) = km_1 \bmod n$。

2）乘法同态

给定 $E_K(x)$ 和 $E_K(y)$，存在一个有限的算法 Mul 使得

$$E_k(xy) = Mul(E_K(x), E_K(y)) \qquad (5\text{-}16)$$

RSA 和 ElGamal 算法均具有乘法同态性质。以 RSA 算法为例，两个密文的乘法解决后等于明文的乘法。从第 3 章 RSA 算法可知 $D(m_1^e m_2^e \bmod n) = (m_1 m_2)^{ed} \bmod n = m_1 m_2$。

Paillier 或者 RSA 只支持加或乘一种性质的同态。在实际应用中，我们希望同时支持加和乘两种同态的加密算法，即全同态加密。BGN 加密[9]是第一个具有常数大小密文且同时支持加和乘的同态加密算法，是一种 somewhat 同态加密算法。而第一个全同态加密算法则是由 Gentry 在 2009 年提出的[10]。

2. 同态密码应用

在外包场景中，基于同态加密的特性，用户可以将自己的数据加密后上传到一个不信任的服务器中，此后可以向服务器查询所需要的信息，服务器生成一个以用户公钥加密的查询结果，用户可以解密该结果获得自己需要的信息，而服务器并不知道用户具体查询的内容。

下面以基于 BGN 算法构造陷门实现位置服务中欧氏距离的快速查询索引为例来说明同态密码的应用。数据查询的应用场景中参与方主要包括用户 U、数据中心 DC 和公共存储服务器 PSS。

（1）基于 BGN 算法生成初始参数$(G, G_T, q_1, q_2, e, g, h, n = q_1 \cdot q_2)$，其中 e 为双线性映射，h 为 hash 函数。然后，计算私钥 $SB = g^{q_1}$ 并选取秘密值 k，计算公钥 $PB = e(g, g)^{q_1}$ 发送给 PSS。

（2）DC 对每个二维坐标(x_s, y_s)计算 $x_{s_0} = x_s + H(k)$，$y_{s_0} = y_s + H(k)$，然后，选择随机数 $r_{s_1} \in Z_n^*$ 和 $r_{s_2} \in Z_n^*$，计算$(l_{s_1}, l_{s_2}, l_{s_3}, l_{s_4})$：$l_{s_1} = PB^{x_{s_0}^2}$，$l_{s_2} = PB^{y_{s_0}^2}$，$l_{s_3} = g^{x_{s_0}} \cdot h^{r_{s_1}}$，$l_{s_3} = g^{y_{s_0}} \cdot h^{r_{s_2}}$ 作为密文索引发送给 PSS。

（3）当给定查询目标坐标(x_c, y_c)及范围 d，用户计算 $x_0 = x_c + H(k)$ 和 $y_0 = y_c + H(k)$，并构造查询请求(rq_1, rq_2, rq_3, rq_4)：$rq_1 = PB^{x_0^2}$，$rq_2 = PB^{y_0^2}$，$rq_3 = SB^{(2 \cdot x_0)}$，$rq_4 = SB^{(2 \cdot y_0)}$。

（4）PSS 计算 $T = \dfrac{e(l_{s_3}, rq_3) \cdot e(l_{s_4}, rq_4)}{rq_1 \cdot rq_2 \cdot l_{s_1} \cdot l_{s_2}} = PB^{(y_c - y_s)^2 - (x_c - x_s)^2}$，然后通过

判定当 $0 \leqslant v \leqslant d^2$ 时，PB^v 是否等于 T 即可判断坐标 (x_s, y_s) 是否在 (x_c, y_c) 的查询范围 d 内。

5.4 密文搜索技术

云存储通过互联网为用户提供可扩展和弹性的存储服务，是目前云中使用最广泛的应用之一。越来越多的用户将关键数据和个人数据外包给云服务器，因此保证这些数据的机密性和完整性至关重要。在外包之前对数据进行加密是保护数据的基本方法，但从加密的数据中检索所需文件是一个非常困难的问题，传统的明文关键词检索技术无法应用。如果用户想要通过关键词搜索相关数据，必须将存储于云端的所有文件都下载下来，解密后利用明文检索技术来实现。但是将大量文件从云端传输到客户端，会占用网络带宽，而在客户端解密大量密文也会耗费大量客户端计算资源，这一方案是不可行的。

Song 等[11]首次提出了可搜索加密技术，目标是使用户可以通过关键字高效准确地定位到相关的密文文件。数据拥有者通过加密机制将文件进行加密，并将密文文件存储于云服务器，具有访问权限的用户检索某关键字时，生成关键字陷门发送给服务器，服务器可以通过陷门搜索定位到包含陷门信息的密文文件，并将相关的密文文件返回给具有访问权限的用户。用户在收到检索出来的密文文件时对其进行解密即可。可搜索加密的工作架构如图 5-2 所示。

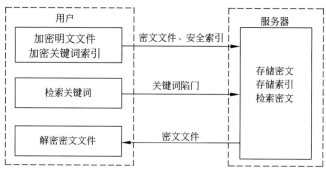

图 5-2 可搜索加密过程

5.4.1 对称搜索加密

针对加密方法的不同，可搜索加密一般分为对称可搜索加密和非对称可搜索加密。Boneh 等[12]提出了第一个非对称可搜索加密方案。由于非对称可搜索加密的开销较大，应用场景受限，我们重点介绍对称可搜索加密。

基于对称密码学的可搜索加密方案建立在伪随机函数、哈希算法基础之上，计算开销小、加解密速度快、算法简单，应用于数据所有者自己加密、自己或者授权用

户搜索的场合,适用于处理云环境下海量存储的加密数据。对称可搜索加密模型如图 5-3 所示,其密文检索流程如下:

(1)数据拥有者从待上传给云服务器的文件中提取关键词集合建立明文索引,然后用密钥加密关键词集合生成密文索引。数据拥有者以对称密钥加密待上传文件后与密文索引一起发送给云服务器。

(2)当授权用户希望用关键词搜索云服务器上的密文文件时,需要从数据拥有者处得到解密密钥以及生成关键词陷门 T。

(3)授权用户将陷门信息 T 发送给云服务器。

(4)云服务器利用陷门信息 T 对存储的密文文件进行相关查询操作。

(5)云服务器将检索到的密文文件发送给授权用户,授权用户使用从数据拥有者处得到的解密密钥对文档进行解密。

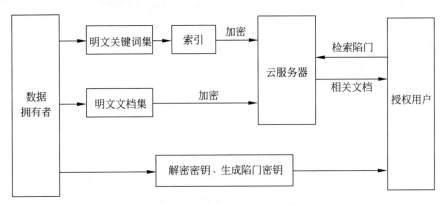

图 5-3　对称可搜索加密系统模型

5.4.2　局部敏感哈希和布隆过滤器

云环境中存储有海量数据,如何能够快速准确地定位到用户需要的文件是密文检索技术主要解决的问题之一。其次,云存储中的文件集合不是静态的,数据所有者可以随时更新文件集合,导致云服务器更新索引。此外,可搜索加密方案还需要支持单关键字搜索、多关键字搜索、连接关键字搜索、同义词检索、模糊关键字搜索和排名搜索。本节介绍局部敏感哈希 LSH、布隆过滤器(Bloom Filter)和 TF-IDF 算法等构建文档索引的关键技术来构建索引,在高维空间中相似的数据经过 LSH 后高概率的哈希到低维空间的同一位置。

1. 布隆过滤器

布隆过滤器是一种高效利用空间的概率型数据结构,支持插入元素到集合和判断元素是否存在于集合中,相比哈希表,布隆过滤器有着更高的空间利用率。标准布隆过滤器实际是由一个很长的二进制向量和一系列随机映射函数构成,支持插入元素和查找两种操作,对于计数布隆过滤器,还可以实现已插入元素的删除,支持集合变动。需要映射的元素越多,误报率(指将不属于此集合的元素判定为属于)越大,但是不会发生漏报(指将属于此集合的元素判定为不属于)。

布隆过滤器实际是一个超大的比特数组和若干哈希函数,比特数组的初始值均为 0。假设需要映射的元素集合为 $S=\{s_1,s_2,\cdots,s_n\}$,比特数组 A 的长度为 m,哈希函数的个数为 k,哈希函数的集合为 $H=\{h_1,h_2,\cdots,h_k\}$,比特数组的初始状态如图 5-4 所示。

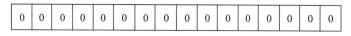

图 5-4 布隆过滤器的初始状态($m=16$)

将元素集合 S 中的所有元素映射到布隆过滤器的过程如下:

(1) 对于 S 中的每一个元素 s_i($0<i<n$),分别计算元素对应的 k 个哈希函数的值 $h_j(s_i)$($0<j<k$)。

(2) 将位数组 A 中下标为 $h_j(s_i)$ 的位都置为 1,如果当前位为 1,则保留当前值即可。

当需要查询某个元素 ω 是否属于集合 S 时,只需要按照相同的过程,分别计算 ω 经过 k 个哈希函数的值,得到对应于数组 A 上的 k 个位置,如果 A 中 k 个位置对应的值全为 1,则判定元素 ω 存在于集合 S 中,反之,则不存在。

下面以具体的实例来解释此过程。如元素集合 S 为 (x,y,z),哈希函数集合 H 的个数 k 设为 3,则集合 S 经过 H 后的哈希值如图 5-5 所示,则对应于布隆过滤器中的数组 A 的值如图 5-6 所示。若判断 ω 是否属于 S,则按相同方法计算 A 的 3 个位置,如果 3 个位置对应值全为 1,则 ω 就属于 S。这种判断方法,会产生一定的误判率。

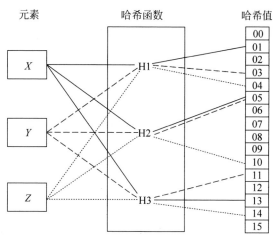

图 5-5 元素集合 S 哈希结果示例

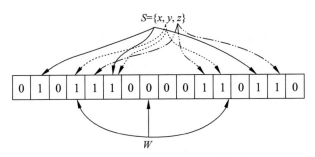

图 5-6 布隆过滤器数组 A 示例图

假设布隆过滤器中的哈希函数满足简单一致性散列假设(SUHA):元素之间相互独立,每个元素哈希到 m 长的位数组的可能性是相同的,不受其他元素映射位置的影响。将一个元素 Hash 后插入到布隆过滤器数组 A 中,则 A 的某一指定位没有被映射到的概率为 $1-1/m$,则将 n 个元素分别计算 k 个哈希函数值映射到 Bloom Filter 中,某一比特位还是 0 的概率为

$$p=\left(1-\frac{1}{m}\right)^{nk} \tag{5-17}$$

则此情况下比特位是 1 的概率为 $1-p$。当判断某个元素是否在集合 S 中时,这个元素对应的 k 个标志位不全为 1,但所有 k 个标志位都被置为 1 的误判率为

$$\varepsilon \approx (1-p)^k = \left[1-\left(1-\frac{1}{m}\right)^{nk}\right]^k \tag{5-18}$$

这个误判率应当比实际值大,因为将判断正确的情况也包含进了。根据著名的极限定理 $\lim_{n\to\infty}(1+1/m)^n=e$ 可得

$$\varepsilon \approx \left[1-e^{-\frac{nk}{m}}\right]^k \tag{5-19}$$

当且 $k=\frac{m}{n}\ln2\approx0.7\frac{m}{n}$,$\varepsilon$ 得到最优解:

$$\varepsilon \approx (1-e^{-\ln2})^{\ln2\frac{m}{n}} = 0.5^{\ln2\frac{m}{n}} = 0.6185^{\frac{m}{n}}$$

从上面的公式可以看出,数组大小 m 一定时,需要映射到布隆过滤器的不重复元素个数增大(n 增大)时,错误率也变大,如图 5-7 所示,$m/n=2$ 时,错误率达到 38.25%。但是,当 m 足够大,$m/n=10$ 时,错误率为 0.82%,在可以容忍的范围内。为了控制错误率,可以选择位数组与元素个数比大于 10。

2. 局部敏感哈希函数

局部敏感哈希函数(locality sensitive hashing,LSH)主要用于海量高维数据的近邻查找。LSH 算法具有一个性质:如果两个文本在原有的数据空间距离相近,那么分别经过哈希函数转换以后距离仍然很近;如果它们在原有数据空间很远,那么经过局部敏感哈希函数计算后仍然很远。局部敏感哈希函数可保证在高维空间中的两个相似的点映射到低维空间中还保持最大可能的相似性。

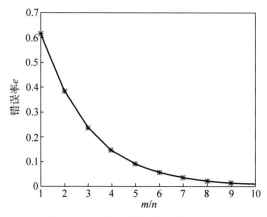

图 5-7　布隆过滤器误判率变化图

定义 5.1　局部敏感[14]：p 和 q 是 m 维数据域 S 中的任意两个点，称哈希函数族 $H = \{h : S \rightarrow U\}$ 是 (r_1, r_2, p_1, p_2)-敏感的，当且仅当：

(1) 如果 S 域中两个点 p 和 q 之间的距离满足 $d(p, q) \leqslant r_1$，则 $Pr_H(h(p) = h(q)) > p_1$。

(2) 如果 S 域中两个点 p 和 q 之间的距离满足 $d(p, q) > r_2$，则 $Pr_H(h(p) = h(q)) < p_2$。

为了让局部敏感哈希函数族起作用，需满足 $r_2 > r_1$，$p_1 > p_2$。以上条件可理解为两个距离较近的点，通过局部敏感哈希后碰撞的概率较高；两个距离较远的点，通过局部敏感哈希碰撞的概率较低。

定义 5.2　稳定分布[15]：一个分布 D 定义在实数集 $\mathbb{R}$ 上，如果存在 $p \geqslant 0$，对任何 n 个实数 $v_1, v_2, \cdots, v_n$ 和 n 个满足 D 分布的变量 $X_1, X_2, \cdots, X_n$，如果随机变量 $\sum_i v_i X_i$ 和 $(\sum_i |v_i|^p)^{\frac{1}{p}} X$ 服从相同的分布，其中随机变量 X 服从 D 分布，那么称分布 D 为一个 p-stable 分布。

利用 p-stable 分布的局部敏感哈希函数，在保证两个元素相似性不变的同时，可以有效地将高维空间中的数据转换为低维空间的特征向量表示，实现降维，可简化之后的比较运算。主要过程是：在服从 p-stable 分布中选取 d 个独立的随机变量组成一个 d 维的随机向量 $\boldsymbol{a}$。对一个 d 维的特征向量 $\boldsymbol{v}$ 降维为 $\boldsymbol{a} \cdot \boldsymbol{v}$。如定义 5.2，随机变量 $\boldsymbol{a} \cdot \boldsymbol{v}$ 与 $(\sum_i |v_i|^p)^{\frac{1}{p}} X$ 同分布。例如，假设有两个图像特征 X_1、X_2，用这两个特征分别与同一个正态分布的数列 $\boldsymbol{a}$ 做向量点乘，所得到的 2 个数值在一维上的距离与 X_1、X_2 在多维上的欧氏距离是同分布的，即同比例缩放。

基于 p-stable 分布的 LSH 对每一个特征向量 $\boldsymbol{v}$ 计算其局部敏感哈希函数值，如果 $\boldsymbol{v}_1$ 和 $\boldsymbol{v}_2$ 距离很近，它们将高概率地被哈希到相同的位置。将实数集平均分段，

每段长度为 w，标记每个分段，$\boldsymbol{a} \cdot \boldsymbol{v}$ 向量内积运算将多维特征向量 $\boldsymbol{v}$ 降维映射到实数集 $\mathbb{R}$，按照计算结果找到实轴上分段的标号，这个标号就代表向量 $\boldsymbol{v}$ 的 LSH 值。根据构造过程可知，距离相近的点会映射到相同的分段，从而实现了在降维过程中保证了两个向量原有的距离。

基于 p-stable 分布的 LSH 函数族依式(5-20)将一个 d 维向量 $\boldsymbol{v}$ 降维到一个整数集

$$h_{\boldsymbol{a},b}(\boldsymbol{v}) = \frac{\boldsymbol{a} \cdot \boldsymbol{v} + b}{w} \tag{5-20}$$

其中，$\boldsymbol{a}$ 是随机 d 维向量，由在服从 p-stable 分布中选取 d 个独立的随机变量组成，b 随机取自 $[0,w]$ 内的实数。向量 $\boldsymbol{v}_1$ 和 $\boldsymbol{v}_2$ 降维到实数空间内，通过矫正参数 b 的作用，映射到一个同样长 w 的线段上，则认为向量 $\boldsymbol{v}_1$ 和 $\boldsymbol{v}_2$ 通过 LSH 后冲突。

基于 p-stable 分布的 LSH 通过将高维向量降维，使得局部敏感哈希算法能够直接处理欧氏距离。使用与特征向量同维且服从 p-stable 分布的向量计算内积，将原向量映射到实数集内，保证了原空间内近邻的向量哈希到同一线段上的概率大，不相似的两个向量哈希到同一条线段上的概率小，正好对两个向量的距离起到局部保护的作用。

3. 基于 TF-IDF 的关键词提取算法

TF-IDF(terms frequency-inverse document frequency，词频-逆文本频率)通常用于信息处理中对文档抽取关键词，用以判断和量化一个词语对一篇文档的权重。一个词语在某篇文档中出现的次数多，而在文件集的其他文档中出现次数少，就代表这个词语可以将这篇文档与其他文档区分开来，适合做文档的关键词。如果这个词语在这篇文章中的出现次数越高，则表明这个词语对于这篇文章的重要性越高。同时，它还与这个词语在语料库中出现的文章篇数有关，出现的篇数越多，则会降低这个词语在这篇文章中的重要性。

TF-IDF 实际上是 TF×IDF，TF 是词频，表示字词 w 在文档 F 中出现的频率，IDF 表示逆向文件频率，其主要是为了去除那些经常用的词语，比如"是"、"了"、"我们"、"还有"等这类的词语，这些词语对于整篇文档重要性不高，但是出现的频率会比较多，就有可能使最后的计算结果没有任何信息。

TF(词频)的计算方法是某个词语在文章中的出现次数与文章的总词数之比：

$$tf_{i,j} = \frac{n_{i,j}}{\sum_k n_{k,j}} \tag{5-21}$$

其中，$n_{i,j}$ 表示词语 t_i 在文档 d_j 中出现的次数，$\sum_k n_{k,j}$ 是文档 d_j 中包含的所有词语出现的次数之和。

IDF(逆向文件频率)的计算方法是总文件数与包含某词语文件数比值的对数：

$$idf_i = \lg \frac{|D|}{|N_i + 1|} \tag{5-22}$$

其中，$|D|$ 表示服务器上所有文档的数量，N_i 为词语 t_i 出现过的文档数目之和。则 TF-IDF 算法描述关键词 t_i 对文档 d_j 的权重 $w_{i,j}$ 的计算公式是 $tf_{i,j}$ 与 idf_i 的乘积，即 $w_{i,j} = tf_{i,j} \cdot idf_i$。

5.4.3　支持同义多关键词的模糊密文检索

下面以我们设计的支持同义多关键词模糊检索的可搜索加密方案为例[13]，介绍密文搜索系统的构建。

1. 系统架构

系统架构包含 3 个不同实体，即数据所有者（DO）、云服务器（CS）和授权数据用户（DU），如图 5-8 所示。各个实体具有以下功能：

（1）数据拥有者（DO）：确定具体的明文数据，使用加密算法对明文文件进行加密，同时对数据集中的文件进行关键字提取，构建关键词索引并加密后同密文文件一起上传到服务器中，DO 拥有加密和生成索引的密钥。

（2）云服务器（CS）：存储 DO 上传的密文文件集以及索引信息，接收和处理用户的下载和搜索请求，当收到授权用户的搜索请求时，根据搜索标记，使用一定的算法搜索索引，然后将搜索结果根据相似性度量排序后返回 top-k 个文件给授权用户，搜索结果是一组包含搜索关键词的加密文档。

（3）授权数据用户（DU）：根据 DO 的授权，有权对数据进行访问，生成搜索关键词陷门，并将陷门发送给 CS，将 CS 返回的符合查询条件的密文文件在本地解密。对于单用户单服务器模型，DO 和 DU 用户是同一个实体。

本方案工作流程是：DO 拥有一组敏感数据文件 F，需要使用云存储服务，为了保证用户隐私和数据的安全性，首先将明文文件 F 采用对称加密算法加密为密文 C，为了实现高效的可搜索加密，DO 将从文件集 F 中提取关键字集合 W，同时创建同义词集合 SW，并为 W 和 SW 建立安全索引 I，索引 I 和密文 C 一起上传到 CS，用于加密和生成索引的密钥在 DO 中保密。DO 给合法的 DU 添加访问权限。为了在加密文件中搜索查询关键字 Q，DU 按照一定的规则生成检索陷门 T_Q 并将其发送到 CS。在收到陷门后，CS 将按照一定算法规则搜索索引 I 得到密文文档标识符来定位密文文档，并按照排序顺序返回与检索关键词最相关的一组加密文档。DU 在收到加密文档后在本地解密。

2. 方案目标

本方案设计达到如下目标：

（1）动态更新：支持文件的动态操作，DO 可以随时添加或删除文件，通过为每个文件构建索引实现在不重构索引的情况下完成索引更新。

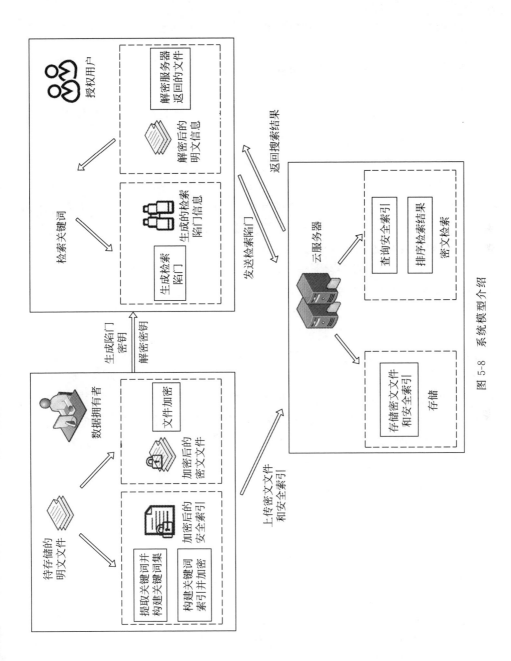

图 5-8　系统模型介绍

（2）同义词检索：支持基于同义词的检索，提高了搜索结果的相关性。

（3）多关键词检索：用户可以在查询请求中搜索多个词组，方案将给出多个词组"或"连接的搜索结果。

（4）模糊检索：容忍用户对单词的拼写错误，支持关键词词形模糊匹配搜索，减少存储空间，提高数据动态更新的效率。

（5）结果排序：支持对检索结果排序。云服务器根据查询请求提供最相关的 top-k 结果返回给客户端。

（6）搜索效率：方案使用一定的加权规则，来提高文件检索结果的召回率和精确度，并减少索引构造时间来提升搜索效率。

3. 文档预处理

对要处理的明文文件集合 $F = \{f_1, f_2, \cdots, f_n\}$，$f_i$ 是每个的文件标识符，将要上传的明文文档 f_i 使用分词软件进行分词，并利用 TF×IDF 分词算法计算词语的权重。由于 TF×IDF 算法需要计算关键词在文档集中出现的次数以及文档集总数，这会导致在文档更新时造成索引重建，不适于频繁更新的加密云存储系统。为此我们只取得关键词在上传文档 f_i 中的词频 TF，并构建一个停用词字典，将不可区分的无意义词义归纳进去，如"and""also""where""that""this"等。停用词字典只需要一次构建，在每次更新文档时，将提取的关键词集按照词频排序，再使用停用词字典进行过滤，则剩余排名靠前的词语更能准确地表示文档，最后取得排名前 t 的词语作为文档的关键词集 $W_i = (w_1, w_2, \cdots, w_t)$，其对应的权重集合为 $D_i = (d_1, d_2, \cdots, d_t)$，其中 d_i 表示关键词 w_i 在文档 f_i 中的频率。随后使用自然语言处理技术对关键词集 W_i 进行同义词扩展，形成 $SW_i = \{sw_1, sw_2, \cdots, sw_n\}$，同义词拥有与关键词相同的权重，并将每个同义词的权重插入权重集合 D_i 中，更新权重集合 $D_i = (d_1, d_2, \cdots, d_n)$，其中 D_i 中的元素与 SW_i 中的关键词权重一一对应。

4. 加密密钥生成

方案采用对称加密算法加密文档，使用安全 k-近邻算法加密关键词索引，加密索引的密钥为 sk：

（1）输入安全随机数 α_1，随机构建两个 $k \times k$ 维的可逆矩阵 M_1, M_2 作加密矩阵。

（2）输入安全随机数 α_2，利用伪随机函数发生器随机构建一个 k 维的二进制指示向量 $S = (s_1, s_2, \cdots, s_k)$，基于安全 k-近邻算法，向量 S 用于构建索引和生成陷门时分割布隆过滤器向量进行加密，为了阻止蛮力攻击，k 要足够长，如选择 256b，而且 S 中的 0 和 1 的个数要相当，以实现最大化随机性。

（3）$sk = (M_1, M_2, S)$ 用于加密文档关键词映射的布隆过滤器和生成安全陷门。

5．安全索引构建

安全索引构建分为构建布隆过滤器索引向量和使用安全 k-近邻算法加密索引向量两个步骤。

1）构建布隆过滤器索引向量

首先为每个文件 f_i 分配一个 k 位的布隆过滤器 B_i，B_i 的每一位初始值都设为 0。使用基于 p-stable 分布的 LSH 来实现模糊检索，LSH 函数可把高维空间相似的向量高概率地哈希到低维空间中相同的值。为了最大程度地模糊匹配到相似的词语，把关键词中两个相邻的字符进行组合，26 个字母两两组合会产生 $P_{26}^2 =$ 650 种组合，所以每个关键词 sw_j 转换采用 26^2 长度的二进制向量 $\boldsymbol{v}_j \in \{0,1\}^{676}$ 来表示，转换成的向量集为 $V_i = \{v_1, v_2, \cdots, v_n\}$。对于向量集合 V_i 中的每一个向量 $\boldsymbol{v}_j$，选取 l 个基于 p-stable 分布的 LSH 函数族 $H = \{H_1, H_2, \cdots, H_l\}$ 中的函数计算 $(H_1(\boldsymbol{v}_j), H_2(\boldsymbol{v}_j), \cdots, H_l(\boldsymbol{v}_j))$，其中哈希函数族的形式为

$$H_i(v_j) = \frac{\boldsymbol{a} \cdot \boldsymbol{v}_j + b}{w} \tag{5-23}$$

且 b 是 $[0, w]$ 的随机数，$\boldsymbol{a}$ 为每个元素满足稳定分布的 26^2 维向量。

其次设置索引向量。先将 $(H_1(\boldsymbol{v}_j), H_2(\boldsymbol{v}_j), \cdots, H_l(\boldsymbol{v}_j))$ 计算出来的哈希结果值依次找到 B_i 中对应的位置设为 1，如果当前位置已经是 1，则无需更改。最后，将关键词集对应的权重 d_j 也插入索引向量中，为了避免重复，遍历 $(H_1(\boldsymbol{v}_j), H_2(\boldsymbol{v}_j), \cdots, H_l(\boldsymbol{v}_j))$ 在 B_i 中的位置，直到找到一个位置的值是 1（对应位是 1 表示此位置没有被插入关键词权重），则把这个位置的值设为预处理中计算出的 w_j 的权重值 d_j，将 B_i 表示为 $(b_1, b_2, \cdots, b_k)$，构建索引向量的过程如图 5-9 所示。

2）使用安全 k-近邻算法加密索引向量

将构建的关键词索引 $B_i = (b_1, b_2, \cdots, b_k)$ 基于安全 k-近邻算法使用密钥 $S = (s_1, s_2, \cdots, s_k)$ 进行向量分割，将 B_i 分割为 $B'_i = (b'_1, b'_2, \cdots, b'_k)$ 和 $B''_i = (b''_1, b''_2, \cdots, b''_k)$，$S$ 是上一节随机生成的二进制向量，首先选择一个随机数 $r \in \mathbb{R}$，依次遍历 B_i 中的每一位 b_j，如果 S 中对应的 $s_j = 1$，则令

$$b'_j = b''_j = b_j \tag{5-24}$$

若 S 中对应的 $s_j = 0$，则令

$$b'_j = \frac{1}{2} b_j + r, \quad b''_j = \frac{1}{2} b_j - r \tag{5-25}$$

然后计算 $I'_i = M_1^T \cdot B'_i$，$I''_i = M_2^T \cdot B''_i$，最后生成关键词 W_i 的索引 $I_i = (I'_i, I''_i)$。则所有文档集标识符以及对应的索引 $I = (F, I_1, I_2, \cdots, I_n)$，将 I 上传至云服务器中。

6．检索陷门构建

生成检索陷门的方式与构建安全索引的方式相同，同样分为生成陷门索引以及加密两个步骤。

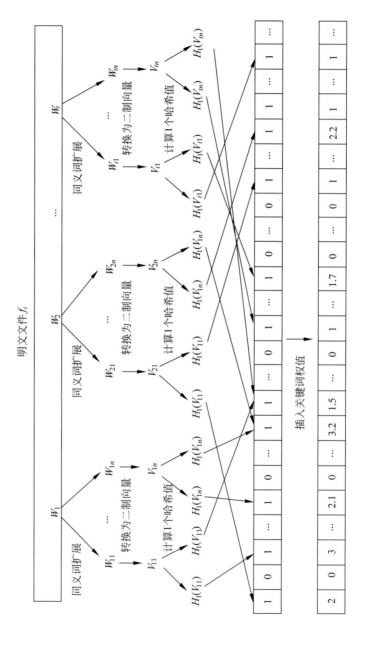

图 5-9 索引构建方案

（1）输入查询的关键词集合 $Q=\{q_1,q_2,\cdots,q_m\}$，将 Q 使用对偶编码算法转换成二进制向量集合 $V=\{\boldsymbol{v}_1,\boldsymbol{v}_2,\cdots,\boldsymbol{v}_m\}$，每个二进制向量 $\boldsymbol{v}_j$ 都是 26^2 位，为查询集合设置一个长为 k 的布隆过滤器 B；对于每一个向量 v_j，选取 l 个基于 p-stable 分布的 LSH 函数族 $H=\{H_1,H_2,\cdots,H_l\}$ 中的函数计算 $(H_1(\boldsymbol{v}_j),H_2(\boldsymbol{v}_j),\cdots,H_l(\boldsymbol{v}_j))$，其中哈希函数族的形式如式（3-1）。然后设置索引向量，设置方法是先将 $(H_1(\boldsymbol{v}_j),H_2(\boldsymbol{v}_j),\cdots,H_l(\boldsymbol{v}_j))$ 计算出来的哈希结果值依次找到 B 中对应的位置设为 1，如果当前位置已经是 1，则无需更改，设置完成 $B=(b_1,b_2,\cdots,b_k)$。

（2）将构建的关键词索引 $B=(b_{q1},b_{q2},\cdots,b_{qk})$ 基于安全 k-近邻算法使用密钥 $S=(s_1,s_2,\cdots,s_k)$ 进行向量分割，与加密索引向量的分割方式恰好相反，将 B 分割为 $B'=(b'_{q1},b'_{q2},\cdots,b'_{qk})$ 和 $B''=(b''_{q1},b''_{q2},\cdots,b''_{qk})$，首先选择一个随机数 $a\in \mathbb{R}$，依次遍历 B 中的每一位 b_{qj}，如果 S 中对应的 $s_j=0$，则令

$$b'_{qj}=b''_{qj}=b_{qj} \tag{5-26}$$

若 S 中对应的 $s_j=1$，则

$$b'_{qj}=\frac{1}{2}b_{qj}+a,\quad b''_{qj}=\frac{1}{2}b_{qj}-a \tag{5-27}$$

然后计算 $I'_q=M_1^{-1}\cdot B',I''_q=M_2^{-1}\cdot B''$，最后生成搜索陷门 $I_q=(I'_q,I''_q)$。

7. 检索排序

云服务器收到数据用户发送的检索陷门后，将 I_q 与存储的索引向量 $I=(F,I_1,I_2,\cdots,I_n)$ 中的每一个加密索引 I_i 进行向量内积运算，内积大小作为检索关键词与文件的匹配度，最后按照匹配度大小排序，将对应的密文文件发送给客户端。首先选取一个初始为空的数组 F_R，用来存储与检索词最相关的文件标识符，计算内积的公式为

$$
\begin{aligned}
I_i\cdot I_q &= (I'_i,I''_i)\cdot(I'_q,I''_q)\\
&= (M_1^T\cdot B'_i,M_2^T\cdot B''_i)\cdot(M_1^{-1}\cdot B',M_2^{-1}\cdot B'')\\
&= M_1^T\cdot B'_i\cdot M_1^{-1}\cdot B'+M_2^T\cdot B''_i\cdot M_2^{-1}\cdot B''\\
&= B'_i\cdot B'+B''_i\cdot B''\\
&= \sum_{j=1}^{k}b'_j b'_{qj}+\sum_{j=1}^{k}b''_j b''_{qj}
\end{aligned}
\tag{5-28}
$$

当 $s_j=1$ 时，

$$b'_j b'_{qj}+b''_j b''_{qj}=b_j\cdot\left(\frac{1}{2}b_{qj}+a\right)+b_j\cdot\left(\frac{1}{2}b_{qj}-a\right)=b_j b_{qj} \tag{5-29}$$

当 $s_j=0$ 时，

$$b'_j b'_{qj}+b''_j b''_{qj}=\left(\frac{1}{2}b_j+r\right)\cdot b_{qj}+\left(\frac{1}{2}b_j-r\right)\cdot b_{qj}=b_j b_{qj} \tag{5-30}$$

无论 s_j 的值取多少，最后 $I_i \cdot I_q$ 的值与构建关键词索引和陷门时取得实数 r 和 a 没有关系，所以可以随机选择，由于在 B_i 中添加了关键词的权重，如果一个关键词包含于两个文档，则权重高的文档计算出来的内积大小要比权重低的大，这符合实际的检索场景，本轮推导也进一步验证了本书提出方案的正确性。按照一定的排序算法，将 $I_i \cdot I_q (i \in [1, k])$ 的结果排序，取前 l 位的文件标识符，依次存储在 F_R 中，最后将 F_R 中标识符相对应的密文文档发送给授权用户即完成了检索过程。

5.5　移动群智感应中的数据安全共享案例

近年来，移动群智感应（mobile crowdsensing，MCS）成为工业物联网中的一个研究热点。如图 5-10 所示，移动群智感应系统通常包括感知层、传输层、数据层以及应用层。在感知层中，移动智能设备通过各种数据传感器采集数据，并将采集到的数据共享给中心服务器进行数据分析、数据建模、机器学习等任务。在此过程中，移动智能设备采集到的数据是高度敏感的，一旦泄露，会造成严重的后果。例如，通过智能电表采集到的数据，可以判断屋主是否在家等信息。因此，在移动群智感应系统中，需要设计数据安全共享协议以保证用户敏感信息的安全性。

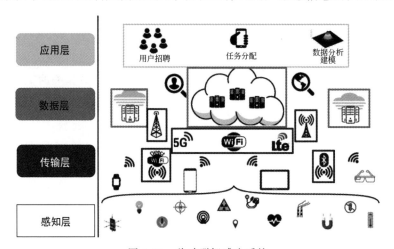

图 5-10　移动群智感应系统

朴素贝叶斯模型为移动群智感应系统中的一个常用应用。通常情况下，朴素贝叶斯模型的训练需要大量的智能设备进行数据采集并共享至中心服务器，中心服务器将数据进行聚合后进行贝叶斯模型的训练。为解决贝叶斯模型训练过程中的隐私泄露问题，一种面向移动群智感应系统的数据安全共享与聚合协议如下。

1）数据预处理

假设智能移动设备采集到的样本数据可表示为 $\boldsymbol{X}^{(ik)} = (x_1^{(ik)}, x_2^{(ik)}, \cdots, x_u^{(ik)}) \in$

$\{0,1\}^u$ 以及 $\boldsymbol{Y}^{(ik)}=(y_1^{(ik)},y_2^{(ik)},\cdots,y_v^{(ik)})\in\{0,1\}^v$，其中 $k=1,2,\cdots,l^{(i)}$，$l^{(i)}$ 为该智能移动设备收集到的样本数量，智能移动设备进行以下预处理操作：针对每一个样本数据，智能移动设备计算 $\boldsymbol{Z}^{(ik)}=(Z_{11}^{(ik)},\cdots,Z_{ts}^{(ik)},\cdots,Z_{uv}^{(ik)})\in\{0,1\}^{uv}$，其中 $Z_{ts}^{(ik)}=x_s^{(ik)}\cdot y_t^{(ik)}$，将向量 $\boldsymbol{X}^{(ik)}$、$\boldsymbol{Y}^{(ik)}$ 和 $\boldsymbol{Z}^{(ik)}$ 中每一维进行求和，得到 $Nx_s^{(i)}=\sum\limits_{k=1}^{l^{(i)}}x_s^{(ik)}$、$Ny_t^{(i)}=\sum\limits_{k=1}^{l^{(i)}}y_t^{(ik)}$ 以及 $Nz_{ts}^{(i)}=\sum\limits_{k=1}^{l^{(i)}}z_{ts}^{(ik)}$，并合成本地训练数据如下：

$$\begin{cases}\boldsymbol{NX}^{(i)}=(Nx_1^{(i)},Nx_2^{(i)},\cdots,Nx_u^{(i)})\\\boldsymbol{NY}^{(i)}=(Ny_1^{(i)},Ny_2^{(i)},\cdots,Ny_v^{(i)})\\\boldsymbol{NZ}^{(i)}=(Nz_{11}^{(i)},\cdots,Nz_{ts}^{(i)},\cdots,Nz_{vu}^{(i)},l^{(i)})\end{cases}\tag{5-31}$$

2) 本地敏感数据加密与共享

在得到本地模型数据后，为了满足安全性需求，移动智能设备进行加密处理，对任意的 $m_i\in\langle\boldsymbol{NX}^{(i)},\boldsymbol{NY}^{(i)},\boldsymbol{NZ}^{(i)}\rangle$，移动智能设备执行加密操作如下：

$$[\![m_i]\!]=g^{m_i}\cdot h^r\cdot SK_{DC_i}\bmod N^2\tag{5-32}$$

其中，r 为在 $\mathbb{Z}_N$ 中选取的随机数。之后移动智能设备得到加密的本地训练数据如下：

$$\begin{cases}[\![\boldsymbol{NX}^{(i)}]\!]=([\![Nx_1^{(i)}]\!],[\![Nx_2^{(i)}]\!],\cdots,[\![Nx_u^{(i)}]\!])\\[\![\boldsymbol{NY}^{(i)}]\!]=([\![Ny_1^{(i)}]\!],[\![Ny_2^{(i)}]\!],\cdots,[\![Ny_v^{(i)}]\!])\\[\![\boldsymbol{NZ}^{(i)}]\!]=([\![Nz_1^{(i)}]\!],\cdots,[\![Nz_{ts}^{(i)}]\!],\cdots,[\![Nz_{vu}^{(i)}]\!],[\![l^{(i)}]\!])\end{cases}\tag{5-33}$$

最后，移动智能设备将数据将 $\langle[\![\boldsymbol{NX}^{(i)}]\!],[\![\boldsymbol{NY}^{(i)}]\!],[\![\boldsymbol{NZ}^{(i)}]\!],l^{(i)}\rangle$ 发送给云服务器。

3) 安全模型数据聚合

中心服务器在收到各智能移动设备参数之后，首先基于密文进行数据聚合，并将最终聚合结果进行解密，具体步骤如下。

进行数据聚合计算：

$$\begin{cases}[\![Nx_s]\!]=\prod\limits_{i=1}^m[\![Nx_s^{(i)}]\!]\bmod N^2\\[\![Ny_t]\!]=\prod\limits_{i=1}^m[\![Ny_t^{(i)}]\!]\bmod N^2\\[\![Nz_{ts}]\!]=\prod\limits_{i=1}^m[\![Nz_{ts}^{(i)}]\!]\bmod N^2\end{cases}\tag{5-34}$$

得到密文全局训练数据 $[\![\boldsymbol{NY}]\!]$，$[\![\boldsymbol{NZ}]\!]$，$[\![\boldsymbol{NZ}']\!]$，对任意的 $[\![m']\!]\in\langle[\![\boldsymbol{NY}]\!]$，$[\![\boldsymbol{NZ}]\!]$，$[\![\boldsymbol{NZ}']\!]\rangle$，执行解密计算如下：

$$m'=(L([\![m']\!]^\lambda\bmod N^2\cdot\mu)\bmod N)\bmod p'\tag{5-35}$$

最终得到朴素贝叶斯全局模型训练参数：

$$\begin{cases} \boldsymbol{NX}^{(i)} = (Nx_1^{(i)}, Nx_2^{(i)}, \cdots, Nx_u^{(i)}) \\ \boldsymbol{NY}^{(i)} = (Ny_1^{(i)}, Ny_2^{(i)}, \cdots, Ny_v^{(i)}) \\ \boldsymbol{NZ}^{(i)} = (Nz_{11}^{(i)}, \cdots, Nz_{ts}^{(i)}, \cdots, Nz_{vu}^{(i)}, l^{(i)}) \end{cases} \tag{5-36}$$

4）朴素贝叶斯全局模型训练

基于全局模型训练参数，中心服务器最终可进行朴素贝叶斯模型的训练：

$$\Pr(x_s = 1 \mid y_t = 1) = \frac{Nz_{ts}}{Ny_t}, \quad \Pr(x_s = 0 \mid y_t = 1) = \frac{Nx_s - Nz_{ts}}{l - Ny_t}$$

$$\Pr(y_t = 1) = \frac{Ny_t}{l}, \quad \Pr(y_t = 0) = 1 - \Pr(y_t = 1)$$

$$\Pr(x_s = 0 \mid y_t = 1) = 1 - \Pr(x_s = 1 \mid y_t = 1)$$

$$\Pr(x_s = 0 \mid y_t = 0) = 1 - \Pr(x_s = 1 \mid y_t = 0)$$

基于上述方案，在整个过程中，智能移动设备与中心服务器之间仅需一次交互即可完成全局模型的训练。同时，基于同态加密技术，中心服务器只能够得到各智能移动设备聚合之后的数据。因此，智能移动设备的本地训练数据可以得到有效的保护。

参考文献

［1］ NIST. The NIST Definition of Cloud Computing［DB/OL］.（2011-09-28）［2020-11-16］. https：//www. nist. gov/publication/nist-definion-cloud-computing.

［2］ SAHAI A，WATERS B. Fuzzy identity-based encryption［C］//International Conference on Theory & Application of Crytographic Techniques，Berlin：Springer，2005.

［3］ BETHENCOURT J，SAHAI A，WATERS B. Ciphertext-policy attribute-based encryption［C］// IEEE Symposium on Security and Privacy，IEEE Conputer Society，Los Alamitos，2007.

［4］ GOYAL V，PANDEY O，SAHAI A，et al. Attribute-based encryption for fine-grained access control of encrypted data［C］//Proceeding of the 13th ACM Conference on Computer and Communications Security CCS，2006.

［5］ FOUQUE P A，POUPARD G，STERN J. Sharing decryption in the context of voting or lotteries ［C］//International Conference on Financial Cryptography. Springer，Berlin，Heidelberg，2000.

［6］ LIU X，CHOO K K R，DENG R H，et al. Efficient and privacy-preserving outsourced calculation of rational numbers［J］. IEEE Transactions on Dependable & Secure Computing，2018：1-1.

［7］ RIVEST R L，ADLEMAN L M，DERTOUZOS M. On data banks and privacy homomorphisms ［J］. Foundations of Secure Computation，1978：169-180.

［8］ PAILLIER P. Public-key cryptosystems based on composite degree residuosity classes［C］. Proc. Eurocrypt'99，Czech Republic，May，1999：223-238.

［9］ BONEH D，GOH E-J，NISSIM K. Evaluating 2-DNF formulas on ciphertexts［C］//TCC 2005：Theory of Cryptography，2005.

［10］ GENTRY C. Fully homomorphic encryption using ideal lattices［C］//STOC'09：Symposium on

Theory of Computing Bethesda,MD USA,May,2009.

[11] SONG D X,WAGNER D,PERRIG A. Practical techniques for searches on encrypted data [C]//IEEE Symposium on Security and Privacy,Berkeley,California,USA,2000.

[12] BONEH D,CRESCENZO G D,OSTROVSKY R,et al. Public-key encryption with keyword search[C]//Advances in Cryptology-Eurocrypt,2004.

[13] 石素丽. 云计算下支持同义多关键词模糊密文检索的方案研究[D]. 西安：西安电子科技大学,2018.

[14] INDYK P,MOTWANI R. Approximate nearest neighbors：towards removingthe curse of dimensionality[C]//Proceedings of the Thirtieth Annual ACM Symposium on Theory of Computing,1998.

[15] DATAR M,IMMORLICA N,INDYK P,et al. Locality-sensitive hashing scheme based on p-stable distributions[C]//Proceedings of the Twentieth Annual Symposium on Computational Geometry,2014.

数据的隐私保护

6.1 智能制造中的隐私泄露风险

智能制造将物联网、分析技术、机器人技术、人工智能、先进材料和增强现实技术等先进技术有机结合,构建响应性供应网络与量身定制产品和服务,将数字世界与现实生活结合起来,使人们凭借数字孪生等概念提供按需制造。当供应链、工厂、用户和业务连接起来时,个人用户的隐私面临日益严重的威胁。在智能制造中,隐私泄露的风险主要存在以下 4 个部分:

(1) 用户在使用由个性化而产生的定制信息访问智能制造的工业互联网网站服务时,将会泄露用户的兴趣爱好、位置、经济状况等隐私信息。智能制造企业在发布或共享供应链和相关业务数据时也可能会泄露用户的个人敏感信息。

(2) 在智能制造的产品中,某些组件中可能被嵌入恶意程序,在用户不知情的情况下非法收集用户的数据,以此来窃取用户的隐私信息。2019 年,德国 SRLabs 的研究人员发现可以通过开发 Amazon Alexa 和 Google Home 的语音 App,轻松地通过亚马逊和谷歌的安全性检查,将智能音箱变成智能间谍,窃听用户的声音,通过声音破解用户的密码甚至对用户进行钓鱼式欺骗攻击。

(3) 智能制造的信息系统服务过程中也存在泄露用户隐私的风险。服务使用者可以查询服务信息,并对相关信息进行加工和大数据分析。如果不施加相应的隐私保护机制,能够从中推断出用户的隐私信息。

(4) 智能制造服务模型参数泄露的风险。智能制造越来越多地使用人工智能技术,机器学习即服务成为新的服务模式。人工智能模型是通过大量数据训练出来的,具有极高的经济价值。在对外服务的过程中,服务访问者可以通过模型萃取攻击获得模型参数从而复制模型。如何保护智能制造的机器学习模型也是一个亟待解决的问题。

6.2 数据发布的隐私保护

智能制造过程中数据发布和交换共享对于提高数据的利用率、挖掘数据的价值具有重要的意义。在数据发布过程中,如果不加保护地发布原始数据,会导致严重的隐私信息泄露问题。为保护用户的隐私,往往在发布过程中需要对数据进行一定的脱敏处理,因此如何既保护数据的隐私,又保持数据的可用性,是隐私保护数据发布要实现的目标。

6.2.1　静态发布

1. 静态发布相关概念

静态数据的发布一般是指发布一张数据表,且只发布一次的情形。在数据表中每条记录包含自然人隐私身份信息和自然人的敏感属性。可将数据记录的属性分为 3 类:显式标识符属性、准标识符(quasi-identifier,QI)属性、敏感属性。

(1)显式标识符属性:可唯一标识单一自然人的属性,如身份证号码、姓名等。

(2)准标识符属性:联合起来能唯一标识一个自然人的多个属性,如邮编、生日、性别等属性联合起来可能构成准标识符。

(3)敏感属性是包含自然人隐私数据的属性,如健康状况、薪酬、兴趣爱好等。

这 3 类属性是不相交的。每一个显式标识属性标识了一个自然人个体,连同与其对应的其他属性值,共同构成了一条记录。隐私保护的目标是设法阻止每条记录中的敏感属性与显式标识属性相链接,避免个体的敏感属性值的泄露,同时要保留敏感属性的值,以供数据的使用者进行数据挖掘和统计分析。显然,最直接的方法是将显式标识属性从数据表中移除后发布数据。然而相关研究表明[1,2],把显式标识属性从表格中移除不能防止隐私信息的泄露,攻击者仍然会通过链接不同数据表中的相关背景知识获得数据表中个体的隐私信息。为了降低通过背景知识而成功攻击的概率,即推断出敏感属性所对应的个体的概率,研究者们提出了一系列的匿名化方法,如 k-匿名[1,2]、l-多样性[3]、t-接近性[4]、去耦[5]、个性化隐私保护[6]等,这些匿名化原则一方面要保证数据不被相关攻击[7-9]泄露,另一方面要以尽量少的信息丢失为代价来实现隐私保护。

2. 静态发布匿名方法

(1)泛化。包括全局泛化和局部泛化,是将某一属性值用更一般的属性值来替代。全局泛化[10]指所有的属性根据泛化树泛化到一个层次;局部泛化指采用不同局部泛化算法实现匿名化。聚类是一种特殊的泛化,它将表中的 n 条记录划分至 m 个不同聚类,每个聚类中的点数不少于 k 个。

(2)数据扰动。数据扰动是通过加噪[11]、数据置换[12,13]、人工数据合成等方法对原始数据进行一定的修改,但保留原始数据的统计信息[14,15]。当进行分类器构建和关联规则挖掘,而数据所有者又不希望发布真实数据时,可以预先对原始数据进行扰动后再发布。加噪用于数值型隐私数据,是用 $s+r$ 代替原始数据 s,r 是符合某一分布的随机值;数据置换是指交换记录的隐私属性值;人工数据合成即依据现有数据构建一个统计模型,然后从模型中抽样来构造合成数据以代替原始数据。

（3）抑制。指用特殊符号代替现有属性以使得现有属性值更为模糊的匿名方法，如将手机号码写作 159 **** 9468 以实现匿名。Meyerson 等[16]证明，采用泛化和抑制方法实现 k-匿名的最优解是一个 NP 难问题。与随机化技术修改数据、提供非真实数据的方法不同，抑制技术采用的是不发布某些特定数据的方法，因为某些应用更希望基于真实数据进行研究。由于某些值被"*"代替，那么对某些项集的计数会为一个不确定的值，位于一个最小估计值和最大估计值范围内。因此在抑制尽量少的数据值情况下将敏感关联规则可能的支持度和置信度控制在预定的阈值以下[17,18]，可以实现敏感关联规则的隐藏和分类规则的隐藏[19]。

（4）去耦。Anatomization[5]不改变准标识符属性值和隐私属性值，而是将两者分开至两个独立的表中，这样，虽然数据不发生改变，但原有数据挖掘方法将不再适用，而且 Anatomization 发布连续数据的效果不佳。

6.2.2　k-匿名

k-匿名[1,2]是由 Latanya Sweeney 和 Pierangela Samarati 在 1998 年提出的一种匿名化数据的技术。它通过混淆数据的准标识符属性，解决了"给定一个原始数据集，生成一个匿名化的数据集，它可以在保证数据的实际可用性的条件下，保证其中的个体身份不会被恢复出来"的问题。

Latanya Sweeney 在研究中发现，使用 1990 年美国人口普查数据，仅凭借几个关键的个人信息属性可以几乎唯一确定地得到信息所匹配的个体身份。比如，87%的美国人可以仅根据他们的 5 位邮政编码、性别和出生日期确定出他们的身份。显然，如果数据发布中包含了这些关键的个人信息，那么就不能认为它是一个匿名发布。

在 2002 年时美国已有 37 个州立法收集医院中的国民健康数据，其中有 17 个州从医院、诊所等部门收集门诊医疗数据，图 6-1 中左圆为公民医疗数据集中所包含的属性，包含邮政编码、出生日期、性别和种族。由于没有姓名等显性标识符，数据被认为是匿名的，故而其向研究者公开并向工业界出售。右圆中为选民登记表中所包含的属性，包含了每一位投票人的姓名、地址、邮编，出生日期和性别。以马萨诸塞州为例，仅用 20 美元就可以获得一份选举登记人数据库。以邮编、出生日期和性别作为准标识符和线索，就可以将数据中的诊断、治疗过程、用药和个人身份信息匹配起来，造成隐私泄露。

例如，威廉维尔德曾任马萨诸塞州州长，他的医疗数据被包含在左圆所示的医疗数据集中，选举数据被包含在右图所示的选民数据集中。在选民数据集中有 6 人与他有相同的出生日期，其中 3 人为男性，然而他的邮编是唯一的，因此可以通过他的准标识符在医疗数据集中尝试得到他的诊断、治疗过程和用药等隐私信息。

数据集事实上是一张二维数表。表的每一行都是一个个体的数据记录，包含

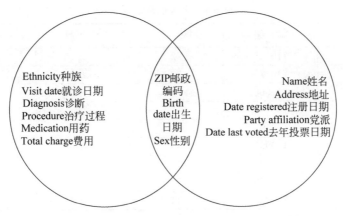

图 6-1　美国医疗记录和选民登记表链接示意图[1]

了身份信息和相应的其他属性信息。表的每一列都描述了个体的某一属性,在某一确定的集合上取值。所以,表的每一行都是一个有序多元组的具体取值,每一个维度都表征了个体在对应列的属性上的取值。下面给出准标识符和 k-匿名的定义。

定义 6.1　记 $B(A_1,A_2,\cdots,A_n)$ 为数据集,由有限维多元组构成。表 B 有限的属性集为 $(A_1,A_2,\cdots,A_n)$。若 $(A_i,\cdots,A_j)\subseteq(A_1,A_2,\cdots,A_n)$,对于 $t\in B$,$t[A_i,\cdots,A_j]$ 表示多元组 t 在属性 $(A_i,\cdots,A_j)$ 上的取值。

定义 6.2　已知有限集 U 和包含 U 中个体的数据表 $T(A_1,A_2,\cdots,A_n)$,且 $U\in U'$。记映射 $f_c:U\to T,f_g:T\to U'$。若 $\exists\,p_i\in U,f_g(f_c(p_i)[Q_T])=p_i$,那么 Q_T 为 T 的一组准标识符。

我们总是假设隐私数据集的持有者明确知道数据集的准标识符。

定义 6.3　已知有限集 U 和关于 U 的数据集 $RT(A_1,A_2,\cdots,A_n)$ 及其准标识符 QI_{RT},当且仅当 $RT[QI_{RT}]$ 的任意取值序列在 $RT[QI_{RT}]$ 中至少出现 k 次,那么 $RT(A_1,A_2,\cdots,A_n)$ 满足 k-匿名。即若 $\forall u\in U,u[QI_{RT}]$,$|\{v\,|\,v[QI_{RT}]=u[QI_{RT}],v\in U\}|\geqslant k$,那么 $RT(A_1,A_2,\cdots,A_n)$ 满足 k-匿名。

引理 6.1　已知数据表 $RT(A_1,A_2,\cdots,A_n)$ 及其准标识符 $QI_{RT}=(A_i,\cdots,A_j)$,$RT(A_1,A_2,\cdots,A_n)$ 满足 k-匿名,那么 $\forall x\in[i,j]$,$RT(A_x)$ 的任意取值序列至少在 $RT(A_x)$ 中出现 k 次。

表 6-1 是一个个人信息记录表,姓名为显性标识符;邮编、年龄和性别为待匿名的准标识符;疾病为敏感属性。

$k=3$ 的 k-匿名化记录表如表 6-2 所示。去除了姓名属性,对邮编、年龄和性别属性进行了属性泛化或者抑制,将整个表记录分为了 3 组,每一组称为一个等价类。在一个等价类中具有相同准标识符的记录数均大于等于 3。

表 6-1　个人信息记录表

姓　名	邮　编	年　龄	性　别	疾　病
王　鑫	710126	22	男	心血管
李诗远	710071	23	男	肺炎
刘凯旋	710068	27	男	健康
关婷婷	100101	47	女	癌症
邢蔓菁	100108	42	女	健康
薛艳茹	100093	56	女	心血管
曹　雄	200433	39	男	肺炎
秦　岳	200020	36	男	肺炎
赵星玥	200240	34	女	肺炎

表 6-2　邮编和性别属性 $k=3$ 匿名化的个人信息记录表

姓　名	邮　编	年　龄	性　别	疾　病
*	710 *	20～29	男	心血管
*	710 *	20～29	男	肺炎
*	710 *	20～29	男	健康
*	100 *	＞40	女	胃炎
*	100 *	＞40	女	胃溃疡
*	100 *	＞40	女	胃癌
*	200 *	30～39	*	肺炎
*	200 *	30～39	*	肺炎
*	200 *	30～39	*	肺炎

但是,因为 k-匿名中不包含任何的随机化属性,所以攻击者依然可以从满足 k-匿名性质的数据集中推断出与个体有关的隐私信息。另外,k-匿名还容易遭受到以下攻击:

补充发布攻击(complementary release attack):当数据集的准标识符为表中属性的子集而不是表中属性的全部,数据集的两种发布方式均满足 k-匿名,如果对两种发布同时进行,那么发布不再满足 k-匿名。对两种发布的联合分析可能引起隐私泄露。即已知数据集 $B(A_1,A_2,\cdots,A_n)$ 及其准标识符 $QI_B=(A_i,\cdots,A_j)$,$1\leqslant i\leqslant j\leqslant n$,$B_1$、$B_2$ 均满足 k-匿名,但同时发布 B_1、B_2 不一定满足 k-匿名。故而当已有数据集的匿名发布的条件下,对同一数据集的不同匿名发布需要综合考虑。

时序攻击(temporal attack):若数据集是时间的函数,随时间的变化可能发生记录的增加、删除和修改,记 $B_{t0}(A_1,A_2,\cdots,A_n)$ 为 $t=t_0$ 时的数据集,PB_{t0} 是它的一个 k-匿名发布,$B_{t1}(A_1,A_2,\cdots,A_n)$ 为 $t=t_1$ 时的数据集,PB_{t1} 是它的一个 k-匿名发布。但若对 PB_{t1} 的发布不是在考虑 PB_{t0} 的基础上完成的,PB_{t0}、PB_{t1} 的先后发布不一定仍然满足 k-匿名。

同质攻击(homogeneity attack):已知有限集 U 和包含 U 中个体的数据集

$B(A_1,A_2,\cdots,A_n)$，B_1 是数据集 B 的一个 k-匿名发布，若 $\exists p \in U$，$\exists A_i$，$1 \leqslant i \leqslant n$，对于 $\forall q \in U$，$p[QI_B] = q[QI_B]$，都有 $p(A_i) = q(A_i)$，那么可以通过观察确定 $p(A_i)$ 的值，这样引起的隐私泄露称为同质性攻击。在表 6-2 中最后一个等价类中，所有个体疾病这一敏感属性都为肺炎。如果攻击者知道秦岳年龄为 $30 \sim 39$ 岁，且在记录表中，就能推断出秦岳得了肺炎。

6.2.3　l-多样性

由于 k-匿名存在以上缺陷，Machanavajjhala 等[3] 在 2007 年对 k-匿名提出了一个改进的方案，称之为 l-多样性。l-多样性是指一个等价类中最少有 l 个可以良表示的敏感属性值，对于数据表来说，则需要每一个等价类中都满足 l-多样性。

下面我们给出等价类和 l-多样性的定义。

定义 6.4　已知有限集 U 和关于 U 数据集 $RT(A_1,A_2,\cdots,A_n)$ 及其准标识符 QI_{RT}，$\forall u \in U$，$u[QI_{RT}]$，数据集的子集 $\{v \mid v[QI_{RT}] = u[QI_{RT}], v \in U\}$ 称为一个 $u[QI_{RT}]$ 等价类。

定义 6.5　一个等价类是被 l-良表示的，如果有至少 $l \geqslant 2$ 个不同敏感值表示的，且满足 l 个最频繁的值有大约相同的出现频率。即已知有限集 U 和关于 U 数据集 $RT(A_1,A_2,\cdots,A_n)$ 及其准标识符 QI_{RT}，$u[QI_{RT}]$ 是一个等价类。若 $\forall A_i \in (A_1,A_2,\cdots,A_n)$，$A_i \notin QI_{RT}$，满足 $|\{p(A_i) \mid p \in u[QI_{RT}]\}| \geqslant l$，且 $\forall \alpha$，$\beta \in \{p(A_i) \mid p \in u[QI_{RT}]\}$，有：$|\{p \mid p \in u[QI_{RT}], p(A_i) = \alpha\}| \approx |\{p \mid p \in u[QI_{RT}], p(A_i) = \beta\}|$，那么说 $u[QI_{RT}]$ 是 l-良表示的。如表 6-2 中第 1 和第 2 个等价类都是 3-良表示的。

定义 6.6　若对于数据集中的每一个等价类都是 l-良表示的，那么称数据集满足 l-多样性。

但是，l-多样性也并不能完全地保护用户隐私不被泄露，因为在一个真实的数据集中，属性值很有可能是偏斜的或者语义相近的，而 l-多样性只保证了多样性，没有认识到在属性值上语义相近的情况，因此 l-多样性会受到相似性攻击[4]。例如表 6-2 的第 2 个等价类中是 3-良表示的，3 个敏感属性值为胃炎、胃溃疡、胃癌等，那么至少可以知道数据的主体患有胃病。另外，针对 l-多样的偏义攻击也可能引起隐私泄露。比如，一个包含 HIV 疾病信息的数据集中某一等价类内包含 HIV 阳性和阴性人数各占 50%，从而满足 2-多样性，但我们知道正常数据集整体 HIV 阳性和阴性比例分别占 1% 和 99%。这样若知道某个个体在这个等价类中，其有 50% 的概率 HIV 阳性，事实上已经发生了隐私泄露。

6.2.4　t-邻近性

Li Ninghui 等[4] 在提出的 t-邻近方案弥补了 l-多样性，t-邻近指一个等价类中的属性分布和整个表中的属性分布之间的距离不超过门限 t。如果一个数据表中的每个等价类都满足 t-邻近，则称这个数据表满足 t-邻近。

分布距离的定义不是唯一的，可以定义为差距离 $D[P,Q] = \sum_{i=1}^{n} \frac{1}{2}(p_i - q_i)$，也可以定义为 KL 距离 $D[P,Q] = \sum_{i=1}^{n} p_i \lg \frac{p_i}{q_i}$ 等。

6.2.5 动态发布

1. 动态发布相关概念

实际应用中，数据集会不断地发生更新，很多情况下就需要对更新后的数据集进行重发布。匿名化动态数据集将面临更大的挑战，不仅是需要多次发布数据集，而且需要同时保护好更新前的敏感信息和当前的敏感信息。

假设需要发布的原始数据表为 T，由一个标识符属性 ID，m 个 Q_I 属性 $Q = \{Q_1, Q_2, \cdots, Q_m\}$ 和一个敏感属性 S 构成。T 中的每条记录可表示为 ⟨id, $q_1, q_2, \cdots, q_m, s$⟩。对任意属性 A，记录 t 的属性值为 $t[A]$。

记表 T 泛化后的数据表为 T^*，记录 t 泛化后为 t^*。如果 t^* 中的多条记录泛化后具有相同的 Q_I 属性值，称这些记录构成一个等价类 g。如果记录 t 属于 g，记 t 的候选敏感值集 C 为 g 所包含的所有敏感值。由于动态数据集会随着时间的推移而发生变化，令 i 为时间标识符，则 T_i 和 T_i^* 分别表示第 i 次发布时的原始数据和泛化后数据。在 T_i 中，如果存在记录 $t_i (t_i \in T_i)$，称 t_i 为记录 t 的第 i 次版本。一般的，如果在两个不同次数的发布中，两条记录具有相同的 ID 属性值，称它们为同一条记录的不同版本。

2. 动态更新定义

称一个数据集是动态的，当且仅当其数据在不同时刻存在差异。这种差异由两类更新引起：外部更新和内部更新。

定义 6.7（外部更新） 对任意整数 i 和 $j (0 \leqslant i < j)$，如果记录 $t (t \neq \phi)$ 满足以下任一条件：

(1) $t_i \in T_i$ 且 $t_j \notin T_j$。

(2) $t_i \notin T_i$ 且 $t_j \in T_j$。

我们称 t 是 T_j 相对于 T_i 的外部更新。

由以上定义不难看出，外部更新存在两种形式：插入和删除，分别对应条件 2 和条件 1。

另一类更新称为内部更新，因为其发生在记录内部，是属性级的。

定义 6.8（内部更新） 对任意整数 i 和 $j (0 \leqslant i < j)$，假设对记录 t 而言，满足 $t_i \in T_i$ 且 $t_j \in T_j$。如果 t_i 和 t_j 满足至少一个以下条件：

（1）$t_i[Q] \neq t_j[Q]$。

（2）$t_i[S] \neq t_j[S]$。

我们称记录 t 在 $[i,j]$ 期间具有内部更新。

3. 动态发布匿名方法

Xiao 和 Tao[20] 对只具有外部更新的动态数据集提出了匿名方法。在具有内部更新的动态数据集中，每条记录的属性值都可能被动态更新。可以注意到[21]：在许多应用中，数据集中记录的属性值的更新通常不是任意和随机的，更新前的属性值和更新后的属性值通常都存在一定的联系，故敏感属性值的更新都不是完全随机的，这些可能发生的更新以及它们的概率（作为攻击者的背景知识的一部分）通常是可估计的。动态匿名发布方法较静态数据发布更具挑战性。限于本书的篇幅，我们只对动态发布匿名发布方法的研究状况进行介绍，有兴趣的读者可以详细参阅相关参考文献。

多次查询的发布[22] 是针对原始数据相同的一张表，根据不同的用途或者不同的发布对象，选择不同的属性，然后同时发布匿名后的数据。如果攻击者通过合谋攻击获得了两次或者两次以上发布的数据表，通过连接多张数据表，攻击者可能会推断出一些敏感属性值。Yao 等[23] 提出了根据多次发布数据表检测 k 匿名违反的方法。

相继查询的发布是当原始数据表有信息更新时，需要连续发布或者序列化地相继发布匿名后的数据。数据发布者已经发布了 $T_1, T_2, \cdots, T_{p-1}$，随后要发布数据表 T_p，每一个 T_i 均基于同一原始数据表且服务于一个数据挖掘的目的。数据发布者的目标是防止通过连接 $T_1, T_2, \cdots, T_p$ 建立记录与属性的链接。由于 T_1, $T_2, \cdots, T_{p-1}$ 已经公开发布，为了避免隐私泄露，数据拥有者只能对当前将发布的数据表 T_p 进行匿名化操作。Wang 和 Fung[24] 通过保证多次发布数据之间的松散连接（loss join），提出了一种合理匿名化当前数据版本来抑制可能攻击的方法。

连续数据发布是数据发布者已经发布了数据 $T_1, T_2, \cdots, T_{p-1}$，随后要发布数据表 T_p，这里每一个数据表 T_i 的原始数据表都是它前一次发布数据表中记录的插入和/或删除。这里假设对同一个体在所有发布版本中的所有记录都相同。即使每一个发布 $T_1, T_2, \cdots, T_p$ 都分别匿名化了，通过比较不同发布表仍然会泄露受害者的隐私。连续数据发布问题假设攻击者知道受害者的时间戳和准标识符。Byun 等[25] 率先对动态数据集匿名化进行了研究，但该动态数据集的更新只限于新数据的插入，即增量数据集（incremental dataset），其提出的解决方案并不能处理更新是数据删除或属性值更新的情况。Xiao 等[26] 率先对同时有新数据插入和旧数据删除这种更新的动态数据集的匿名化进行了研究。由于更新行为更加复杂，在重发布过程中，插入或删除的数据将导致它们本身以及原有数据更易被揭露，甚至直接导致敏感信息的泄露。因此，该研究的难点在于如何限制/降低原有数据和插入/删除数据的泄露风险。Xiao 等提出了匿名化原则 m-Invariance,通过确保在每次发布中任意数据记录所在的 QI 组都由同一组敏感数据值构成,可以限制任意数据记录的泄露风险不会高于 $1/m$。但是 m-Invariance 仍然不能处理具有属性值更新的动态数据集。Bu 等[27]对具有属性值更新的数据集的匿名重发布进行了研究,并提出了基于"角色合成"的重发布方法和相应匿名化原则,将假设敏感属性值分为简单的两类,一类永远不会发生更新,另一类随机发生更新。并且哪些敏感属性值属于第一类或第二类,作为先验背景知识是已知的。基于这样的假设,在匿名发布时,真正需要匿名化保护的敏感属性值只为第一类,而第二类敏感属性值并不需要进行保护。文献[27]所提出的匿名发布方法可能会对发布的数据进行进一步的扰乱,这在一定程度上影响了发布数据的真实性,大大限制了发布数据的可应用范围。

联合数据发布是当数据分布式存储在两个组织时,需要联合起来共同发布给第三方。数据除了要避免泄露给第三方,还要防止泄露给数据的其他拥有者,这就要采取必要的措施,在执行匿名化操作时,避免敏感信息的泄露。Wang 等[28]提出了一种自顶向下特定化的两方联合发布方法 TDS2P(Top-Down Specialization for 2-Party),该方法可以达到先把两张表合成在一起然后 k-匿名的效果,但是可以任何一方都不泄露本地数据给对方。

6.3 差分隐私

虽然已有的隐私保护方案层出不穷,但是它们有一个共同的缺点,都依赖于攻击者的背景知识,没有对攻击模型做出合理的假设,2006 年 Dwork 等[29]提出的差分隐私模型解决了这个问题,差分隐私的概念来自于密码学中语义安全的概念,即攻击者无法区分出不同明文的加密结果。在差分隐私中,要求攻击者无法根据发布后的结果推测出哪一条结果对应于哪一个数据集。该模型通过加入随机噪声的方法来确保公开的输出结果不会因为一个个体是否在数据集中而产生明显的变化,并对隐私泄露程度给出了定量化的模型。因为一个个体的变化不会对数据查询结果有显著的影响,所以攻击者无法以明显的优势通过公开发布的结果推断出个体样本的隐私信息,所以差分隐私模型不需要依赖于攻击者拥有多少背景知识,而且对隐私信息提供了更高级别的语义安全,因此被作为一种新型的隐私保护模型而广泛使用。

6.3.1 差分隐私基础

差分隐私是要使得在数据集的定义域内,任何一对相邻数据集都不能让攻击者以明显的概率区分出来。它的概念要求每一个单一元素在数据集中对输出的影响都是有限的,从而使得攻击者在观察查询结果后无法推断是哪一个个体在数据集中的影响使得查询返回这样的结果,因此,也就无法从查询结果中推断有关个体隐私的信息。换言之,攻击者无法得知某一个个体是否存在于这样的一个数据集中。

差分隐私主要分为 2 类:交互式差分隐私和非交互式差分隐私。交互式差分隐私是指用户每次给数据管理者发送一个查询请求,数据管理者在查询请求的接口上进行差分隐私处理,使得用户无法通过查询得到的结果来推断数据集中个体信息,在用户的查询接口上实现差分隐私的效果。而非交互式的差分隐私是通过差分隐私处理一个数据集,生成另一个净化数据集,通过发布这个净化数据集给用户来达到差分隐私的效果。可以看出,非交互式的差分隐私更加灵活,因为它可以发布净化数据集给用户,由用户自己在净化数据集上实现查询。但是非交互式的差分隐私往往设计起来比较困难,而且加入的噪声量过大,有时在可用性上效果并不理想。

定义 6.9(相邻数据集) 设有一对数据集 D 和 D',如果 D 和 D' 中只有一个元素不同,则将数据集 D 和 D' 称为一对相邻数据集。

定义 6.10(差分隐私) 对于一个随机算法 M,P_m 为算法 M 可以输出的所有值的集合。如果对于任意的一对相邻数据集 D 和 D',P_m 的任意子集 S_m,算法 M 满足:

$$Pr[M(D) \in S_m] \leqslant e^{\varepsilon} Pr[M(D') \in S_m] \tag{6-1}$$

则称算法 M 满足 ε-差分隐私,其中参数 ε 为隐私保护预算。

从式(6-1)可以看出,当参数 ε 越小时,作用在一对相邻数据集上的差分隐私算法返回的查询结果的概率分布越相似,攻击者就越难以区分这一对相邻数据集,保护程度就越高,极端情况下,当 $\varepsilon=0$ 时,攻击者无法区分这一对相邻数据集保护程度最高。反之,参数 ε 越大时,保护程度越低。

图 6-2 说明了差分隐私概念的性质。差分隐私机制将一个正常的查询函数 $f(\cdot)$ 的查询结果映射到一个随机化的值域上,并以一定的概率分布来给用户返回一个查询结果。通过参数 ε 来控制一对相邻数据集上的概率分布的接近程度,达到在一对相邻数据集上,输出结果几乎一致的目的,从而使得攻击者无法区分这一对相邻数据集,实现保护数据集中个体隐私信息的目的。

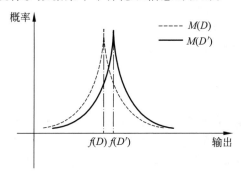

图 6-2 差分隐私算法在邻近数据集上的输出概率

McSherry 等[30]在 2010 年又对差分隐私提出了 2 个重要的性质,分别为顺序合成性质和平行合成性质。

性质 1(顺序合成) 对于任意 k 个算法,分别满足 ε_1-差分隐私,ε_2-差分隐私,$\cdots$,ε_k-差分隐私。将它们顺序作用于同一个数据集上时,满足 $\left(\sum\limits_{i=1}^{k}\varepsilon_k\right)$-差分隐私。

这个性质说明,当有一个算法序列同时作用在一个数据集上时,最终的差分隐私预算等价于算法序列中所有算法的预算的和。

性质 2(平行合成) 把一个数据集 D 分成 k 个集合,分别为 $D_1,D_2,\cdots,D_k$,令 $A_1,A_2,\cdots,A_k$ 是 k 个分别满足 $\varepsilon_1,\varepsilon_2,\cdots,\varepsilon_k$ 的差分隐私算法,则 $A_1,A_2,\cdots,A_k$ 的结果满足 $\max\limits_{i\in[1,2,\cdots,k]}\varepsilon_i$-差分隐私。

这个性质说明,当有多个算法序列分别作用在一个数据集上多个不同子集上时,最终的差分隐私预算等价于算法序列中所有算法预算的最大值。

这两个性质在设计差分隐私机制时有重要的作用,它们可以被用来控制一个差分隐私机制在使用中所需要的隐私预算。控制隐私预算的目的在于,如果在一个较低隐私预算参数 ε 的情况下,攻击者对一个数据集进行了多次查询,那么根据性质 1,攻击者实际上获得的隐私预算就相当于获得了多次查询的隐私预算的和,而这就破坏了原本设定的隐私预算。所以需要控制隐私预算的上限,来通过上述的性质来计算合适的隐私预算上限。

另外,Daniel Kifer 等[31]在 2010 年对差分隐私又提出了另外 2 个性质。

性质 3(变换不变性) 给定任意一个算法 A_1 满足 ε-差分隐私,对于任意算法 $A_2(A_2$ 不一定是满足差分隐私的算法),则有 $A(\cdot)=A_2(A_1(\cdot))$ 满足 ε-差分隐私。

这个性质说明了差分隐私对于后处理算法具有免疫性,如果一个算法的结果满足 ε-差分隐私,那么在这个结果上进行的任何处理都不会对隐私保护有所影响。

性质 4(凸性) 给定 2 个算法 A_1 和 A_2 满足 ε-差分隐私。对于任意的概率 $p\in[0,1]$,用符号 A_p 表示为一种机制,它以 p 的概率使用 A_1 算法,以 $1-p$ 的概率使用 A_2 算法,则 A_p 机制满足 ε-差分隐私。

这个性质说明,如果有 2 个不同的差分隐私算法,都提供了足够的不确定性来保护隐私,那么可以通过选择任意的算法来应用到数据上实现对数据的隐私保护,只要选择的算法和数据是独立的。

6.3.2 差分隐私模型

差分隐私可以通过在查询结果上加入噪声来实现对用户隐私信息的保护,而噪声量的大小是一个关键的量,要使加入的噪声既能保护用户隐私,又不能使数据因为加入过多的噪声而导致数据不可用。函数敏感度是控制噪声的重要参数。Dwork 等[32]提出了全局敏感度以及拉普拉斯机制的概念,通过全局敏感度来控制生成的噪声大小,可以实现满足差分隐私要求的隐私保护机制。

定义 6.11(全局敏感度)　对于一个查询函数 f,它的形式为 $f:D \rightarrow R$,其中 D 为一数据集,R 是查询函数的返回结果。在一对任意的相邻数据集 D 和 D' 上,它的全局敏感度定义如式(6-2):

$$S(f) = \max_{D,D'} \| f(D) - f(D') \|_1 \tag{6-2}$$

其中,$\| f(D) - f(D') \|_1$ 是 $f(D)$ 与 $f(D')$ 之间的曼哈顿距离。

全局敏感度反映了一个查询函数在一对相邻数据集上进行查询时变化的最大范围。它与数据集无关,只由查询函数本身决定。

但是当全局敏感度较大时,根据全局敏感度生成的噪声往往会对数据提供过度的保护,针对这一问题,Nissim 等[33]提出了一个局部敏感度以及平滑敏感度等新的概念来解决这一问题。

定义 6.12(局部敏感度)　对于一个查询函数 f,它的形式为:$f:D \rightarrow R$,其中 D 为一数据集,R 是查询函数的返回结果。在一给定的数据集 D 和与它相邻的任意数据集 D' 上,它的局部敏感度定义如式(6-3):

$$LS_f(D) = \max_{D'} \| f(D) - f(D') \|_1 \tag{6-3}$$

其中,$\| f(D) - f(D') \|_1$ 是 $f(D)$ 与 $f(D')$ 之间的曼哈顿距离。

与全局敏感度不同,局部敏感度是由查询函数和给定的数据集共同决定,因为局部敏感度只是对于一个数据集做变化。这里给出一个求和函数的例子。假设给定的数据集为 $\{1,2,3,4\}$,每个元素的变化范围为 $[0,4]$,那么当它的相邻数据集为 $\{0,1,2,3\}$ 时,$\| f(D) - f(D') \|_1$ 的值达到最大。所以求和函数在数据集 $\{1,2,3,4\}$ 上的局部敏感度为 $1+2+3+4-1-2-3=4$。

因为局部敏感度限制了一对相邻数据集中的一个数据集,所以如果在局部敏感度中,给定的数据集和全局敏感度中使 $\| f(D) - f(D') \|_1$ 达到最大的数据集相同时,局部敏感度等于全局敏感度。所以,局部敏感度和全局敏感度的关系可以表示为

$$S(f) = \max_{D}\{LS_f(D)\} \tag{6-4}$$

因为根据局部敏感度所产生的噪声和数据集本身相关,所以直接使用局部敏感度生成噪声会泄露数据集信息,Nissim 等提出了根据平滑敏感度来生成噪声的方案,它们首先提出了平滑上界的概念。

定义 6.13(平滑上界)　给定一个 $\beta > 0$,对于一个函数 $F:D \rightarrow R$,在查询函数 f 上,如果它满足如下条件(D 与 D' 的关系):

$$\forall D:F(D) \geqslant LS_f(D) \tag{6-5}$$

$$\forall D,D':F(D) \leqslant e^{\beta} \times LS_f(D') \tag{6-6}$$

则称函数 F 是一个在查询函数 f 上的 β-平滑上界。

平滑上界和局部敏感度的关系如图 6-3 所示。

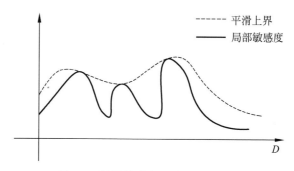

图 6-3　局部敏感度和平滑上界关系

定义 6.14（平滑敏感度）　对于一个 $\beta>0$，一个查询函数 f 的 β-平滑敏感度为

$$S_f^*(D) = \max_{y\in D^n}\{LS_f(y) \times e^{-\beta\times d(D,y)}\} \tag{6-7}$$

其中，y 是和给定数据集 D 维度相同的任意数据集，函数 d 返回数据集 D 和 y 中的不同元素的个数。实际上，平滑敏感度就是可以满足平滑上界条件的最小函数。

6.3.3　差分隐私实现机制

1）拉普拉斯机制

拉普拉斯机制是一种简单而且广泛用于数值型查询的隐私保护机制。对于数值型的查询结果，拉普拉斯机制通过在返回的一个查询结果上加入一个满足 $Lap\left(0, \dfrac{\Delta f}{\varepsilon}\right)$ 分布的噪声的结果来实现差分隐私保护。即 $R(D)=f(D)+x$，其中 f 为查询函数，x 为满足拉普拉斯分布的噪声。另外，所加入的拉普拉斯噪声的均值要求为 0，这样输出的 $R(D)$ 才是 $f(D)$ 的无偏估计。

图 6-4 展示了不同参数 ε 下的拉普拉斯噪声的概率密度函数。从图中可以看

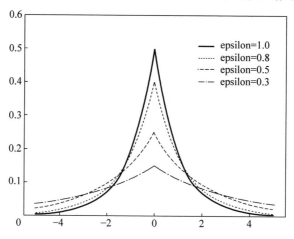

图 6-4　不同 ε 的拉普拉斯噪声的概率密度函数

出,ε 越小,所加入的拉普拉斯噪声的概率密度越平均,所加入的噪声为 0 的概率就越小,对输出的混淆程度就越大,保护程度也就越高。

2) 高斯机制

拉普拉斯机制的优点是简单易行,但是缺点在于只能实现 $O(n)$ 多个查询,其中 n 为数据集大小。为了可以支持更多的查询,Dwork 等[34] 提出了 (ε,δ)-差分隐私:

$$Pr[M(D) \in S_m] \leqslant e^{\varepsilon} Pr[M(D') \in S_m] + \delta \qquad (6\text{-}8)$$

这里引入了一个新的变量 δ,引入 δ 是为了放松差分隐私的条件,让差分隐私算法可以支持更多的查询。这个参数的意义是说,当某一个元素存在于数据集中时,(ε,δ)-差分隐私算法会有 δ 的概率输出一个由这个元素影响导致的结果,而以 $1-\delta$ 的概率输出在所有相邻数据集上都无法区分的结果。也就是说会有 δ 的概率使得攻击者可以区分输出结果。如果数据集中有 n 个元素,那么所有元素不安全的概率就是 $\delta \times n$,要使得所有元素都安全,则应该使 $\delta \times n$ 是一个可忽略的量,所以 $0 < \delta < \dfrac{1}{ploy(n)}$,$\delta$ 应该小于 n 的任意多项式。

可以证明,将拉普拉斯噪声替换为高斯噪声可以实现 (ε,δ)-差分隐私,因此,对于数值型的查询结果,高斯机制通过在返回的一个查询结果上加入一个满足 $N(0,\sigma^2)$ 分布的高斯噪声的结果来实现差分隐私保护,其中 $\sigma \geqslant \sqrt{2 \times \ln\dfrac{1.25}{\delta}} \times$

$\dfrac{\Delta_2 f}{\varepsilon}$。即 $R(D) = f(D) + x$,其中 f 为查询函数,x 为满足高斯分布的噪声。需要注意的是,高斯机制与拉普拉斯机制不同的是,高斯机制的全局敏感度用的是欧式距离,也就是 2-范数,而拉普拉斯机制中用的是 1-范数。

3) 指数机制

由于拉普拉斯机制只能针对数值型的查询进行保护,为了弥补这一缺陷,产生了一种新的机制-指数机制[35]。

首先,用 O 来表示所有可能的输出集合,指数机制的目的是使输出结果满足一定的概率分布。这里还需要引入一个可用性函数 q 来衡量每一个输出项的可用性,或者说每一项的价值。这里把 q 定义为 $q:(D \times o) \to R$,其中 D 和 o 为输入的数据集和可能的输出集合中的项,函数 q 返回一个实数用来表示这一项的价值。当 q 的值越高时,这一项的价值越大,被输出的概率也就越大。

对于任意一个可用性函数 q 和一个差分隐私预算 ε,指数机制以正比于 $e^{\frac{\varepsilon \times q(D,o)}{2 \times \Delta q}}$ 的概率输出一个 $o \in O$ 作为结果。

指数机制的意义在于防止了攻击者对数据集中个体的投票情况的推测。例如在一次投票活动中,一共有 3 个候选人(用编号 1~3 表示),10 位选民,攻击者控制了除了选民 A 以外的其他 9 个选民(B,C,…,J),现在他的目的是推断选民 A 的投票情况。假设在 A 没有投票时，每个候选人的得票数都为 3，那么如果攻击者想要推断 A 的投票情况，就可以通过最终的选举结果看哪位候选人胜出来判断 A 的投票结果。但是，如果加入指数机制，就可以抵御这种攻击。

表 6-3 说明了指数机制如何抵御这种攻击，并表明了一次选举中每个候选人的得票数以及在不同的参数 ε 下最终公开各个结果的概率。在这个例子中，我们以每个候选人的得票数作为可用性函数的结果。

表 6-3　投票数据集及公布结果概率分布

候选人	得票数	$\varepsilon=5$	$\varepsilon=0.5$	$\varepsilon=0$
1	4	0.9	0.39	0.33
2	3	0.045	0.3	0.33
3	3	0.045	0.3	0.33

从表 6-3 可以看出，当不加上隐私保护机制直接进行查询时，应该输出的结果是 1，而这样攻击者就可以推断出 A 把票投给了 1 号候选人。而在指数机制中，参数 ε 越小，每一项输出的概率就越接近，相应的，输出 3 个候选人的概率也就越平均，从而让攻击者难以判断 A 的投票情况。当参数 ε 选择为 0 时，隐私保护级别最高，攻击者完全无法判断 A 的投票情况。

4）网络机制

Blum 等基于指数机制的思想提出了网络机制[36]，这是一种非交互式的差分隐私算法，通过计算比较所有可能的新数据集与原始数据集的误差，最优地生成新数据集来实现差分隐私，可以输出一个隐私保护的人造数据集。网络机制的基本思想是，通过计算每一种可能的人造数据集和原始数据集的近似程度（这里的近似程度用查询函数在两个数据集上的查询结果的倒数来度量），然后将这样的度量作为指数机制的可用性函数 $q(D,o)$，对每一个人造数据集打分，然后通过正比于 $e^{\frac{\varepsilon \times q(D,o)}{2 \times \Delta q}}$ 的概率输出每一个人造数据集。

具体的算法如下：

输入：原始数据集 $D \subset \mathbb{R}^n$，查询集合 Q，隐私预算 ε，准确度 α。

输出：人造数据集 $\hat{D} \subset \mathbb{R}$。

（1）令 $m=\dfrac{\lg |Q|}{\alpha^2}$。

（2）对所有定义域内的可能的人造数据集 $\hat{D} \subset R^m$，计算 $u(D,\hat{D})=-\max\limits_{i \in |Q|}\{q_i(D)-q_i(\hat{D})\}$。

（3）$w(\hat{D})=e^{\frac{u(D,\hat{D})}{2\Delta}}$，其中 $\Delta=\max\limits_{D,D',\hat{D}}\{u(D,\hat{D})-u(D',\hat{D})\}$，$D,D'$ 为一对相邻

数据集。

6.3.4　本地化差分隐私机制

在上述差分隐私定义中,我们需要有一个可信中心来收集用户数据,并且构造查询接口来执行统计查询的任务。但是在实际应用中,有时并没有这样的可信中心(或者用户对于数据收集中心不可信)来收集数据,在这种需求下,本地化差分隐私技术应运而生。本地化差分隐私使得用户可以在上传数据前,先在本地扰动自己的数据,这样就可以保证不可信的服务器无法准确获得用户的隐私数据。直观上来说,本地化差分隐私提供了一种保证,对于任意一对用户的输入,经过本地化差分隐私算法处理后可以达到一定程度的不可区分。2003 年 Evfimievski 等[37]给出了本地化差分的概念,2008 年 Kasiviswanathan 等[38]给出了严格的定义:

定义 6.15(本地化差分隐私)　对于一个随机算法 M,如果对于任意的一对用户输入 x 和 x',算法 M 满足:

$$\forall t \in Range(M): Pr[M(x)=t] \leqslant e^{\varepsilon} Pr[M(x')=t] \tag{6-9}$$

其中,$Range(M)$ 表示算法 M 可能的输出集合,则称算法 M 满足 ε-本地化差分隐私,其中参数 ε 为隐私保护预算。

本地化差分隐私常用于进行特定的统计分析任务。这里以本地化差分隐私在频率估计上的应用为例介绍其中的典型方法。对于每一种方法,使用 Pure LDP 框架[39]来进行分析。通常情况下,以方差作为评判一个本地化差分隐私方法精度的指标。

1. 随机响应(random response,RR)机制

RR 机制是目前最简单但也是最常用的一个方法。该机制的扰动方法如下。

$$Pr[Perturb(x)=i] = \begin{cases} p = \dfrac{e^{\varepsilon}}{e^{\varepsilon}+d-1}, & x=i \\ q = \dfrac{1}{e^{\varepsilon}+d-1}, & x \neq i \end{cases} \tag{6-10}$$

其中,d 是用户所有可能的输入的个数。

经过扰动之后,用户将扰动后的结果上传给不可信的服务器,服务器通过计算统计量

$$c(i) = \frac{\sum_j \mathbb{I}_{Support(y^j)}(i) - nq}{p-q} \tag{6-11}$$

来得到对第 i 个项目的频率。其中,y^j 表示第 j 个用户的上传数据,$\mathbb{I}$ 为指示函数。$Support(y^j)$ 表示用户用 RR 机制扰动并上传的数据中,可以对计数第 i 个项目的频率有贡献的数据。在 RR 机制中,$Support(i)=\{i\}$。通过 Pure LDP 框

架分析,统计量 $c(i)$ 为第 i 个项目频率的无偏估计,同时,该方案的方差为 $n\dfrac{d-2+e^{\varepsilon}}{(e^{\varepsilon}-1)^{2}}$,其中,$n$ 为用户个数。可以看出,该方差随着输入空间大小 d 的增大而增大,因此,当输入空间很大时,random response 机制的可用性会有明显下降。

2. 一元编码(unary encoding,UE)机制

UE 机制首先对输入 x 进行编码。构造一个长度为 d 的零向量,然后把 x 对应的位置设为1,其他位置为0不变。然后对该向量 B 的每一位进行如下扰动。

$$Pr\left[Perturb(B[i])=1\right]=\begin{cases}p, & B[i]=1\\ q, & B[i]=0\end{cases} \tag{6-12}$$

其中,p 和 q 可以根据用户需求来设定。根据不同的 p 和 q,UE 机制可以提供 $\ln\left(\dfrac{p(1-q)}{q(1-p)}\right)$-LDP 的隐私级别。

经过扰动之后,用户将扰动后的结果上传给不可信的服务器,服务器通过计算统计量

$$c(i)=\frac{\Sigma_{j}\mathbb{I}_{Support(y^{j})}(i)-nq}{p-q} \tag{6-13}$$

来得到对第 i 个项目的频率。其中,y^{j} 表示第 j 个用户的上传数据,$\mathbb{I}$ 为指示函数。$Support(y^{j})$ 表示用户用 UE 机制扰动并上传的数据中,可以对计数第 i 个项目的频率有贡献的数据。在 UE 机制中,$Support(B)=\{i\,|\,B[i]=1\}$。通过 Pure LDP 框架分析,统计量 $c(i)$ 为第 i 个项目频率的无偏估计,同时,该方案的方差为 $n\dfrac{((e^{\varepsilon}-1)q+1)^{2}}{(e^{\varepsilon}-1)^{2}(1-q)q}$,其中,$n$ 为用户个数。

由于 p 和 q 的值并不受到限制,因此可以通过对该统计量的方差求导来得到可以使方差最小的扰动概率 p 和 q。通过对 q 求偏导数,并使导数值为0,可以得到最优的扰动概率为 $p=0.5,q=\dfrac{1}{e^{\varepsilon}+1}$。这种扰动方法被称为 optimized unary encoding(OUE)机制。可以看出,UE 和 OUE 的方差与输入空间大小 d 无关,因此,当输入空间很大时,UE 和 OUE 机制依然可以提供较高的可用性。

虽然 UE 和 OUE 在可用性方面有了一定的提升,但是这两种方案需要用户上传整个向量给服务器,这就增加了用户与服务器的通信开销。因此,当输入空间很大时,这两种机制的效率较低。

3. binary local hashing(BLH)机制

为了解决 UE 和 OUE 中通信开销较大的问题,可以把大小为 d 的数据空间用哈希函数压缩到一个大小为 k 的空间 $(k<d)$,然后再用 UE 或 OUE 算法来处理。但是这里有一个问题是,使用哈希会产生碰撞,这样会在解码时产生错误。因

此,一个更好的方法就是让用户自己随机选择不同的哈希函数,也就是把用户分组,然后每个组使用不同的哈希函数。

BLH 机制首先对输入 x 进行编码,从哈希函数的集合中均匀随机地选择一个哈希函数 $h \leftarrow H$,这个哈希函数可以把输入 x 映射为一个比特 $b=0$ 或者 $b=1$。然后对于哈希后的结果 b,使用 RR 来处理。

$$Pr\left[Perturb(b)=1\right]=\begin{cases} p=\dfrac{e^{\varepsilon}}{e^{\varepsilon}+1}, & b=1 \\[2mm] q=\dfrac{1}{e^{\varepsilon}+1}, & b=0 \end{cases} \tag{6-14}$$

经过扰动之后,用户上传自己使用的哈希函数以及扰动后的结果 $\langle h,b'\rangle$ 给服务器。服务器通过计算统计量 $c(i)$ 来得到对第 i 个项目的频率。

$$c(i)=\frac{\sum_j \mathbb{I}_{Support(y^j)}(i)-nq^*}{p-q^*} \tag{6-15}$$

其中,$q^*=0.5$,y^j 表示第 j 个用户的上传数据;$\mathbb{I}$ 为指示函数;$Support(y^j)$ 表示用户用 BLH 机制扰动并上传的数据中,可以对计数第 i 个项目的频率有贡献的数据。在 BLH 机制中,$Support(\langle h,b'\rangle)=\{b\,|\,h(b)=b'\}$。通过 Pure LDP 框架分析,统计量 $c(i)$ 为第 i 个项目频率的无偏估计,同时,该方案的方差为 $n\dfrac{(e^{\varepsilon}+1)^2}{(e^{\varepsilon}-1)^2}$,其中,$n$ 为用户个数。

BLH 机制中输出只有 1b,这样会带来很大的信息丢失。因此,可以通过扩展 BLH,让哈希函数在扰动后的结果不仅仅是 0 和 1,而是将结果扰动成范围 $[1,2,\cdots,g]$ 中的一个值。把这样的机制称作 Local Hashing(LH)机制。LH 机制首先对输入 x 进行编码,从哈希函数的集合中均匀随机选择一个哈希函数 $h \leftarrow H$,这个哈希函数可以把输入 x 映射为一个比特 $b \in \{1,2,\cdots,g\}$($g \geqslant 2$)。然后对于哈希后的结果 b,使用 RR 来处理。

$$\Pr\left[Perturb(b)=i\right]=\begin{cases} p=\dfrac{e^{\varepsilon}}{e^{\varepsilon}+g+1}, & b=i \\[2mm] q=\dfrac{1}{e^{\varepsilon}+g+1}, & b\neq i \end{cases} \tag{6-16}$$

经过扰动之后,用户上传自己使用的哈希函数以及扰动后的结果 $\langle h,b'\rangle$ 给服务器。服务器通过计算统计量 $c(i)$ 来得到对第 i 个项目的频率。

$$c(i)=\frac{\sum_j \mathbb{I}_{Support(y^j)}(i)-nq^*}{p-q^*} \tag{6-17}$$

其中,$q^*=\dfrac{1}{g}$;y^j 表示第 j 个用户的上传数据;$\mathbb{I}$ 为指示函数;$Support(y^j)$ 表示用户用 LH 机制扰动并上传的数据中,可以对计数第 i 个项目的频率有贡献的数据。在 LH 机制中，$Support(\langle h,b'\rangle)=\{b\mid h(b)=b'\}$。通过 Pure LDP 框架分析，统计量 $c(i)$ 为第 i 个项目频率的无偏估计，同时，该方案的方差为

$$n\frac{(e^{\varepsilon}-1+g)^2}{(e^{\varepsilon}-1)^2(g-1)}。$$

由于 g 的值并不受到限制，因此可以通过对该统计量的方差求导来得到可以使方差最小的 g。通过对 g 求导数，并使导数值为 0，可以得到最优的 g 的取值为 $g=e^{\varepsilon}+1$。这种扰动方法被称为 optimized local hashing（OLH）机制。BLH 和 OLH 不仅方差与输入空间大小 d 无关，而且通过使用哈希技术，显著降低了通信开销。

6.4 智能制造中智能模型的隐私保护

6.4.1 智能制造中智能模型的应用

制造系统的智能属性主要体现在智能模型的应用。智能模型的引入能够有效对制造系统进行智能赋能，帮助或替代专业人员完成任务，将人力从繁重的工作中解放出来。智能模型的主要功能是在大量数据的基础上，选用合适的算法进行模型训练，从而发现数据集中隐藏的规律，摆脱人类依赖于经验和储备知识的判断，找到人类无法识别的各项数据属性特征之间的关系，实现人工智能。具有海量数据的企业或其他实体能够通过智能模型创建复杂的数学模型，实现更准确的预测和说明，从而提升智能制造效率。同时，在大规模生产过程中训练的机器学习算法可以发现与浪费或效率低下有关的因素，通过为价值链上所有接触环节之间的复杂关系建立高度细致的模型，这些算法就可以跟踪看似无关的工作流程彼此之间的影响，并帮助计划人员借用机器干预的方式优化各种生产流程。

智能模型能够推动智能制造整个业务运营整体效率的提高，智能机器学习将成为智能制造的重要组成部分，为消除浪费和创建更精简的价值链的过程带来更高水平的预测能力和全面的洞察力。通过引入智能模型，制造服务可以通过多种方式增加价值并最终提高收入和客户满意度。这里我们给出一些常见的智能制造中引入智能模型后提高制造效率的例子：如基于预测分析的模型可以帮助改进预测，使生产计划更符合实际需求，也可以实时对其进行监视和调整；规范的供应链分析模型可以帮助改进制造工作流程，改善数据质量，提高计划方的可见性；在物联网（IoT）传感器上训练智能模型，可以预测工厂车间机器的磨损程度，使计划人员可以提前安排维护停机时间，既避免故障，又可以提高供应链的稳定性和按时交货；同时智能模型也可以接管一些小的日常决策，例如路由调整和库存补充，从而腾出宝贵的人力计划时间来完成更复杂和相关的任务。根据通用电气公司评估，仅主动维护计划就可以帮助企业恢复高达 20% 的生产能力。对于采用智能模型这些新技术和工作流程的智能制造商来说，与没有成功收集数据或无法充分利用

数据的企业相比,具有巨大的竞争优势。

6.4.2　智能模型的隐私保护方法

智能模型在智能制造中的高价值必然会导致攻击者想办法窃取模型的架构和参数。如图 6-5 所示,攻击者可能会监控智能模型服务和智能制造系统间的交互,提供特定数据从而萃取相应的智能模型,因此需要对智能模型采用相关的保护策略。智能制造中机器学习模型的隐私保护方法主要分为 3 种:①在训练模型之前对数据进行扰动混淆,使得训练后的模型不会泄露真实的训练数据;②在模型的训练算法中加入扰动处理,使得无法从训练得到的模型中推断出真实的隐私信息;③在模型训练完成后对模型参数进行扰动,使得无法获取到模型参数的相关隐私信息。下面我们分别介绍这 3 种类型的隐私保护方法。

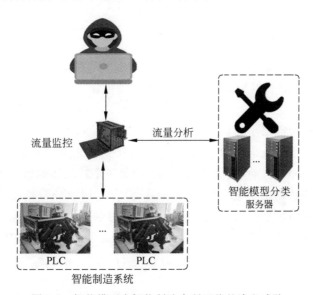

图 6-5　智能模型在智能制造中所面临的隐私威胁

1. 数据扰动方法

在训练前对数据进行扰动的方法[40-43]的主要思路是通过对原始数据进行一定程度的合并、加噪、混淆等操作使得攻击者无法获得单条数据的具体内容,但同时保留整体数据集的统计特性。例如,Mohammed 等[43]提出了一种基于泛化技术的非交互模式匿名化数据生成算法,通过在泛化技术中加入指数噪声来实现差分隐私保护。该方案设计了一种非交互式的差分隐私机制,它使用分类树来对原始数据集进行分类,并对属性信息进行泛化合并,如图 6-6 所示。数据拥有者可以通过合并年龄、工作等属性,然后再对每个属性中的数据个数加噪,从而得到扰动后的数据。

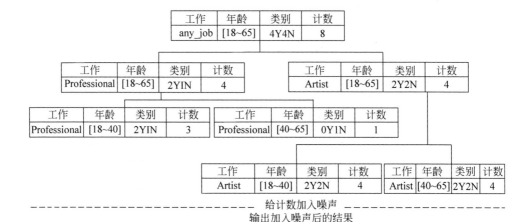

图 6-6　差分隐私扰动数据生成框架

2. 训练过程扰动

除了扰动训练数据达到隐私保护的目的,还可以在训练的过程中加入扰动处理[44-46],从而实现隐私保护的目的,目前在训练中加入扰动处理主要有 2 种实现方法。

第一种是扰动机器学习训练的目标函数[45-46]。机器学习任务主要是通过训练数据迭代来最小化设定好的损失函数,从而达到训练模型的作用。因此可以通过在目标函数中加入扰动,使得训练最小化的是一个扰动后的目标函数,这样就可以实现保护隐私数据的目的。例如,Zhang 等[46]利用差分隐私技术,提出了函数机制用于保护回归模型的隐私安全。该方案利用多项式逼近目标函数,然后扰动该多项式的系数来达到隐私保护的目的。例如给定一个目标函数如式(6-18):

$$J(D,\boldsymbol{\omega}) = \sum_{t_i \in D} L(t_i,\boldsymbol{\omega})\tag{6-18}$$

其中,D 代表数据集,t_i 是数据集中的第 i 条数据,$\boldsymbol{\omega}$ 是模型参数向量,包含 d 个取值 $\omega_1,\cdots,\omega_d$。令 $\phi(\boldsymbol{\omega}) = \omega_1^{c_1} \cdot \omega_2^{c_2} \cdots \omega_d^{c_d}$ 代表参数取值的乘积的集合,令 $\phi(\boldsymbol{\omega})$ 中乘积项的阶数之和为 j 时,有如下等式:

$$\Phi_j = \left\{ \omega_1^{c_1} \omega_2^{c_2} \cdots \omega_d^{c_d} \mid \sum_{l=1}^{d} c_l = j \right\}\tag{6-19}$$

然后使用多项式逼近目标函数,即得到目标函数的多项式表达式为

$$J(D,\boldsymbol{\omega}) = \sum_{j=0}^{U} \sum_{\phi \in \Phi_j} \sum_{t_i \in D} \lambda_{\phi t_i} \phi(\boldsymbol{\omega})\tag{6-20}$$

其中,$\lambda_{\phi t_i}$ 即为 $\phi(\boldsymbol{\omega})$ 在多项式中的系数。然后使用拉普拉斯噪声扰动系数如下:

$$\lambda_{\phi} = \sum_{t_j \in D} \lambda_{\phi t_i} + \mathrm{Lap}\left(\frac{\Delta}{\varepsilon}\right)\tag{6-21}$$

Δ 是 $J(D,\omega)$ 的敏感度,ε 是添加噪声的隐私预算。最终得到的扰动后的目标函数为

$$\bar{J}(D,\boldsymbol{\omega}) = \sum_{j=1}^{U} \sum_{\phi \kappa \in \Phi_j} \lambda_\phi \phi(\boldsymbol{\omega}) \tag{6-22}$$

需要注意的是这种方法的局限在于仅仅可以适用于回归模型,而对于深度学习中较为复杂的模型,例如神经网络,无法直接计算出系数中应该添加噪声的大小。

第二种方法是扰动模型训练过程中的梯度。深度学习在训练过程中主要依赖梯度信息来最小化目标函数。为了保护深度学习中训练数据的隐私信息,Abadi 等[44]利用差分隐私为深度学习设计了更为通用的隐私保护框架 DP-SGD。该方案的主要思路是,每次通过训练数据计算梯度时,额外在梯度上加上满足差分隐私定义的高斯噪声,从而实现数据的隐私安全。具体的模型训练过程为:

首先给定一个深度学习网络的损失函数如下:

$$\mathcal{L}(\theta) = \frac{1}{N} \sum_i \mathcal{L}(\theta, x_i) \tag{6-23}$$

其中,x_i 代表训练样本,随机选取 L_t 个样本,对于每一个 $i \in L_t$,可计算得到该下降的梯度为

$$\boldsymbol{g}_t(x_i) \leftarrow \nabla_{\theta_t} \mathcal{L}(\theta_t, x_i) \tag{6-24}$$

为防止梯度爆炸等现象的出现影响后续模型训练,通常采用梯度裁剪如下:

$$\bar{\boldsymbol{g}}_t(x_i) \leftarrow \boldsymbol{g}_t(x_i) / \max\left(1, \frac{\|\boldsymbol{g}_t(x_i)\|_2}{C}\right) \tag{6-25}$$

其中 C 为梯度范数的边界。添加噪声到梯度后得到:

$$\tilde{\boldsymbol{g}}_t \leftarrow \frac{1}{L} \sum_i (\bar{\boldsymbol{g}}_t(x_i) + \mathcal{N}(0, \sigma^2 C^2 \mathbb{I})) \tag{6-26}$$

其中 σ 为添加的噪声范围。最后梯度下降即完成本次训练:

$$\theta_{t+1} \leftarrow \theta_t - \eta_t \tilde{\boldsymbol{g}}_t \tag{6-27}$$

其中,η_t 为模型学习率。由于训练过程往往需要多次计算梯度,因此 DP-SGD 机制还设计了 moment accountant 机制用于计算多次迭代后整体的隐私泄露情况,在给定模型训练的常数项、训练数据采样率和模型迭代步数的情况下,可以量化隐私信息泄漏量,保证上述模型训练满足差分隐私保护。

3. 本地化差分隐私保护方法

我们还可以通过本地化差分隐私技术来保护模型的隐私安全。由于将模型公开给用户等效于公开模型系数(用户可以通过模型提取攻击[47]来推断模型系数),因此保护模型隐私安全的关键思想是防止攻击者从发布的模型中推断出原始模型。形式化地说,假设有一个模型全集 $U = [f_1, f_2, \cdots]$,其中所有模型的类型和维度数相同,例如,该集中的所有模型都是 n 维的线性回归模型,如果模型拥有者在保护下发布任意两个模型 $f_i, f_j \in U$,则攻击者无法以一个显著的概率从萃取

结果中推断原始模型是 f_i 还是 f_j。

但是,全集 U 中模型的个数是无限的,这样一来,设计机制 M 实现上述不可区分性需要注入无限大的噪声。为了解决这一问题,可以使用个性化的本地差分隐私技术(PLDP)[48]来解决这个问题。PLDP 在 LDP 的基础上增加了一个设置,允许用户可以设置一个自定义的安全范围来控制 LDP 的扰动范围,并且保证在这个范围内提供差分隐私机制对应的隐私安全级别。举例来说,当用一个 LDP 算法来保护用户的位置信息时,用户可以设置自己的位置被扰动的范围。用户可以设定安全范围来控制 LDP 机制是把自己的位置所在城市进行扰动,或者是所在省份进行扰动。当安全范围设定为机制输出的值域时,PLDP 和 LDP 效果相同。在保护模型的问题中,我们允许模型拥有者从模型全集中选择任何一个他想要的子集 $X \subseteq U$ 作为包含他/她的模型的不可区分的区域,然后设计机制 M 使得在集合 X 内的模型对于攻击者不可区分,从而实现对集合 X 内模型的攻击的防御。直观地讲,X 中的模型之间的距离越长(越短)意味着越高(越低)的隐私保证,因为这会导致更大(更小)的区域包含更多(更少)扰动的结果,从而降低(提高)模型的可用性。综上所述,保护的目标是设计一种满足以下定义的机制 M。

定义 6.16 给定一个模型拥有者定义的不可区分域 X,对于任意模型 f_i,$f_j \in X$,机制 M 应满足如下要求

$$\Pr[M(f_i) \in S] \leqslant e^{\varepsilon} \times \Pr[M(f_j) \in S] + \delta \tag{6-28}$$

其中,S 是机制 M 输出值域内的任意一个子集。

通常我们用如下方式表示不能区分的区域 X。假设回归模型为 $f(x) = a^{\mathrm{T}} x + b$,我们使用两个参数向量,下界向量 $\boldsymbol{\rho}_l = [\rho_{l1}, \rho_{l2}, \cdots, \rho_{ln+1}]$ 和上界向量 $\boldsymbol{\rho}_u = [\rho_{u1}, \rho_{u2}, \cdots, \rho_{un+1}]$,分别表示 X 的下限和上限。不可区分区域 X 包含系数 a_I 满足 $a_{Ii} \in [\rho_{li} \times a_i, \rho_{ui} \times a_i]$ $(1 \leqslant i \leqslant n+1)$ 的所有模型,其中 a_i 和 a_{Ii} 分别是 a 和 a_I 中的第 i 个元素。

对于一个给定的模型,我们假设模型共有 n 个参数,我们可以把模型参数看作一个 n 维的向量。在给定不可区分的区域 X 后,通过向模型参数中加入满足如下要求的高维高斯噪声,就可以实现在给定不可区分的区域 X 上的差分隐私保证。

令 Σ 为高维高斯噪声的协方差矩阵,$\sigma(\Sigma^{-1}) = [\sigma_1(\Sigma^{-1}), \sigma_2(\Sigma^{-1}), \cdots, \sigma_n(\Sigma^{-1})]$ 表示矩阵 Σ^{-1} 的非递增的奇异值,则噪声的协方差矩阵应该满足如下要求:

$$\| \sigma(\Sigma^{-1}) \|_2 \leqslant \frac{-b + \sqrt{b^2 + 8a\varepsilon}}{2a} \tag{6-29}$$

其中,$a = (H_n + H_{n,\frac{1}{2}}) \eta^2$,$b = 2n^{\frac{1}{4}} H_n \Delta_2 \xi(\delta)$,$\eta = \sup\limits_{X} \| f \|_2$,$H_n$ 为 n 阶调和数,$H_{n,\frac{1}{2}}$ 为 n 的 $\frac{1}{2}$ 阶广义调和数,$\Delta_2 = \| [(\rho_{u1} - \rho_{l1}) \times a_1, (\rho_{u2} - \rho_{l2}) \times a_2, \cdots, (\rho_{un} - \rho_{ln}) \times a_n] \|_2$。

参考文献

［1］　LATANYA S. K-anonymity: a model for protecting privacy[J]. International Journal of Uncertainty,Fuzziness and Knowledge-Based Systems,2002,10(5): 557-570.

［2］　LATANYA S. Achieving k-anonymity privacy protection using generalization, and suppression[J]. International Journal of Uncertainty, Fuzziness and Knowledge-Based Systems,2002,10(5): 571-588.

［3］　MACHANAVAJJHALA A, GEHRKE J, KIFER D, et al. l-diversity: privacy beyond k-anonymity[C]//Data Engineering,2006. ICDE'06. Proceedings of the 22nd International Conference on. IEEE,2006: 24-24.

［4］　LI N,LI T,VENKATASUBRAMANIAN S. T-closeness: privacy beyond k-anonymity and L-diversity[J]. IEEE,International Conference on Data Engineering IEEE,2007: 106-115.

［5］　XIAO X,TAO Y. Anatomy: simple and effective privacy preservation[C]//Proceedings of the 32nd International Conference on Very Large Data Bases. VLDB Endowment,2006: 139-150.

［6］　XIAO X,TAO Y. Personalized privacy preservation[C]//Proceedings of the 2006 ACM SIGMOD International Conference on Management of Data. ACM,2006: 229-240.

［7］　TAO Y, XIAO X, LI J, et al. On anti-corruption privacy preserving publication[C]//Data Engineering,2008. ICDE 2008. IEEE 24th International Conference on IEEE,2008: 725-734.

［8］　WONG R C W,FU A W C,WANG K,et al. Minimality attack in privacy preserving data publishing[C]//Proceedings of the 33rd International Conference on Very Large Data Bases. VLDB Endowment,2007: 543-554.

［9］　ZHANG Q, KOUDAS N, SRIVASTAVA D, et al. Aggregate query answering on anonymized tables［C］//Data Engineering, 2007. ICDE 2007. IEEE 23rd International Conference on IEEE,2007: 116-125.

［10］　SAMARATI P,SWEENEY L. Generalizing data to provide anonymity when disclosing information (abstract)[C]//Proceedings of the 17th ACM SIGACT-SIGMOD-SIGART Symposium on Principles of Database Systems. ACM,1998: 188.

［11］　BRAND R. Microdata protection through noise addition[C]. Inference Control in Statistical Databases,from Theory to Practice. Springer-Verlag,2002: 97-116.

［12］　REISS S P, POST M J, DALENIUS T. Non-reversible privacy transformations[C]// Proceedings of the ACM Symposium on Principles of Database Systems, March 29-31, 1982,Los Angeles,California. 1982: 139-146.

［13］　DALENIUS T,REISS S P. Data-swapping: a technique for disclosure control[J]. Journal of Statistical Planning & Inference,1982,6(1): 73-85.

［14］　DU W,ZHAN Z. Abstract using randomized response techniques for privacy-preserving data mining[C]//Proceedings of the Ninth ACM SIGKDD International Conference on Knowledge Discovery and Data Mining,Washington,DC,USA,August 24-27,2003. 2003: 505-510.

［15］　EVFIMIEVSKI A, SRIKANT R, AGRAWAL R, et al. Privacy preserving mining of association rules[J]. Information Systems,2004,29(4): 343-364.

[16] MEYERSON A, WILLIAMS R. On the complexity of optimal k-anonymity[C]// Proceeding of the 23rd ACM SIGMOD-SIGCAT-SIGART Symposium,ACM. 2010: 223-228.

[17] CHANG L W,MOSKOWITZ I S. An integrated framework for database inference and privacy protection[J]. Data and Applications Security,2000: 161-172.

[18] SAYGIN Y,VERYKIOS V S,ELMAGARMID A K. Privacy preserving association rule mining [C]//Research Issues in Data Engineering: Engineering E-Commerce/E-Business Systems, 2002. RIDE-2EC 2002. Proceedings. 12th International Workshop on. IEEE,2002: 151-158.

[19] MOSKOWITZ L W,CHANG I S. A decision theoretical based system for information downgrading[R]. Naval Research Lab Washington DC Center for High Assurance Computing Systems (CHACS),2000.

[20] XIAO X, TAO Y. M-invariance: towards privacy preserving re-publication of dynamic datasets[C]//Proceedings of the 2007 ACM SIGMOD international conference on Management of data. ACM,2007: 689-700.

[21] LO A W, MACKINLAY A C. A non-random walk down Wall Street[M]. Princeton University Press,2002.

[22] BENJAMIN C,FUNG M, WANG K,et al. Privacy-preserving data publishing: a survey of recent developments[R]. ACM Computing Surveys,June 2010 Article No. 14.

[23] YAO C,WANG X S,JAJODIA S. Checking for k-anonymity violation by views[C]// Proceedings of the 31st international conference on Very large data bases. VLDB Endowment,2005: 910-921.

[24] WANG K,FUNG B. Anonymizing sequential releases[C]//Proceedings of the 12th ACM SIGKDD international conference on Knowledge discovery and data mining. ACM,2006: 414-423.

[25] BYUN,JI-WON,et al. Secure anonymization for incremental datasets[M]. Workshop on Secure Data Management Berlin: Springer,2006.

[26] XIAO X, TAO Y. M-invariance: towards privacy preserving re-publication of dynamic datasets [C]//Proceedings of the 2007 ACM SIGMOD international conference on Management of data. ACM,2007: 689-700.

[27] BU Y,FU A W C,WONG R C W,et al. Privacy preserving serial data publishing by role composition[J]. Proceedings of the VLDB Endowment,2008,1(1): 845-856.

[28] WANG K,FUNG B C M,DONG G. 2005. Integrating private databases for data analysis [C]//Proc. Of the 2005 IEEE International Conference on Intelligence and Security Informatics (ISI). Atlanta,GA,171-182.

[29] DWORK C. Differential privacy[C]//International Colloquium on Automata,Languages, and Programming. Springer,Berlin,Heidelberg,2006: 1-12.

[30] FRANK D,MCSHERRYF. Privacy integrated queries: an extensible platform for privacy-preserving data analysis[J]. Communications of the ACM,2010,53(9): 89-97.

[31] KIFER D,LIN B R. Towards an Axiomatization of Statistical Privacy and Utility[C]// Twenty-Ninth ACM Sigmod-Sigact-Sigart Symposium on Principles of Database Systems, PODS 2010,June 6-11,2010,Indianapolis,Indiana,USA. DBLP,2010: 147-158.

[32] DWORK C,MCSHERRY F, NISSIM K. Calibrating Noise to Sensitivity in Private Data

Analysis[J]. Lecture Notes in Computer Science,2006,3876(8): 265-284.

[33] NISSIM K,RASKHODNIKOVA S. Smooth Sensitivity and Sampling in Private Data Analysis[C]//Thirty-Ninth ACM Symposium on Theory of Computing. ACM,2007: 75-84.

[34] DWORK C,ROTH A. The Algorithmic Foundations of Differential Privacy[M]. New York: Now Publishers Inc. 2014.

[35] MCSHERRY F,TALWAR K. Mechanism Design via Differential Privacy[C]// IEEE Symposium on Foundations of Computer Science. IEEE Computer Society,2007: 94-103.

[36] BLUM AVRIM,LIGETT K,ROTH A. A Learning Theory Approach to Non-Interactive Database Privacy[J]. Journal of the ACM(2011): 1-25.

[37] EVFIMIEVSKI, ALEXANDRE V, GEHRKE JOHANNES, et al. Limiting privacy breaches in privacy preserving data mining[C]//Proceedings of the 22nd ACM SIGMOD-SIGACT-SIGART Symposium on Principles of Database Systems. 211-222.

[38] KASIVISWANATHAN S P, LEE H K, NISSIM KOBBI, et al. What Can We Learn Privately[C]//2008 49th Annual IEEE Symposium on Foundations of Computer Science. 531-540.

[39] WANG T H,JEREMIAH B, LI N H, et al. Locally differentially private protocols for frequency estimation[C]//In 26th {USENIX} Security Symposium ({USENIX} Security 17),2017: 729-745.

[40] CHEN R, XIAO Q, ZHANG Y, et al. Differentially private high-dimensional data publication via sampling-based inference[C]//Proceedings of the 21th ACM SIGKDD International Conference on Knowledge Discovery and Data Mining,2015: 129-138.

[41] NOSEONG P, MOHAMMADI M, GORDE K, et al. Data synthesis based on generative adversarial networks[C]//Proceedings of the VLDB Endowment 11,2018: 1071-1083.

[42] SU D,CAO J N, LI N H, et al. PrivPfC: differentially private data publication for classification[J]. The VLDB Journal,2018,27: 201-223.

[43] MOHAMMED N,CHEN R,FUNG C M,et al. Differentially private data release for data mining [C]//Proceedings of the 17th ACM SIGKDD international conference on Knowledge discovery and data mining,2011: 493-501.

[44] MARTIN A,CHU A,GOODFELLOW I,et al. Deep learning with differential privacy [C]//Proceedings of the 2016 ACM SIGSAC Conference on Computer and Communications Security,2016: 308-318.

[45] FAND X J,YU F C, YANG G M, et al. Regression analysis with differential Privacy Preserving[C]. IEEE Access 7 (2019): 129353-129361.

[46] ZHANG J,ZHANG Z J,XIAO X K,et al. Functional Mechanism: Regression Analysis under Differential Privacy[R]. Proceedings of the VLDB Endowment 5,2012.

[47] TRAMER F,ZHANG F,JUELS A,et al. Stealing machine learning models via prediction apis[C]//25th USENIX Security Symposium (USENIX Security 16),2016: 601-618.

[48] CHEN R,LI H R, A. QIN K,et al. Private spatial data aggregation in the local setting [C]//2016 IEEE 32nd International Conference on Data Engineering (ICDE), IEEE, 2016: 289-300.

区块链与数字化供应链

区块链技术起源于比特币,是分布式数据存储、对等网络、加密算法、共识机制等网络与计算技术的新型应用模式,具有去中心化和分布式信任等特点。狭义来讲,区块链是一种按照时间顺序将数据区块以链式结构组合成特定的数据结构,并以密码学方式保证其不可伪造和不可篡改的分布式公共账本[1]。当前,区块链技术在数字货币、供应链、电子政务等多个领域得到广泛关注。本章将介绍区块链的基本原理及其在数字化供应链中的应用。

7.1 区块链与比特币

7.1.1 比特币的关键技术

传统的互联网交易几乎都需要借助可信的第三方机构(例如银行和支付宝)来处理电子支付信息,这种中心化的系统结构在带来监管上便捷性的同时,也存在着诸如高交易成本、交易金额受限、中心化数据存储带来单点失效风险等问题。数字签名可以解决电子支付信息完整性、不可否认性的认证,但仍然需要可信第三方的支持才能防止"双花"等安全问题。此外,第三方机构会在用户使用注册时向他们索取大量的诸如身份证号码等高度隐私信息,给用户的财产安全造成了很多的潜在威胁。因此,人们需要这样一种电子支付系统——允许互不信任的参与者在没有第三方介入的情况下直接进行交易支付操作。

2008年10月31日,化名为"中本聪"(Satoshi Nakamoto)的学者[2]首次提出了比特币(Bitcoin)的概念,并于2009年1月4日挖出比特币区块链的第一个区块(称为创世区块)。比特币区块链提出了一种无须借助可信第三方、完全通过P2P技术实现的电子支付系统。它使得在线交易能够直接由一方发起并支付给另一方,中间不需要任何金融机构的参与。比特币技术的核心优势是去中心化和去信任,能够运用分布式存储、哈希函数、非对称加密、分布式共识算法和经济激励机制等手段,在节点之间无须互相信任的分布式系统中实现基于去中心化信用的点对点交易。区块链使用的核心技术包括:

1. 分布式账本

从实质上讲,分布式账本(distributed ledger)是一个可以在多个站点、不同地理位置或者多个机构组成的网络里进行共享、复制和同步的资产数据库[3]。比特币用户根据工作量证明(proof of work,PoW)共识来制约和协商账本上交易信息的记录和更新,不需要第三方仲裁机构的参与。账本的每条交易记录都有一个时间戳和唯一的数字签名,这使得账本上的所有信息记录都具有不可伪造、可验证、不可否认等特性。

比特币区块链中的每个用户都拥有一个唯一、真实账本的副本。这些副本的信息记录都是实时更新的,任何分布式账本信息的改动都会在副本中反映出来。

2. 哈希函数

区块链通常并不直接保存原始交易信息,而是保存它们的哈希值。比特币区块链通常采用双 SHA256 哈希函数,即将任意长度的输入经过两轮 SHA256 哈希运算后转换为长度为 256b 的二进制数字统一存储和识别。

3. 非对称加密

比特币的交易信息采用非对称加密方式,加密过程为:发送者 A 使用接收者 B 的公钥对交易信息进行加密后发送给 B,B 利用自己的私钥对交易信息进行解密。

4. 工作量证明

工作量证明的核心思想是通过引入网络中各个分布式节点的计算资源来竞争解决一个难度可动态调整的数学难题,从而保证网络中数据的一致性和共识的安全性,率先成功解决该数学问题的节点获得对应区块的记账权,将当前时间段的所有交易记录打包记入一个新的区块,并按照时间顺序将此区块链接到区块链主链上。

比特币的发行高度依赖于比特币网络中各个分布式节点共同参与 PoW 共识的过程,从而实现每笔交易的验证和记录。比特币系统中,各个分布式节点(即矿工)基于各自的计算机算力相互竞争来解决同一个求解复杂但验证容易的 SHA256 数学难题(即挖矿),最快解决该难题的节点会获得当前区块的记账权,系统自动生成一定数量的比特币作为给矿工的奖励。比特币求解的数学难题为:搜索一个合适的随机数,使得当前区块的区块头各元数据的双 SHA256 哈希值小于或等于区块难度目标。比特币系统通过动态调整随机数搜索的难度值使得每个区块的平均生成时间控制在 10min 左右。

5. 默克尔树

默克尔树(Merkle tree)是一种以树的形式存储数据哈希值的存储结构。它是区块链的重要数据结构,可以快速归纳和校验区块数据的存在性和完整性。默克尔树的叶子是数据块的哈希值;非叶节点是其对应子节点串联字符串的哈希结果。

如图 7-1 所示,默克尔树包含区块的交易数据库和根哈希值(即默克尔树根)以及所有沿底层交易数据到根哈希的分支。比特币系统的默克尔树运算过程为:①将所有底层交易数据进行哈希运算,并将生成的哈希值插入默克尔树中;②将上述哈希值两两一组再进行哈希运算,并将生成的新哈希值插入树中;③以此类推,直到只剩下最后一个根哈希值,并将其记为对应区块的默克尔根。

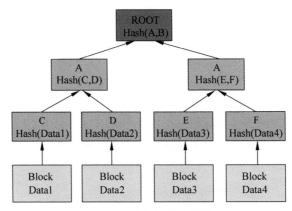

图 7-1　默克尔树示意图

7.1.2　比特币的原理

1. 重要概念

1) 区块

区块链上存储交易信息记录的数据单元称作区块(block)。比特币将所有交易数据存储在它的各个区块中,比特币用户可以实时获取网络中的所有交易数据信息,使得交易信任去中心化。如图 7-2所示,每个数据区块一般包含区块头和区块体两部分。

区块头包括版本号、前一区块哈希值、默克尔树根、时间戳、当前区块 PoW

区块头	版本号
	前一区块哈希值
	默克尔树根
	时间戳
	求解的解随机数
	难度目标
区块体	交易数量
	交易集合

图 7-2　比特币区块结构示意图

共识过程求解的随机数以及当前区块的难度目标等信息。其中,父区块哈希值指的是当前区块的前一区块的值;默克尔树根用来存放该区块中所有交易数据的统一哈希值;时间戳用来标记该区块产生的时间;求解的随机数是满足本区块困难问题的答案,即随机数加上本区块头的其他数据计算两次 SHA256 后 Hash 值小于或等于难度目标。

2）区块地址

区块地址（block address）实际上就是用户公钥经过一系列的哈希运算后得到的一个固定长度的消息摘要。比特币的区块地址在一定程度上隐蔽了用户真实身份和其交易区块地址之间的关联性，从而起到了保护了用户的身份隐私的作用。一般来说，对区块地址串进行编码，并添加前导字节（表明支持哪种版本）和 4 字节校验字节，以提高可读性和准确性。

3）时间戳

比特币系统要求获得记账权的节点在当前区块中加盖时间戳（timestamp），表明当前区块的生成时间。由于区块头的时间戳包含在区块头 Hash 的计算中，这样就形成了一个按照时间顺序依次排列、难以篡改的数据区块链。

4）挖矿

比特币网络中，挖矿（mining）是参与维护比特币网络的各个分布式节点共同参与 PoW 共识，协助生成新区块，并获取一定数量比特币奖励的过程。当用户向比特币网络中发布交易后，需要有人对交易进行确认，形成新的区块，串联到区块中。比特币网络采用了"挖矿"的方式来解决这个问题。挖矿的具体过程为：参与者将上一个区块的 Hash 值，上一个区块生成之后新的验证过的交易内容，再加上自己猜测的一个随机数，一起打包到一个候选新区块，让新区块的 Hash 值小于比特币网络中给定的一个难度目标。这是一道面向全体节点的"数学难题"，实际是计算 Hash 的碰撞，参与处理区块的节点需要付出大量的时间和算力。

2. 基本交易过程

比特币区块链交易简易流程如图 7-3 所示。

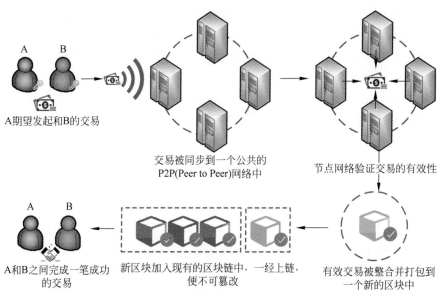

图 7-3　比特币区块链交易简易流程

1) 用户 A 向比特币区块链网络中发送一条或多条交易信息

A 在信息中指明发送者和接收者 B 的地址。对于每个接收地址,A 指定发送的比特币数量。A 在信息中利用私钥对信息进行数字签名,并将这个签名附加在对应交易信息的最后,向接收者证明自己的身份。信息发送后,A 等待比特币网络对信息进行验证和确认。

2) 单点交易验证和广播

A 发送的交易信息在由多个分布式节点组成的比特币对等网络中进行广播,任一收到该信息的节点利用 A 的公钥验证 A 的数字签名实现对信息的真实性和有效性进行验证,具体操作为:

(1) 检查自己是否已经处理过此交易信息(确定交易的唯一性);

(2) 检查交易发起地址的合法性和有效性;

(3) 检查数字签名,验证交易发送者身份的合法性和有效性;

(4) 检查交易涉及的比特币是否在别的地方被花费提取过,防止双重支付的发生;

(5) 检查交易发送者的比特币账户余额能否支付本次交易的比特币数量(账户余额应大于或等于转账金额)。

若上述检验全部通过,节点将该交易信息标注成有效,并将其列入“未确认交易”名单。然后将信息广播至网络内其他节点,网络内的各个节点开始对交易信息进行节点共识验证,并在网络内进行广播。进行单点验证的矿工可以获得一小部分比特币作为奖励。

3) 区块创造和节点共识验证

该笔交易信息被挖矿节点验证,验证成功后会添加到区块中,每个节点要给这10min 内的每笔交易盖上时间戳并记入到新区块中。

每个矿工节点通过求解其新区块对应的数学难题来竞争过去 10min 区块的合法记账权。若某个矿工节点率先成功找到该难题对应的随机数,它将向全网公布包含自己这 10min 内所有盖时间戳交易的新区块,并由全网其他矿工节点进行验证。此时,获得合法记账权的矿工会获得一定数额的比特币作为奖励。

4) 区块链的生成

全网其他矿工节点验证新区块记账的正确性,验证无误后它们开始竞争下一个区块的记账权,这个新的区块被链接到主链上。这样一来,就形成了比特币系统的总账本——区块链(图 7-4)。

3. 比特币的特点

比特币主要特征可描述如下。

1) 去中心化和去信任

比特币采用纯数学的方法建立分布式节点之间的信任关系,形成了去中心化的可信分布式系统。所以说,比特币系统是去中心化和去信任的。

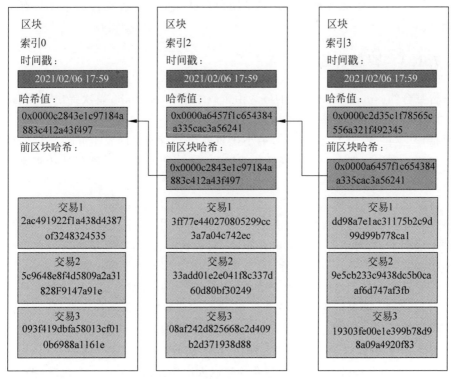

图 7-4　比特币区块链示意图

2）不可伪造性

在不知道用户私钥的情况下,任何比特币用户都无法以他人名义发起一笔合法的交易。在比特币系统中,每笔交易的发起都需要用户私钥对其进行数字签名操作。在用户私钥未被遗失或泄露的情况下,每笔合法交易都只能由用户自己生成。因此,比特币系统具有不可伪造性。

3）不可篡改性

任何用户都无法篡改比特币数据链上的任何一笔交易记录信息。首先,每笔交易的生成都需要用户私钥的参与;其次,比特币采用了 PoW 共识机制,若有人企图修改某笔交易信息,那他必须修改这笔交易所在区块之后所有区块的哈希值。在诚实节点占据大多数节点的情况下,这是很难实现的。

4）可验证性

比特币系统中的每笔交易都是可验证的。比特币网络实际上是一个公开的分布式账本,所有的交易信息都透明地记录在这个账本上,这些交易记录都是可随时随地查验的。

5）不可抵赖性

任何比特币用户都不能否认自己在某一时间进行过某笔交易操作。这是因为每笔交易的生成都会有对应用户私钥的参与,而私钥是由用户自己秘密保存的。

因此,任何一笔具体交易的发起只能是用户自己。也就是说比特币系统具有不可抵赖性。

7.1.3　智慧合约

智慧合约(smart contract)的概念由密码学家 Nick Szabo 首次提出[4],其定义为:"一种无须中介,部署即可自动执行与验证的计算机协议。其总体目标是为了满足抵押、支付、保密等合约条件,最小化意外或恶意情况的发生并最小化信任中介的职能。利用智能合约可以降低仲裁以及强制执行的成本并降低违约带来的损失等"。

区块链技术的出现重新定义了智慧合约。从用户层面来讲,智慧合约通常是指一个自动担保账户。例如,当满足某一特定条件时,程序就会释放和转移财产。从技术层面来讲,智慧合约是由事件驱动、具有状态、运行在可复制的公共区块链账本上的一种嵌入式计算机程序,具有能够实现自动处理数据,接收和发送价值,以及控制和管理各类链上智能财产的功能[5]。区块链智慧合约可以内置在任何区块链数据、交易、有形或无形的资产上,形成可编程控制的系统和资产,具有区块链数据的一般特征,如分布式记录、存储和验证,不可篡改和伪造等。它的使用步骤为:编译合约、创建合约、部署合约、调用合约、监听合约和销毁合约。

以"以太坊区块链"为例。智慧合约是以太坊中最为重要的一个概念(图 7-5),可视作一段部署在以太坊上的去中心化、可信共享、可自动运行的程序代码。其运行过程可描述为,在各个签署方的共同协商下,智慧合约封装预定义的若干状态、转换规则、触发条件以及对应操作、违约条件、违约责任和外部核查数据源等信息。经各方签署并测试确保无误后,智慧合约以计算机代码的形式附着在区块链数据上,经过区块链网络的传播和节点验证后被记入以太坊的特定区块中。区块链系统可实时监控整个智慧合约的运行状态,并通过核查外部数据源、确认满足预定的

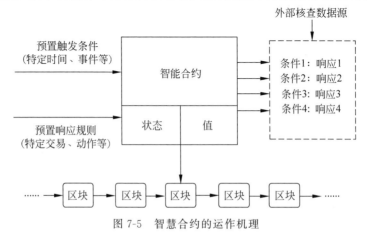

图 7-5　智慧合约的运作机理

触发条件时激活并执行合约内容。由于智慧合约具有自治、去中心化、去信任等特点,一旦启动就会自动执行,无须任何合约签署方的额外干预。

智慧合约对区块链技术的发展和应用有着重要的意义,它不仅赋予了区块链底层数据可编程性,为区块链 2.0 和区块链 3.0 奠定了基础;还封装了区块链网络中各节点的复杂行为,为建立基于区块链技术的上层应用提供了方便的接口[6]。智慧合约的引入使得更多的操作指令嵌入到区块链中,这使得区块链技术除了数字货币,在物联网、大数据、智慧医疗、电子商务、溯源、电子选举等方面也会得到广泛的应用。

7.1.4　共识机制

1. 共识机制的意义

共识机制是对一段时间内事件发生顺序达成一致的一种算法。在区块链网络中,新区块的加入通常需要网络中节点的确认,同时检查区块中写入交易和事务的正确性,最后节点要对新生成的区块按时间顺序进行排序,这些可以有效地保证区块链网络的权威性和时间有序性,减少区块链网络中分叉情况的出现。否则节点的区块链副本可能不一致,网络将不再能够维护唯一的时间表,最终导致区块链出现分叉。当然,由于多种原因,当前包括比特币在内的多种区块链网络中都有分叉情况的出现。

在比特币等公有区块链网络中,完全开放的特性允许任何人以匿名形式参与网络,因此需要依赖于共识机制提供安全保障,可以说,共识机制是区块链网络建立信任的基础。

共识机制的类型取决于区块链网络的类型和应用场景下的攻击方式。在传统的分布式一致性算法中,一般通过投票的方式,运用少数服从多数、长链覆盖短链、多数节点覆盖少数节点的规则,确定下一个区块中所包含交易的顺序,以维持系统的一致性。但是这种模式下大多不考虑拜占庭容错(即假设所有节点只发生宕机、网络故障等非人为问题,并不考虑恶意节点篡改数据的问题),而实际情况下网络中又会存在作恶节点,通过伪造身份、相互勾结、恶意攻击等手段谋取自身利益。例如,女巫攻击中一个单个实体以多种身份加入网络,从而获得多个投票权,导致少数的实体有可能获得整个网络的控制权。这将对网络的权威性造成挑战[1]。

2. 共识机制的分类

区块链中的分布式共识机制可以根据系统中有无作恶节点分为拜占庭容错机制和非拜占庭容错机制,其中以拜占庭容错共识机制为主,如:比特币、莱特币等货币型区块链使用的工作量证明[7]共识机制;Bitshares 和 qutm 等合约型区块链使用的权益证明[8](Proof of Stake,POS)共识机制;Fabric 使用的经典算法 PBFT[9](实用拜占庭容错)机制等。

1）工作量证明机制

POW 机制的矿工节点需要通过代价昂贵的大量计算来解决一致性问题。由于每个单一实体的计算资源都是有限的，无法伪装成多个身份获得更多的投票权。每个节点都有自己的候选块，通过找到一个随机数，使得区块头部的 SHA256 哈希值起始含有要求数目的 0（小于某个值），即可获得本次记账权，发出本轮需要记录的数据，全网其他节点验证后一起存储。网络中的任何节点都可以参与计算竞争，获得胜利生成链条的下一个区块。

除了 SHA256 外，还可以将 Blake256、莱特币中的 scrtpy 以及这些算法结合起来的 Myriad 等其他散列算法用于 POW 机制中。这些单向散列算法的运用，使得任何其他节点都可以很容易地验证新生成区块链的正确性，但不能根据散列值推测函数的输入数据。

当两个节点几乎同时挖出候选块并传播到网络中，网络就会出现分叉。但是这种分叉通常可以在下一个区块中自动地解决，因为工作量证明机制要求节点应该采用最长的分支链条，而且两个竞争的分支同时又生成下一个区块是不可能的，最先变长的分支将会被网络节点认为是正确的分支而采用。这样使得区块链网络仍然能够就事件顺序的正确性达成共识。

这种机制完全去中心化，网络中的节点可以自由进出。但由于目前比特币已经吸引了全球大部分的算力，其他再用 POW 共识机制的区块链应用将很难获得相同的算力来保障自身的安全。因为需要耗费昂贵的计算代价，挖矿这种共识方式造成大量的资源浪费，同时使得共识达成的周期较长。

2）权益证明机制

POS 共识方式是 POW 的一种升级共识机制，它是根据每个节点所占代币的比例和时间实现，这种方式可以等比例地降低挖矿难度，从而加快找随机数的速度。POS 共识机制在一定程度上缩短了共识达成的时间，但这种方式还是需要挖矿，本质上没有解决 POW 机制的问题。

3）实用拜占庭容错机制

在私有以及联盟式区块链网络中，参与者被列入"白名单"，不需要计算代价昂贵的工作量证明机制。同时，这种应用类型网络的共识机制中不需要奖励机制的存在，实用拜占庭容错（practical byzantine fault tolerance，PBFT）[9] 就是这样的一种算法，它广泛应用于异步环境网络中的一致性问题。实用拜占庭容错算法是一个三阶段协议，其中有一个主节点承担矿工的角色，如果它崩溃或表现出异常的行为（拜占庭断层），网络中的其他成员可以通过投票机制变更主节点。PBFT 工作时需要假设故障节点少于 $1/3$，因此 PBFT 至少 $3f+1$ 个节点。

PBFT 是一种状态机副本复制算法，即服务建模为状态机，状态机在分布式系统的不同节点进行副本复制。每个状态机的副本都保存了服务的状态，同时也实

现了服务的操作。将所有的副本组成的集合用大写字母 R 表示,使用 $0\sim|R|-1$ 的整数表示每一个副本。为了描述方便,假设 $|R|=3f+1$,f 是有可能失效的副本的最大个数。尽管可以存在多于 $3f+1$ 个副本,但是额外的副本除了降低性能之外不能提高可靠性。

Tangaroa[10] 是 Raft 算法[11] 的拜占庭容错(BFT)变形,被用于 Juno 中的共识机制。Tangaroa 可以提供与 PBFT 算法相似的 BFT 容错性能。然而,当 1/3 以上的节点发生故障时,它能为返回给客户端的结果提供更严格的保证,同时允许动态修改一组验证器。在这种算法中,节点能够以轮换的方式充当主节点。

Ripple[12] 中的共识算法使用称为"唯一节点列表"(UNL)的"集体信任子网络"来处理 BFT 容忍系统的高延迟问题。一个节点只需要查询自己的 UNL 而不是整个网络就可以达成共识。这种算法可以容忍少于 1/5 的节点出现故障($5f+1$ 韧性)。

在用于 MultiChain[13] 的"采矿多样性"方案中,列入白名单的矿工以循环方式向该链条添加区块,并在某种程度上放宽处理以用于故障节点。被称为"采矿多样性"的网络参数用于计算矿工在尝试再次开采之前应该等待的块的数量(否则其候选块将被拒绝)。采矿多样性参数值较低意味着更少矿工串通后就可以接管整个网络;如果共谋矿工的数量等于或大于每个矿工在试图再次开采之前应该等待的块数量,就有可能发生这种情况。相反,较高的采矿多样性参数值可以确保更多特许的矿工参与轮换,从而使少数群体接管网络变得更加困难。

Sieve 是 HyperLedger Fabric 项目中使用的一种机制,它借鉴了验证执行体系,通过增加投机执行和验证阶段来增强 PBFT 算法。这使得网络能够检测和过滤出所有可能的非确定性请求,并就建议交易的输出状态达成共识(除了对其输入顺序达成一致)。

各种共识机制的分析比较如表 7-1。

表 7-1　共识机制比较

共识机制	优　点	缺　点
POW	1. 节点自由度高 2. 去中心化程度高	1. 性能较差 2. 计算开销大 3. 没有终止性
POS	1. 计算开销少 2. 去中心化程度高	1. 过程复杂 2. 存在安全性问题
BFT	1. 性能较好 2. 安全性高 3. 具有终止性	1. 容错率低 2. 去中心化程度低 3. 由于节点拓展性问题,适用于封闭系统

注:终止性(Termination)是指所有进程会在有限时间内结束并得到一致的结果,算法不会无尽执行下去。

7.1.5 公有链、私有链和联盟链

根据不同的区块链应用主体和应用类型,可将区块链分为联盟链(consortium)、公有链(public)和私有链(private)。

1. 公有链

公有链没有官方维护组织、管理机构和中心化服务器,任何节点均可按照协议自由且不受控制地接入和退出网络,因此公有链也叫非许可链(permissionless blockchain)。公有链中所有节点地位均平等且独立,所以公有链需要引入代币机制来鼓励参与者竞争记账,以此确保系统的正常运行和数据的安全性。同时,由于记录交易需要给记账节点支付一笔费用,因此在公有链上的任何操作都需要支付一笔手续费。公有链适用于虚拟货币、电子商务、互联网金融等场景。目前被广泛应用的公有链系统有比特币(Bitcoin)系统和以太坊(Ethereum)系统等,下面以以太坊为例,介绍经典公有链的特点。

1) 以太坊

以太坊是一个开源的公共区块链平台,通过专用的加密货币——以太币(Ether)为用户处理点对点合约提供去中心化的以太虚拟机(Ethereum Virtual Machine),其目标是提供一个带有图灵完备语言的区块链,用这种语言可以创建合约来编写任意状态转换功能。用户只要简单地用几行代码来实现逻辑,就能够创建一个基于区块链的应用程序,并应用于货币以外的场景。以太坊的设计思想是不直接"支持"任何应用,但图灵完备的编程语言意味着理论上任意合约逻辑和任何类型的应用都可被创建。

以太坊希望解决互不信任的对等实体之间存在的不统一的行为交易,并且可以在对等体间传输可信的加密信息。以太坊平台中的应用基于以太坊智能合约的开展。同比特币不同的是,以太坊创建了自己的原生货币"以太币",除了原生货币外,用户还自定义各种其他具有现实意义的符号,如积分、财产等。这大大弥补了比特币系统中只有比特币一种代币的缺点,扩展了系统的可应用性。

2) 以太坊共识算法

以太坊区块链系统中,平均每15s产生一个新区块,新区块中存储着上一个区块的哈希值,所有区块通过这样的方式形成了一个链表。如果某个节点包含有多个区块号相同而数据不同的区块,则区块组成的链将会出现分叉。这些分叉当中,最长的链将成为主链。当节点发现其他节点有更长的链时,节点将从其他节点同步最新的主链,并转移到最新的主链上工作。以太坊区块链客户端中采用的共识算法是POW。

3) 以太坊智能合约

以太坊智能合约拥有比较成熟的开发语言 Solidity,可实现各式各样的区块链应用,例如个人数据管理系统、财产转让系统、投票系统等[15]。智能合约运行于以太坊虚拟机上,且整个以太坊虚拟机是一个隔离的环境。

智能合约的创建需要用户发起一个特殊交易,这个交易没有交易对象。以太坊智能合约的调用则可分为如下步骤。

(1) 装配合约交易并发送:节点将各类序列化的输入参数保存到交易中,智能合约地址为交易的接收方地址。

(2) 定位合约代码:通过合约账户地址加载出数据库中对应的合约。

(3) 执行合约代码:以太坊客户端在以太坊虚拟机(EVM)中按照程序逻辑执行合约代码,由此修改相关账户(合约账户和发起者账户)状态。

综上可知,智能合约由以太坊用户发起并由以太坊节点广播到以太坊区块链系统中,且智能合约一旦部署不能被修改。若用户需要修改合约代码,只能将该合约账户销毁,并创建新的合约。同时,智能合约的执行是严格按照预先设计的程序逻辑完成,不受任何用户的人为干扰。目前基于以太坊的合约项目中比较有名的有 Augur、TheDAO、Digix、FirstBlood 等。

2. 联盟链

联盟链是由若干个实体机构共同维护运营的区块链,与公有链不同,加入联盟链需要通过联盟链的审批机制,联盟内各实体共同维护区块链的正常工作并为其提供服务,适合于机构间的交易结算场景。联盟链由若干组织或机构一同管理和维护,作为需要注册许可的区块链,私有链和联盟链又被统称为许可链(Permissioned Blockchain)。通过联盟链,不同组织架构的弱信任实体可以共同维护区块链交易账本,实现交易数据的共享和同步。由于联盟链中的读写权限、参与记账权限均按照联盟规则设定,因此其无须发行虚拟币来激励节点参与记账,所以联盟链上的交易成本很低。与此同时,在联盟链中,参与的节点有限且可控,相比公用链,联盟链能够拥有更快的交易速度、更好的隐私保护、更不容易被恶意攻击。下面以超级账本(hyperledger)的 Fabric 项目为例说明联盟链的运作方式。

1) Fabric 系统架构

Fabric 是由 IBM 和 DAH 主导开发的一个区块链框架,其功能与以太坊类似,也是一个分布式的智能合约平台。但与以太坊和比特币不同的是,它从一开始就是一个框架,而不是一个公有链,也没有内置的代币(token)。超级账本是 Linux 基金会于 2015 年发起的推进区块链技术和标准的开源项目,其目标是让成员共同合作,共建开放平台,满足来自多个不同行业各种用户应用场景,并简化业务流程。作为一个区块链框架,Fabric 采用了松耦合的设计,将共识机制、身份验证等组件模块化,使之在应用过程中可以方便地根据应用场景来选择相应的模块。除此之外,Fabric 还采用了容器技术,将智能合约代码(称为链码,chaincode)放在 Docker 中运行,从而使智能合约可以用几乎任意的高级语言来编写。

2) Fabric 的排序算法

如图 7-6 所示,Fabric 系统由多种不同功能的节点构成,主要包括背书节点、排序节点和记账节点,其中同一个节点可能兼备有不同身份。

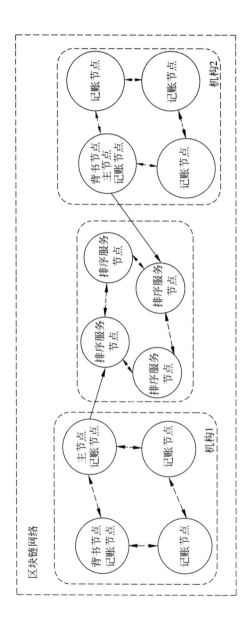

图 7-6 Fabric 系统组成

Fabric 区块链系统当中设有 CA 节点,负责管理网络之中的所有证书。在证书颁发完毕后,CA 节点将不会和网络的其他交易产生关系。用户在交易时向背书节点提交交易提案,背书节点模拟执行并检查交易流程,确认无误后将交易、模拟的交易结果和自己的数字签名返还给用户;用户提交包含交易结果的交易至排序节点;排序节点将交易进行排序并生成区块,随后,排序节点将发送交易区块至记账节点;记账节点将这个区块保存至账本,并与全网所有节点进行交易的同步。

3) Fabric 中的智能合约

在 Hyperledger Fabric 中,智能合约被称为链码。其拥有自己的执行逻辑,会被一个授权的成员安装并实例化到一台 peer 节点服务上,随后,普通用户可以使用一个安装有 Fabric-SDK 的客户端与 peer 节点服务进行交互,从而实现对智能合约的调用。

链码是一个使用特定语言编写的程序,并能为后续扩展留出接口。智能合约运行在一个被背书节点进程独立创建、安全的 Docker 容器中。智能合约通过应用程序提交的事务初始化并管理账本状态。

3. 私有链

和公有链相反,私有链仅建立在某个组织或机构的内部,由该组织或机构对节点的准入进行限制,私有链中节点数量少,信息不公开,其架构和运作规则皆根据组织或企业要求设计。相比于私有中心化服务架构,私有链能够有效防止机构内部因单点故障、恶意隐瞒或篡改数据而导致的损失。因此私有链更适用于大型金融机构。私有链有如下特点:

(1) 交易速度快。由于节点数量少,且都具有很高的信任度,并不需要每个节点来验证一个交易,因此一个私有链的交易速度可以接近常规数据库的速度。

(2) 隐私保密性好。由于接入区块链的节点受到限制,因此难于被非授权节点访问,因此具有较高的隐私保密性。

(3) 交易成本低。在私有链中,一个实体机构控制和处理所有的交易,因此其不需要为交易付出额外的费用。

但私有链的参与节点资格被严格限制,其完全封闭且过于中心化的缺点与区块链"去中心化"的核心价值有所出入,导致其本质接近于传统中心化数据库。

7.2　区块链在数字化供应链中的应用

7.2.1　供应商管理

随着全球化的不断深入,供应链的模式也开始由分工协作转向跨界融合。阿里巴巴在通过入股快递公司的方式跨界物流后,又设立了联结物流的信息平台"物流宝",随后又以天猫为平台联合银泰集团等 9 家公司成立了菜鸟网络,建立起覆盖全国的开放式社会化物流基础数据平台,数字化、一体化供应链变得越来越有活力。客户的需求需要有效共享,产品和服务必须跟踪,以实现供应链的可见性、透明性。然而现代企业供应链的不断延长,使得供应链日趋零碎化、复杂化、地理分散化,导致了供应链信息的不透明,不对称,给供应链的管理带来了巨大的挑战。科学的供应链管理能有效降低产品和运营成本,提高出货速度,优化资源的配置与整合,是企业的核心竞争力。庞大的商业帝国背后少不了一套卓越的供应链管理体系的支撑。

供应链需要协调进货、采购、生产、销售、订货处理、库存控制、客户服务及外包等活动,包括供应商、中间商、第三方服务商和客户等参与者之间的协同运作。在供应链中,诸如原材料、生产过程、技术标准之类的数据,往往湮没在各个环节的转换过程中,导致参与者由于信息缺失而产生信任危机。如果供应链上下游信息能够及时共享,供应链企业就能够从容应对市场需求的不确定性,从而缓解客户和上游原始提供商之间由于消息传递和共享困难而导致的供求错位现象,降低企业库存。信息共享不仅能够降低供应链生产成本,而且能够降低供应链的环境成本和社会成本。

供应链的这种物流、信息流、价值流不匹配广泛存在于商业活动中,如何构建一个物流、信息流、价值流协同的体系,促进供应链参与方的协调运作,增强商业活动的信任,是供应链未来的发展方向。为了高效整合物流、信息流和资金流,提升供应链整体效率,供应链信息系统需与供应链组织结构和业务流程保持高度一致。当前的供应链信息系统都是中心化体系,企业各自为政,信息单向流转,供应链成员之间的不信任影响了信息共享程度和信息质量,加之各方利益不一致,为谋取私利,供应链成员有动机传递虚假信息给供应链上下游,导致供应链信息的真实性难以保证。当前的供应链信息系统普遍缺乏标准的运作流程和完备的过程监管体系,不利于供应链全流程控制。除此之外,供应链成员之间的信息交互都是通过开放的网络系统来实现,这种网络系统的信息安全性不高、抗风险能力弱,不能有效保护供应链内部资金流动、产品生产、销售等核心信息。

区块链技术所具有的高度自治、分布式对等、去中心化、可溯源、集体维护和无法篡改等特点,为解决当前供应链信息系统的痛点提供了新思路和方向。区块链技术能有效在多个主体间建立信任,构建一条包括制造商、供应商、分销商、零售商、物流公司、终端用户在内的联盟链,将资金流、信息流、货物流等实时记录在链上,并与其他企业共享供应链各环节的最新进展,为供应链管理决策提供真实可靠的数据支持。这样一来,企业得以及时地了解订单的生产、质量、运输等情况,极大地提高了供应链的透明化和可视化,以及企业对整条供应链的掌控力。打破数据孤岛也将会为基于供应链的大数据分析提供更多的数据源,提高数据质量、降低数据泄漏的风险,使得大数据征信成为可能。同时,通过对供应链上数据的确权,区块链还能帮助建立数据交易市场。

供应链信息系统是为供应链各参与主体提供服务的,因此需要根据供应链结构特点选择合适的区块链。基于供应链组织的结构特点,供应链信息系统应该选择联盟链形式构建信息平台。

　　国内外学者对区块链在供应链领域的应用也进行了积极探索。Xu 和 Tian 等[16]等提出了一种基于区块链的智能制造安全模型。其使用基于缓存的 Merkle Patricia 树(CMPT)替代 Merkle Patricia 树(MPT)来扩展区块链结构,为智能制造中智慧工厂的供应链数据提供更加快速的查询,并在实现无锁并发操作的同时,解决了数据操作性能随数据量增加而恶化的问题。

　　Kumar 和 Saha 等[17]设计并实现了基于区块链的电子商务的供应链系统"PRODCHAIN",该系统利用以太坊区块链框架,使用基于格的加密流程,并以成就证明(PoA)作为共识机制,实现包括保健药物、电子产品、安全设备、食品等在内的电子商务商品信息的安全上链。相比传统电子商务系统,"PRODCHAIN"提高了电子商务的效率和服务质量,确保了产品的保真性和供应链的可追溯性。

　　Yang 和 Ma 等[18]提出了一种基于区块链的混合编程物流管理供应链模型"HPP-LF"。该模型使用区块链记录包括原料提供商、制造商、经销商、批发商和物流运输方等在内的全部供应链参与实体的实时动态数据,并对数据分析建模,实时调整供应链结构、供货渠道和运输方式,以达到最优化供应链配置,最小化成本和时间损失的目的。"HPP-LF"根据供应链的实际需求,改变区块链的块周期和块长度,最大化提高区块链的吞吐量,以达到更好的可用性和实时性。

　　Dwivedi[19]等将区块链技术应用到药品供应链中,利用区块链分散、透明、无信任环境、匿名性和不可篡改等特性,解决敏感医药产品供应链中存在的质量参差不齐、供货延误和不信任实体间存在的相互欺骗的可能性的问题。他们提出的基于区块链的药品供应链管理系统通过智能合约和共识机制保证供应链中的信息在各个参与实体间的安全共享,并使用智能合约完成参与者加密密钥的分配。此外,该系统还在去中心化的供应链协议中设计了事务和块验证协议,在减少计算和通信开销的前提下保证系统的稳定可靠。

　　Abeyratne 等[20]利用区块链技术构建了制造业供应链管理的概念模型,保障了信息的透明性和可溯源性,降低了供应链管理成本和运营风险,并基于纸盒供应链管理场景阐述区块链各节点权限和作用;Weber 等[21]设计了自带翻译器的智能合约,利用区块链的基础设施通过触发器连接智能合约,搭建了一个新的去中心化信任的新型供应链协作流程模型,促进了供应链各节点之间的交流与合作;朱建明和付永贵[22]提出了基于区块链的 B2B+B2C 供应链各主体交易结构及动态的多中心协同认证模型,最后结合大型煤炭企业实证分析了电子交易流程及认证过程。在供应链产品方面,Reijers 和 Coeckelbergh[23]提出区块链技术能够提高药品供应链的检验速度,同时,检验信息的分布式存储使得信息更加稳定可靠;Tian[24]利用 RFID 和区块链技术构建了针对中国农产品供应链的可溯源系统,保证了农产品的可追溯性、可靠性、防伪性和信息时效性,实现从供应、仓储、分销到最终零售端的透明化管理。在实时区块链监控领域,物流方面的应用是典型场景。区块链初创公司 BITSE 就和全球最大的物流公司之一德讯物流建立了合作,帮助实时监控货物流。IBM 和世界航运巨头马士基合作,建立货运公司、代理商、港口和海关之间的联盟链，帮助记录其全球数千万个船运集装箱的情况，预计大规模应用之后能够为海运业节省数十亿美元的成本。

IBM 区块链技术

基于区块链技术的供应链信息平台具有以下优势：

1）供应链网络信息一体化

区块链去中心化和集体维护的特点，使得信息平台上的企业地位平等，信息流通高效、顺畅，能够有效杜绝传统信息系统在信息交互过程中出现的信息孤岛、信息单向流转及信息出自多门等问题，打破了信息围栏，真正实现供应链网络信息一体化。

2）供应链企业信息交互的电子化

当前纷繁复杂的票据单据是供应链企业间信息交互、供应链企业与金融企业间信息沟通以及供应链联盟与政府监管部门之间信息往来的主要凭证，票据单据的流通与复核不仅耗时长、流程烦琐、出错率高，而且会耗费大量人力。区块链技术有助于各类票据单据电子化，通过数字签名和加密技术，实现数据的安全传输与高效交换。信息交互的电子化在提高工作效率、降低人工成本、减少暗箱操作、保障信息安全等方面有着突出优势。

3）供应链监管智能化

政府监管部门能够实时监测平台上的数据，通过嵌入式智能合约对供应链各环节进行监控，防患于未然，做到事前预警、事中控制、事后追责，从被动控管转变为主动监管。通过建立监督机制，充分调动各参与节点的监管积极性，从政府单一监管变为全平台的共治共管。

4）供应链生态信任化

区块链信息平台上的信息流真实可靠，使得节点间的交易不再需要第三方中介进行信任背书。随着平台的健康运行，节点间的信任链条会迅速形成并日益牢固，最终形成消费者、供应链联盟、监管机构等多方相互信任的供应链信任生态。

以 TradeLen 为例，TradeLen 是目前投入使用规模最大的全球贸易区块链平台，由 IBM 联合马士基公司于 2018 年 1 月推出。借助区块链去中心化、透明化和不可篡改等优势，TradeLens 吸引了近百家实体公司注册并加入使用，包括港口运营商和海关当局到物流公司，甚至太平洋国际航线等竞争对手公司，形成了供应商-消费者-海关-监管机构-运输企业等多方信任的供应链联盟生态。

如图 7-7 所示，在传统的跨国贸易供应链中，各实体间存在严重的信息壁垒，复杂烦琐且低透明度的线下合同模式导致供应链上下游间存在信息误差和盲点。这不仅影响商品物流的有效流动，降低了订单处理速度，还增加了信息的传递成本，事实上，在跨国贸易中，处理港口集装箱货物的行政费用与实际的远洋运输费相当。不仅如此，由于消息的阻塞和缺乏沟通，传统的跨国贸易供应链往往会出现很多的商业纠纷，在商业纠纷的调解和处理中，中心化的处理系统难免会出现舞弊现象，这极大地破坏了不同实体间的商业互信，使良好的供应链生态难以成型。

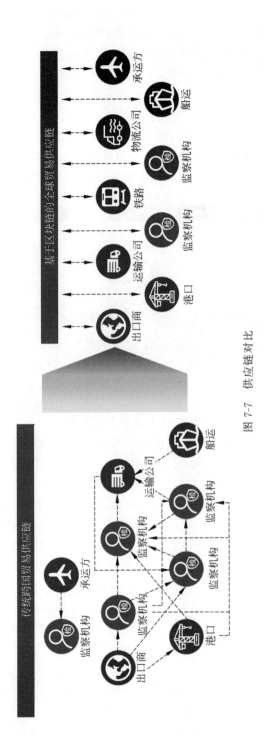

图 7-7　供应链对比

TradeLen 提供了一个快速、安全访问的端到端供应链信息模式。如图 7-8 所示，在 TradeLen 中，包括供应商、货运代理、港口码头、远洋运输公司、各国监察部门、经销商在内的所有参与实体均可以通过区块链查询和访问订单信息。透明且不可篡改的分布式区块链结构保证了链上信息的唯一性和真实性，也保证了跨组织工作流程的可信赖度。避免了由于消息误差导致的订单错误而产生的损失。同时，TradeLen 使用智能合约实现线上的订单处理，港口交互、海关报备、供应链查询和运输管理，供应商可实现链上接单，线下发货，智能合约替代了传统纸质合同，使供应链的各参与方都能及时同步地收到准确的消息，并提供服务。这大大减少了不必要的干预，降低了行政费用和管理开支，并提高了交易的效率。

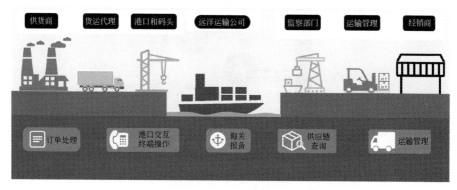

图 7-8　TradeLen 全球贸易区块链系统

在供应链应用中，TradeLen 还为采购和付款领域以及其他领域新功能的扩展提供了基础。例如，供应商可以共享库存水平的实时视图，网络可以跟踪退货，承运人可以加入以加快货运要求并更新运输状态。在上游，创始公司可以使用基于规则的自动化智能合约来采购订单，销售商品和预定装运服务。

针对全球贸易中不可避免的商业纠纷，TradeLen 提供了一种自动化的交易争议和商业纠纷解决模式。在 TradeLen 中，贸易纠纷能够通过智能合约，以商定的业务规则自动化的执行纠纷调解和判定。从贸易订单生成开始，所有贸易参与实体的贸易细节和交易数据都会通过智能合约自动的打包并以区块的形式记录在区块链中，因此可以在很大程度上排除因数据重复手动输入而导致的人为错误。同时，由于链上数据的不可篡改性，纠纷调解合约能够自动执行争议调查。通过链上的订单数据以及交易记录判定纠纷的原因和主要责任方。例如，在供应链中，差异可能是供货方计量单位错误，港口或码头交货地点错误抑或是物流公司运输时间超标等。由于区块链的去中心化架构，因此不需要担心链上的自动化纠纷调解合约在执行中会出现因偏袒或包庇一方而产生的不公平问题。更重要的是，在原因查找时，所有的数据查询和账单比对都是实时并行的，因此，在纠纷发生时就可以迅速识别并采取相关措施，从而大大减少了纠纷解决周期。

自动化的争议调解合约可以综合差异数据达成调解共识。交易调解的规则和共识对所有参与实体均透明可见,且最终的争议调解结果会发送回区块链记录系统。所有数据,差异和由此产生的决策都将被存储在区块链分布式账本中,以维护全面、不可篡改的纠纷审核历史记录。

如图 7-9 所示,相较于传统供应链系统,TradeLen 去中心化的交易争议和商业纠纷解决模式利用自动化的智能合约解决商业纠纷,不仅能够节省大量人工成本,还能降低调解不当带来的意外风险,在提高效率的同时,增加供应链上下游参与方的商业互信,从而构建更好的供应链生态。

图 7-9　TradeLen 争议纠纷解决模式的优势

7.2.2　产品追踪溯源

产品防伪溯源也逐渐成为巨头企业在供应链领域布局区块链项目的重点。京东作为中国最大的自营式电商平台及技术驱动型企业,也展开了基于区块链的相关布局,如利用区块链技术实现商品全流程信息追溯,成立"京东品质溯源防伪联盟";与农业部、国家质检总局、工信部等部门,运用区块链技术搭建"京东区块链防伪追溯平台";携手沃尔玛、IBM、清华大学电子商务交易技术国家工程实验室共同宣布成立中国首个"安全食品区块链溯源联盟";率先加入全球区块链货运联盟(BiTA)等。现代供应链覆盖了商品生产与分配的各个环节,从原材料的开采直至加工到消费者手中的成品,涉及的范围极为广。相应的信息系统分布在各个不同的参与方手中,原料、生产、销售、物流、监管等信息被完全割裂开来,没有一个安全可信的集合商品所有信息的平台。这些数据孤岛导致了信息核对烦琐、数据交互不均衡等问题,使得消费者缺乏一种可靠的方式来追踪商品的来源,验证商品的真伪。这一现状导致全球假货市场极为泛滥,一份由经济合作发展组织和欧盟知识产权办公室发布的报告指出,全球假货贸易每年的市值逼近 4610 亿美元,其中进口到欧盟国家的所有货物中,约有 5% 是假冒伪劣产品,总价达 1000 多亿美元。

现存的溯源主要是针对酒类、肉类及农副产品进行的溯源。目前,在国内比较有影响力的 5 个农产品溯源系统平台主要有上海食用农副产品质量安全信息查询系统、北京市农业局食用食品(蔬菜)质量安全追溯、世纪三农"食品安全溯源管理系统"、中国肉牛全程质量安全追溯管理系统、国家蔬菜质量安全追溯体系。

1. 农产品及肉类溯源具体解决方式

基于云平台的基础之上，在认证机构、定位服务及交易数据分析等功能之上，整合交易流程包括生产、运输、消费等各个阶段的信息，构建"农产品追溯管理"应用支持平台，对应用层提供 WebService 服务，最终实现监督、管理、控制、信息发布等系统功能。农贸市场的经营用户所配备的专属电子秤具有 RFID 标签的阅读处理功能和以最快速度对信息进行处理的功能，读取 RFID 上的标签数据之后再去称量每块被切割的猪肉时，将会对其打印交易票据，该票据会标注猪肉的识别码，同时每次称量之后的数据将会上传到每个农贸市场管理方的服务器上，在通过网络实时上传到溯源数据中心。

2. 酒类商品防伪溯源解决方案

对于酒类商品来说，防伪溯源的解决方案一个货物一个编码，使想要造假者会因为造假成本高无利可图，有效制止造假等行为。酒类防伪溯源的解决方案是每个二维码的标识都具有全球唯一的电子编码，这样处理之后，每瓶酒将拥有独一无二的商品身份证明。消费用户可以通过微信扫一扫读取标签的相关信息，对商品的身份进行查验真伪。正品的防伪二维码标签几乎可以达到无法模仿复制，内部存储的商品信息是经过严格的多重加密之后的数据，造假者若想仿冒也无法解读经过加密之后的数据内容，从而在根本上解决了假冒仿造的问题。

以上传统的溯源方式所查询的商品交易信息的数据都是由统一的中央数据库发出的，每个流程的交易信息的存储过程中都将出现对交易信息进行更改的可能，造成上传的交易信息的真实性存在质疑，另外即使信息上传有监管部门的存在但也同样带来中心权力过大化的问题。

面对以上传统的溯源方式所带来的问题，区块链技术的共识机制保证交易信息不被篡改，去中心化防止中心权力过大造成的不安全问题，每个用户通过自己的区块链"账本"进行溯源查询，使得溯源到的商品信息更加真实可信。区块链应用的标准做法是将商品的 ID 注册到链上，使其拥有一个唯一的数字身份（当前商品管理颗粒度只能到 SKU，具体到每一个产品是没有 ID 的），再通过共同维护的账本来记录这个数字身份的所有信息，包括原材料获取，成品输出，产品分销、零售，回收等供应链环节。成员和终端消费者能够根据约定权限，查阅供应链上该产品的流转信息，使得产品高效准确地溯源成为现实。目前区块链技术已广泛应用于汽车、农副产品、物流等多个领域的产品溯源上。

汽车产品溯源方面的应用主要体现在智能汽车数据的存储和传输等方面。近期，丰田研究院宣布与麻省理工的实验室和另外五家公司一起探索无人驾驶中的区块链技术应用，旨在让企业从汽车所有者那里安全地获取各项测试数据。通过区块链技术可以存储每辆车从生产到投入市场过程中的全部数据，包括生产原材料信息、汽车零部件供应商的信息和组装加工过程信息。当该汽车出售时，可以将这些信息提供给车主，后续还可以对其修理服务、事故信息等进行记录。

丰田区块链技术

蚂蚁金服提供的基于蚂蚁区块链 BaaS 平台研发的蚂蚁区块链溯源服务 (TaaS)在农产品溯源、跨境商品溯源、化妆品溯源、二手商品溯源、服装服饰溯源等领域提供了完整的生产消费溯源体系。2018 年五常市与阿里巴巴合作,建立了完整的农产品溯源系统,用于五常大米的防伪溯源,从水稻种植、选种、施肥、收获,到收粮信息、生产批次、质量报告、物流信息全过程全部详细记录在区块链中,为每袋大米生成一个专属的"身份标识"。买家只需要打开手机应用,扫描对应的标识,便可获得全部的溯源记录。在这些"身份标识"背后,实际上是一个由生产厂家、质量监管局、卖家为参与主体的联盟链。

蛋类产品溯源

Bumblauskas、Mann、Dugan 和 Rittmer 将区块链技术应用于新西兰的鸡蛋行业以增加该行业的透明度和产品可追溯性。该项目基于 Hyperledger Sawtooth 技术,实现对蛋类产品生产销售的跟踪溯源。蛋鸡的养殖方式(包括散养、谷仓、笼式和集体养殖等)、鸡蛋的生产日期和产地、运输方式和经销商等信息都将作为其溯源信息被区块链以交易的形式记录。其产品编码被直接打印在鸡蛋上,通过产品编码,消费者可溯源他们购买的鸡蛋从生产、运输到最终销售的全部环节信息。

IBM 目前正在为食品信托平台 Food Trust 提供可追溯性服务。该平台为肉类食品提供溯源服务,并用于在疾病暴发时方便回复有关肉类来源的数据。其开发的 Beefchain 最早被用于证明怀俄明州饲养的牛的产地真实性。Beefchain 减少了追踪感染种群所需的时间,从而提高了效率和食品安全,在获得美国农业部的认证后,逐渐推广至其他州、国家和其他类别产品的溯源中。

家乐福是一家法国公司,目前是欧洲最大的禽肉可追溯性零售商。在 2018 年,家乐福实现了奥弗涅鸡肉供应链上的各方(生产商、加工商和分销商)提供每批鸡肉包括生产日期、地点、农场地址、分销渠道和潜在销售方式在内的所有可追溯性信息。每年大约有 100 万只鸡的追踪信息被添加到家乐福的溯源平台中。如此,家乐福基于区块链的奥弗涅鸡肉质量可追溯性平台为消费者提供了从农场到餐桌完整的产品可追溯性保证。

以天猫国际的全球溯源计划为例:其利用区块链技术以及大数据技术,跟踪进口商品的全链路以实现海外商品的供应链溯源。在该项目中,包括生产、运输、通关、报检和第三方检验等在内的所有链路信息均以加密形式上传至区块链,用户可通过扫描二维码的方式获取每个跨境商品的全部供应流程记录。该项目涉及全球 63 个国家和地区,3700 个品类,14500 个海外品牌,供应链参与方涉及中、英、日、美、韩、澳、新等多国政府及大使馆和行业协会,还有众多国内外知名品牌和包括中检集团、中国标准化研究院和跨境电子商务质量国家检测中心在内的多个权威检测机构,打造全球商家 & 货品标准化档案和基于 EWTP 框架的一整套完整跨境商品质检标准及全球质检机构网络。

天猫国际的全球溯源体系可分为:生产企业溯源、海外商品溯源、国际物流及进口申报溯源、溯源信息终端查询等四个方面。具体如图 7-10 所示。

通过上述体系,天猫国际实现对进口商品信息的全面立体溯源,为用户提供完整海外商品的生产信息、海外质检结果、国际物流及进口申报详情。保证货品从生产到入仓的每一个环节完整的底层数据支撑和质量把控,在保证商品质量的同时为用户提供正品保障。

在天猫国际的溯源体系中,其溯源信息数据主要由以下三种类型的数据组成,分别

图 7-10　全球溯源体系

为:业务数据、物流数据和码相关数据。其中业务数据是指产品的商家基础信息,主要包括:条形码、贸易国信息、生产工厂信息、工厂认证证书、成分含量等;物流数据主要包括货品备案信息和订单信息;码相关数据则包括码信息、检测机构信息和码关联信息。其中检测机构信息包括产品监装、验厂、流通和成分含量检测报告等。具体溯源数据分类如图 7-11 所示。

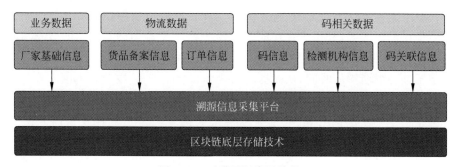

图 7-11　天猫国际溯源数据

在天猫国际的全球计划中,商品溯源链路涉及生产企业、海外质检机构、物流企业、消费者四部分,具体链路如图 7-12 所示。

生产商和品牌方作为海外产品的源头,负责为溯源链中的每一个商品产生一个唯一对应的身份标识和产品 ID,这些信息将会以二维码的形式喷涂至产品包装或外壳上。而产品的生产日期和代工厂地址等信息则会以生产信息的方式被上传记录至区块链中。在产品离开工厂后,需要前往海外物流存储仓库。其离厂 CCIC 抽样送检结果和监装启运视频将作为物流及质检记录被记录到区块链中。在到达海外仓之后,海外质检机构将对产品进行抽样监督和装运,在检测通过后,商品将通过国际干线运输至国内保税仓。国内质检机构同样需要对国内保税仓的商品进行抽样检测,之后,货物将通过国内物流运输至消费者手中。在商品供应链链路全过程的每一个环节都需要对商品的实时信息记录上链。当商品到达消费者手中时,消费者通过扫描二维码即可在溯源终端获取到产品的全流程溯源信息。

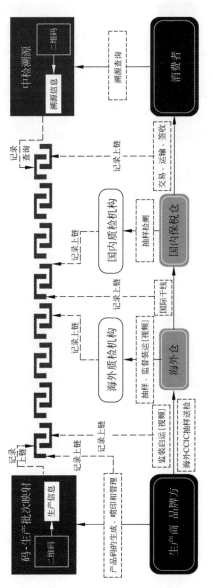

图 7-12　跨进商品溯源链路图

相较于传统中心化存储模式，基于区块链的供应链溯源方式避免了因为人为修改而导致公信力丢失的问题。通过提供最真实和可信赖的溯源信息，天猫国际全球溯源项目在为用户和消费者提供最真实和可靠的正品保障的同时，也为未来的全球化贸易模式做出了一种新的定义。

以京东上线的第一个供应链追溯案例为例：当一头小牛犊生下来之后便配戴耳标，从养殖过程中的所有生长型数据（包括农户信息、防疫信息、食物信息等），到进入工厂后的体检化验数据等都会记录到区块链链条中。当一头完整的牛切割成无数个小肉块后，再将每块肉与牛的对应关系进行精准的记录，并在产线末端自动赋予其独一无二的条码，方便流通环节进行节点信息的采集。到达仓库后的相关操作信息都会被采集记录，均被写入区块链，利用区块链不可修改的特性传达给消费者全程可追溯的商品信息。在线下新概念超市7FRESH中，京东基于区块链技术专门为水果产品配备了"魔镜"系统，消费者可以即时查看产品的来源以及营养成分等信息，让消费者真正放心购买。在农副产品方面，京东也通过区块链技术与农场综合管理平台对接实现了全程溯源，从农场到餐桌，提升食品安全。

菜鸟联盟运用区块链技术跟踪、上传、查证跨境进口商品的物流全链路信息，数据涵盖生产、运输、通关、包装、第三方检验等及商品的原产国、启动国、装货港、运输方式、进口口岸、保税仓检验检疫单号、海关申报单号等进口商品全流程数据，因此，每一个跨境进口商品都有它独一无二的数据组合，消费者只需要打开淘宝的物流详情页面"查看商品物的溯源信息"就可查阅，以确保商品来源真实可靠。沃尔玛在北京设立了食品安全中心，采用区块链技术追踪美国的包装产品和中国的猪肉，涉及运往多个商店的数千包裹。目前沃尔玛将养殖场、加工厂、物流等环节拉入到联盟链中，实时追踪掌握食品质量、储存温度、运输细节等信息，由此判断商品是否真实、安全，以及它何时过期等情况。此外，当发生食品安全事件时，还能通过对问题食品进行溯源，及时采取有效措施。同时，在工业品的召回事件中，共享账本还可以帮助找出问题部件的具体批次，避免大范围召回工作。

区块链技术有望在未来形成一套无人值守的价值数据交换和交易体系，并将人类社会带向数字化的信任经济时代。

参考文献

［1］ 中国区块链技术和产业发展论坛. 中国区块链技术发展和应用白皮书（2016）［EB/OL］.（2016-10-18）［2020-04-13］. https：//wenku. baidu. com/view/7d7ab73f09a1284ac850ad02-de80d4d8d05a01f4. html.

［2］ SATOSHI N. Bitcoin：A peer-to-peer electronic cash system［EB/OL］.（2008-11-01）［2020-04-13］. https：//bitcoin. org/bitcoin. pdf.

［3］　科普中国.分布式账本［EB/OL］.［2020-04-13］.https：//baike.baidu.com/item/分布式账本/22352185? fr＝aladdin.

［4］　SZABO N. Smart contracts：building blocks for digital markets［J］. EXTROPY：The Journal of Transhumanist Thought,1996,18：2.

［5］　袁勇,王飞跃.区块链技术发展与现状展望［J］.自动化学报,2016,42(4)：481-494.

［6］　沈鑫,裴庆祺,刘雪峰.区块链技术综述［J］.网络信息安全学报,2016,2(11)：107-117.

［7］　GRINBERG R. Bitcoin：An innovative alternative digital currency［J］. Hastings Sci. & Tech. LJ,2012,4：159.

［8］　SALEH F. Blockchain without waste：proof-of-stake［J］. Social Science Electronic Publishing,2018.

［9］　CASTRO M,LISKOV B. Practical Byzantine fault tolerance［C］//Symposium on Operating Systems Design & Implementation. ACM,1999：173-186.

［10］　COPELAND C,ZHONG H. Tangaroa：a byzantine fault tolerant raft［EB/OL］.(2014-12-08)［2020-04-13］. http://www. scs. stanford. edu/14au-cs244b/labs/projects/copeland_zhong. pdf.

［11］　ONGARO D,OUSTERHOUT J K. In search of an understandable consensus algorithm ［C］//Proc. USENIX Annual Technical Conference,2014：305-319.

［12］　SCHWARTZ D,YOUNGS N,BRITTO A. The Ripple protocol consensus algorithm［EB/OL］.［2020-04-13］. https://ripple. com/files/ripple_consensus_whitepaper. pdf.

［13］　GREENSPAN G. Multichain private blockchain—white paper［EB/OL］.［2020-04-13］. http://www. multichain. com/download/MultiChain-White-Paper. pdf.

［14］　CHRISTIDIS K,DEVETSIKIOTIS M. Blockchains and smart contracts for the internet of things［J］. IEEE Access,2016,4：2292-2303.

［15］　MCCORRY P,SHAHANDASHTI S F,HAO F. A smart contract for boardroom voting with maximum voter privacy［C］//International Conference on Financial Cryp-tography and Data Security. 2017：357-375.

［16］　XU J,TIAN Y,MA T,et al. Intelligent manufacturing security model based on improved blockchain［J］. Mathematical Bioences and Engineering,2020,17(5)：5633-5650.

［17］　GULSHAN K,RAHUL S,WILLIAM J,et al. Decentralized accessibility of e-commerce products through blockchain technology［C］. CoRR,abs/2007. 05265,2020.

［18］　YANG J J,MA X M,RUB'EN GONZ'ALEZ CRESPO,et al. Blockchain for supply chain performance and logistics management［J］. Applied Stochastic Models in Business and Industry,2020.

［19］　SANJEEV K D,RUHUL A,SATYANARAYANA V. Blockchain based secured information sharing protocol in supply chain management system with key distribution mechanism［J］. J. Inf. Secur. Appl. ,54：102554,2020.

［20］　ABEYRATNE S A,MONFARED R P. Blockchain ready manufacturing supply chain using distributed ledger［J］. International Journal of Research in Engineering and Technology,2016,5(9)：1-10.

［21］　WEBER I,GRAMOLI V,PONOMAREV A,et al. On availability for blockchain-based systems［C］//2017 IEEE 36th Symposium on Reliable Distributed Systems (SRDS). IEEE,2017：64-73.

[22]　朱建明,付永贵.基于区块链的供应链动态多中心协同认证模型[J].网络与信息安全学报,2016,2(1):27-33.

[23]　REIJERS W,COECKELBERGH M. The blockchain as a narrative technology:investigating the Social Ontology and Normative Configurations of Cryptocurrencies[J]. Philosophy & Technology,2016,31(1):1-28.

[24]　TIAN F. An agri-food supply chain traceability system for China based on RFID & blockchain technology[C]//2016 13th International Conference on Service Systems and Service Management (ICSSSM). IEEE,2016:1-6.